Dr. John Coleman

A KÁBÍTÓSZER-HÁBORÚ AMERIKA ELLEN

OMNIA VERITAS®

John Coleman

John Coleman brit szerző és a Titkosszolgálat volt tagja. Coleman számos elemzést készített a Római Klubról, a Giorgio Cini Alapítványról, a Forbes Global 2000-ről, az Interreligiózus Béke Kollokviumról, a Tavistock Intézetről, a Fekete Nemességről és más, az Új Világrend témájával foglalkozó szervezetekről.

Drug War against America

A kábítószer-háború Amerika ellen

Fordította és kiadta az Omnia Veritas Limited

OMNIA VERITAS

www.omnia-veritas.com

Első fejezet

A kábítószer-háború Amerika ellen

A probléma megoldásának első lépése annak felismerése. Amerikának kábítószer-problémája van, egy hatalmas kábítószer-probléma, amely nem akar eltűnni; egy olyan probléma, amelyet addig nem lehet megoldani, amíg a nemzet nem szembesül annak eredetével.

Az amerikaiak többsége tudja, hogy kábítószer-járvány van, de csak egy kisebbség tudatában van annak, hogy ezt a társadalomra a „sötétség uralkodói, a magas pozíciókban lévő gonosz emberek" hozták rá, akik a fény helyett a sötétséget részesítik előnyben, mert cselekedeteik gonoszak.

Hogy kik ezek az emberek, hogyan működtetik a világ legnagyobb és legjövedelmezőbb üzletágát, mit értek el, és vannak-e hatékony ellenintézkedések, ez a könyv témája.

Kérem, ne gondolják, hogy a kábítószer-kereskedelem csupán utcai üzlet, ahol a dílereket a maffia irányítja. Természetesen ez is része a problémának, de ennek az átkozott üzletnek a valódi előmozdítói a világ „elitjének", a „királyi" családoknak, Európa „nemesi" családjainak, valamint Amerika, Nagy-Britannia és Kanada „legjobb" családjainak körében találhatók. A kereskedelem a hatalom legmagasabb köreibe is eljut, és nem sikerült felszámolni, csupán némileg visszaszorítani. Az amerikai Kábítószer-ellenes Hivatal (USDA) és a világ kábítószer-ellenes ügynökségei olyan erőfeszítéseket tesznek, mintha kertiszivattyúkkal próbálnának erdőtüzet oltani, amelyeknek nincs megfelelő víznyomásuk. Hogy lehet ez?

A válasz az, hogy a kábítószer-kereskedelmet nem lehet felszámolni, mert annak irányítói, a sötétség urai, a magas pozíciókban lévő gonosz emberek nem fogják hagyni, hogy elvegyék tőlük a világ legjövedelmezőbb kereskedelmét, amely minimális befektetési tőkével járó hatalmas nyereséget hoz, és amely gyakorlatilag ingyenes, alacsony gyártási költségű termék. Az egyetlen probléma, amivel ennek a hatalmas „vállalatnak" az irányítóinak meg kell küzdeniük, a szállítás és a terjesztés. Ahogy egyik fehér könyvemben is írtam, egy olyan nemzet, amely képes volt hatalmas mozgósítást végrehajtani és hatalmas hadsereget küldeni a tengerentúlra, hogy harcoljon és megnyerje a második világháborút, biztosan képes egy kampányt indítani a kábítószer-kereskedelem felszámolására is?

A kábítószer-kereskedelem nehezebb feladat, mint a második világháborúban Németország és Japán ellen vívott háború? Természetesen nem, Amerika képes rá. A probléma az, hogy amint az amerikai Kábítószer-ellenes Hivatal kezdi kézben tartani a helyzetet, beavatkozik az X-tényező, és ez a tényező nem más, mint az uralkodó elit, amelynek hatalmas vagyonát a kábítószer-kereskedelem biztosítja.

Ez a kereskedelem 1652-ben kezdődött, és több más országot is érintett. A brit arisztokrácia „felső rétege" valójában irányította a jövedelmező kínai ópiumkereskedelmet, és Lord Palmerstone, a brit kormány képviselője, ezt a parlamentben is hangoztatta.

A brit arisztokrácia – az uralkodó osztály – „régi pénzű" családjainak hatalmas vagyona és hatalma közvetlenül annak a gyűlöletes és mocskos ügyletnek tudható be. Ahogyan azt már többször is elmondtam a Heti Hírszerzési Jelentéseimben és más munkáimban, a brit és a kínai kormány között Hongkong feletti ellenőrzésért folyó hosszú küzdelem nem magáról a szigetről szólt, hanem arról, hogy ki kapja meg a oroszlánrészt a kínai ópiumkereskedelemből származó milliárd dollárokból, amelyek a devizabevételek 64 százalékát teszik ki. A brit „nemesi" családok mindig a legnagyobb szeletet kapták a tortából, de most, hogy a kínaiak nagyobb részesedést követeltek, a Brit Birodalom és hatalmának összeomlásával Nagy-Britanniának nem maradt más választása, mint teljesíteni a kérést, amelynek rendezése egy feltétellel járt. A világméretű kereskedelem irányítása brit kézben maradt, a „nemes" és nagy tiszteletnek örvendő „régi" családok szennyezett kezében, azokéban, akik nem szenteltek egy percet sem az amerikai néphez hasonlóaknak, az oligarchiáéban, akik a hatalom magas székén ülnek! Az Amerika elleni kábítószer-háború az 1950-es évek elején új és baljós fordulatot vett, amikor Aldous Huxley és Bertrand Russell bevezette az LSD nevű kábítószert az amerikai fiatalok körében.

Az LSD-t a svájci oligarchia-fekete nemesség családja, a Hoffman LaRoche gyártja. Az LSD-vel végzett kísérletek hivatalosan a Stanford Kutatóközpont irányítása alatt álltak, ahol „Operation Naomi" és „Operation Artichoke" fedőnevek alatt kiterjedt kísérleteket hajtottak végre marihuána és kokain felhasználásával.

Az amerikai fiatalok eltűntek a gyűrött zöld levelekből előállított fehér por hóviharában. Az önkéntes és kényszerű áldozatokat olyan helyeken „tesztelték", mint az Addiction

Center, a Mt. Sinai Kórház és a Boston Psychopathic Hospital, hogy csak a két legfontosabb tesztközpontot említsem. A Wilton Parkban, a brit propagand -i központjában és a dezinformáció fészkében tökéletesített Theo Adorno 12-Atonal „zenéjének" egyidejű népszerűsítésével megjelent egy „rockzene" nevű hatalmas csalás, amelyet rockzenekarok adtak elő, és amely a hírhedt agymosási és kábítószer-„tesztelési" programok bevezetésének eszköze volt.

Az ilyen csalások hosszú sorának elsője Ed Sullivan „felfedezése" volt a kábítószerrel átitatott „The Beatles" csoportnak. Az egész „rock" üzletet a Wilton Parkban tervezték és tökéletesítették azzal a kiszámított céllal, hogy azt eszközként használják az amerikai fiatalok körében a kábítószer széles körű használatának ösztönzésére, és elfogadott társadalmi szokássá tegyék. A rockot kizárólag a kábítószerek terjesztésének eszközeként tervezték, és az összes, a Beatles-kísérlet után „felfedezett" „rockegyüttes" szerves részévé vált a számos nemzet fiataljai ellen folytatott pszichológiai háborúnak. Az összes csaló csoportot Wilton Parkban állították össze olyan szakértők, akik „atonális zenének" nevezték, majd Wilton Park egy egész sor „rockzenekart" szabadított a gyanútlan amerikai közönségre. Ed Sullivan, az Egyesült Államok legismertebb rádiós személyisége, bűnrészes volt a század bűncselekményében azzal, hogy elhozta a „Beatlest" Amerikába!

Azokat, akik részt vettek a rockkoncertek promóciójában, vagy terjesztették a szörnyen disszonáns hangzású, az agyat égető zajok kakofóniáját tartalmazó lemezeket és kazettákat, bíróság elé kellett volna állítani a kábítószer-terjesztésben való részvételük miatt. Úgy vélem, minden „rock" koncert bűncselekmény, mert arra használják őket, hogy széles körű kábítószer-használatot idézzenek elő a fiatalok körében. Így történt, hogy a rockkoncerteket elsősorban a kábítószer-terjesztés leplezésére tartották, és a rock „zene" az Amerika elleni kábítószer-háború szerves részévé vált. Itt az ideje, hogy mi, az emberek, levedjük a kesztyűt, és összeverjük néhány fejét!

Kétszeresen nehéz lesz felszámolni a kábítószer-kereskedelmet, amíg az „rockzene" nem szűnik meg, és az úgynevezett „rock-koncepciók" nem kerülnek betiltásra. Ez azt jelenti, hogy be kell zárni az RCA lemezkiadót, és azok közül, akik évek óta követik a jelentéseimet, tudják, hogy az RCA a brit titkosszolgálat egyik ága, amely 1924-ben jött létre, amikor az amerikai Marconi a brit Marconi 100%-os tulajdonú leányvállalata volt. Akkor, mint ma, az RCA-t a britek irányították a Morgan Guarantee által az anyavállalat, a Westinghouse és a General Electric Company felett gyakorolt ellenőrzés révén. A United Fruit Company – ma United Brands –, amelynek elnöke, Max Fisher, 1972-ben hatalmas összegeket adományozott a Republikánus Pártnak, birtokolta az RCA-Westinghouse-G.E. csoport által Latin-Amerikában és a Karib-térségben értékesített összes kommunikációs berendezés forgalmazási jogát. A United Brands erősen érintett a kábítószer-kereskedelemben, amint azt az egyik, nagy mennyiségű kábítószert szállító hajójának ritka lefoglalása is bizonyította. Az RCA-nak már a második világháború előtt is voltak kapcsolatai Németországgal, az RCA elnöke, David Sarnhoff és Hjalmar Schacht, Hitler mögött álló pénzügyi zseni közötti élethosszig tartó barátság révén. Éppen az ilyen kaliberű barátságok akadályozták meg „Jackson bírót" abban, hogy elítélje Schachtot a nürnbergi illegális „perben". Jackson bíró egyáltalán nem bíró volt, hanem ügyvéd, aki elfogadta az amerikai kormány kétségbeesett felkérését, hogy töltse be az üresedést a nürnbergi perben. Az Egyesült Államok rendes bírái nem ismerték el a nürnbergi eljárás jogszerűségét, és elutasították az Igazságügyi Minisztérium ajánlatát, hogy képviseljék az amerikai kormányt.

Siessek hozzátenni, hogy az illegális „szabadidős" kábítószereket teljesen felszámolták Németországban, amíg Hitler hatalmon volt. Az RCA Sarnhoffon (egy régóta a brit titkosszolgálatnál dolgozó ügynökön) keresztül személyesen gyűjtött adományokat a Stanford Kutatóintézet által végzett különböző kábítószerrel kapcsolatos kísérletekhez és projektekhez, ugyanahhoz az intézményhez, amely felügyelte a hírhedt MK Ultra LSD kísérleti programot.

Mi a helyzet a jelenben? Ahogy közeledünk 2009 közepéhez, az összkép nagyon borúsnak tűnik. A DEA és a nemzetközi kábítószer-ellenes hatóságok még a legkisebb repedést sem tudták ejteni a jól védett kábítószer-kereskedelmi infrastruktúrán. A DEA fokozott erőfeszítései ellenére az Amerikába beáramló kábítószer-áradat tovább növekszik, és mára hivatalosan is ellenőrizhetetlenné vált. Ez nem azt jelenti, hogy Amerika nem tudja megállítani a kereskedelmet. Azt jelenti, hogy Amerika úgy vívja a kábítószer-ellenes háborút, mintha mindkét keze hátrakötve lenne. A kábítószer-fenyegetés elleni küzdelem komédiás színházi előadásnak tűnik, és nem lesz sikeresebb a korábbi sikertelen kísérleteknél, hacsak és amíg el nem kapjuk a kábítószer-kereskedelem mögött álló legfelső vezetőket.

A következő, eddig elmulasztott lépéseket haladéktalanul meg kell tenni:

- El kell zárni a „külföldi segélyek" csapját azoknak

az országoknak, amelyek a kereskedelem nyersanyagait termelik.

- Az Egyesült Államoknak különleges kiadatási egyezményt is kell kötnie a kábítószer-termelő országokkal, amely lehetővé tenné a DEA ügynökeinek, hogy a termelő országokban működjenek, és jogosultak legyenek a vezető kábítószer-gyártók kiadatására az Egyesült Államokba.

Ha képesek voltunk megfogalmazni a „emberiség elleni bűnök" nürnbergi statútumát, akkor képesnek kell lennünk egy olyan nemzetközi megállapodás megkötésére is, amely széles körű mozgásteret biztosítana az amerikai ügynököknek, hiszen a kábítószer-kereskedelem nem emberiség elleni bűn?

- Az Egyesült Államoknak különleges ügyészeket kell kineveznie (ahogyan mi, a tagjai tettük a Tavistock által tervezett Watergate-összeesküvés ügyében) az összes kábítószerrel kapcsolatos büntetőeljárás koordinálására.

Ha az Egyesült Államok képes volt létrehozni egy nemzetközi törvényszéket Nürnbergben, akkor most is biztosan megtehetjük ugyanezt, mivel a kábítószerek és az egész kábítószer-kereskedelem háború a civilizált világ ellen – és minden bizonnyal emberi jogi bűncselekmény.

- Az Egyesült Államoknak olyan programot kell indítania, amely arra ösztönzi a kereskedelemhez szükséges nyersanyagokat termelő országokat, hogy az egész „termést" az Egyesült Államok által kinevezett és ellenőrzött tisztviselőknek adják el, egy írásbeli megállapodás keretében, amely kimondja, hogy további „termés” nem termelhető.

- Az amerikai ügynököknek olyan megállapodással kell rendelkezniük, amely lehetővé teszi, hogy a teljes termőterületek (például az ópiummák szülőhelye, az afgánisztáni Helmand) talaját mák termesztésére alkalmatlanná tegyék.

Ez megvalósítható, és sokkal olcsóbb, mint a partvonalunk őrzésének hatalmas költségei és a kábítószer-kereskedelem áldozatainak orvosi költségei.

- Egy lépés, amelyet az Egyesült Államok könnyen megtehet, az, hogy törvényeket fogad el, amelyek halálbüntetést szabnak ki mindazokra, akiket kábítószer-kereskedelemmel, -forgalmazással vagy -terjesztéssel kapnak el.
- A kábítószer-fogyasztáson vagy -használaton tetten ért függőket egy különleges bíróságnak kellene elbírálnia, és ha bűnösnek találják őket, a Mojave-sivatag közepén lévő, minimális kényelmet biztosító javítóintézetbe kellene küldeni őket.

Amnesztia-időszakot hirdetnének, amelynek során minden kábítószer-kereskedőnek be kell szolgáltatnia kábítószer-készleteit a kormányzati ügynökségeknek vagy a kifejezetten erre a célra kiválasztott polgári bizottságoknak, azonnali megsemmisítés céljából. Ezt követően bárkit, akit kábítószer-kereskedelemmel vagy kereskedelmi célú kábítószer-birtoklással kapnak el, kivégeznének.

- Minden olyan létesítményt, ahol kábítószert széles körben fogyasztanak, mint például a diszkók és éjszakai klubok, be kell zárni – a tulajdonosokat súlyos bírsággal és börtönnel kell sújtani, ha a különleges ügyészek bírósága előtt bebizonyosodik, hogy a helyszínen kábítószert fogyasztottak. A „rockkoncerteket" be kell tiltani, a rockkoncertek szervezőit pedig súlyos bírsággal és börtönnel kell sújtani.

- Bárkit, aki kábítószert szállít az Egyesült Államokba vagy államhatárokon át, a különleges ügyészeknek kell bíróság elé állítaniuk az erre a célra létrehozott bíróságokon. Bűnös ítélet esetén a kereskedőket halálra kell ítélni, és az ítéletet indokolatlan késedelem nélkül végre kell hajtani.
- Az Egyesült Államok Mezőgazdasági Minisztériumának szerződéseket kell kötnie minden kábítószer-növényt termesztő országgal, amelyek lehetővé teszik az amerikai ügynökök csapatainak, hogy „átkutassák és megsemmisítsék" az összes olyan helyet, ahol kábítószer-növényeket fedeznek fel.

Ez olcsón és hatékonyan megvalósítható egy újonnan felfedezett „napfényes gyomirtó" alkalmazásával, amely minden növényben megtalálható aminosavakat tartalmazó vegyületből áll. A vegyület az állatvilágra ártalmatlan, és a kábítószer-növényben felhalmozódó aminosavakkal elnyomja a nem kívánt növekedést, ami három órán belül összeomlasztja a növényi szöveteket és kiszárítja azokat.

Ez az új gyomirtó képes minden kokacserjét, mák- és marihuánaültetvényt a forrásánál kiirtani, anélkül, hogy a hagyományos növénykultúráknak bármilyen kárt okozna, vagy a talajt mérgezné. Dr. William Robertson, a Nemzeti Tudományos Alapítvány munkatársa elmondta, hogy a gyomirtót éppen az est beálltával permetezik. Amint másnap reggel felkel a nap, láncreakció indul be, és a kábítószer-növények elkezdnek „elvérzni”, elveszítve minden belső folyadékukat. Néhány óra alatt a permetezett növények összeaszalnak és elpusztulnak. A gyomirtó szer könnyen alkalmazható, olcsó és környezetbarát. Nem hat olyan élelmiszer-növényekre, mint a búza, az árpa, a zab, a szójabab stb.

Belső támogatással és nemzetközi megállapodásokkal az Egyesült Államok három éven belül, elképesztően alacsony költségekkel ki tudná irtani a kábítószert a Föld színéről. A program szerződések és konkordátumok révén léphet működésbe. Bármely ország, amely megtagadja a csatlakozást a programhoz – amely tartalmazna egy záradékot, amely előírja, hogy amerikai ügynököket állomásoztassanak az adott országban –, elveszítené az Egyesült Államoktól kapott összes külföldi segélyt.

Világméretű kereskedelmi bojkottot (amelyet 1933-ban Németország ellen alkalmaztak) kell bevezetni azok ellen az országok ellen, amelyek megtagadják az aláírást, és nemzetközi nyomást kell gyakorolni rájuk az ENSZ összes ügynökségén keresztül, olyan módon, ahogyan azt könyörtelenül alkalmazták Dél-Afrika és Irak ellen. Az új termék, az ALA, már elérhető, és az Egyesült Államoknak sürgősségi programot kell indítania annak globális méretű felhasználásához szükséges mennyiség előállítására.

Fel kell készülnünk a háborúra! A program teljes körű végrehajtása koncentrált erőfeszítést igényel, de nem nagyobbat, mint amire 1939–1945-ben volt szükség. Ha képesek voltunk a második világháború hatalmas erőfeszítésére, akkor kötelességünk most is ugyanazt megtenni. Amerika biztonságát 1939-ben soha nem fenyegette közvetlenül Németország. Németországnak nem volt vitája az Egyesült Államokkal, de a kábítószer-kereskedők, a „nemesi családok" közvetlen és nagyon is jelen lévő veszélyt jelentenek biztonságunkra és jövőbeli jólétünkre, mint nagy nemzetre. Az Egyesült Államoknak hadat kell üzennie ezeknek az országoknak, és termelési bázisaikat, valamint szállítási és elosztási rendszereiket meg kell semmisíteni. Mobilizálnunk kell hatalmas emberi és technikai erőforrásainkat, hogy szembeszálljunk a kábítószer-bárókkal és megsemmisítsük őket.

Az elmúlt 34 évben az amerikai nép tehetetlenül nézte, ahogy a háború hullámai ellenük fordultak. Eddig az amerikai nép nem vette észre, hogy háborúban állunk, mert az ellenséget nem lehetett olyan könnyen azonosítani, mint ahogy a propagandagépezetünk 1939-ben azonosította Németországot. Ugyanezek a propagandisztikus „véleményformálók" nagyon vonakodnak szembeszállni a kábítószer-kereskedőkkel, ami egyáltalán nem meglepő, ha belegondolunk, hogy a „véleményformálók" ugyanazon hálózat részét képezik. Sürgető szükség van arra, hogy az amerikaiak tudatára ébresszük: a kábítószerekből származó obszcén nyereség, amely évente milliók életét teszi tönkre, a nemzetközi terrorizmust is finanszírozza.

A DEA legfrissebb statisztikái riasztó növekedést mutatnak a heroin-, kokain- és marihuána-fogyasztók számában Amerikában. Ami a terrorizmust illeti, elég csak a perui „Fényes Ösvény" szekta tevékenységére visszaemlékezni, hogy lássuk, hogyan finanszírozta a kábítószer-pénz a gyilkosságokat.

Ez a csoport a világ egyik legerőszakosabb és legkegyetlenebb terrorista bandája volt, egy olyan bűnözői banda, amely elszántan akarta átvenni a hatalmat Peruban, hogy kézbe vehesse a jövedelmező kokainüzletet, amíg

Fujimoro perui elnök személyesen nem avatkozott be. De ez a lépés az elnöki posztjába került, és életét félve Japánba kellett menekülnie.

A kokain egyre növekvő fenyegetés, amely 20 millió amerikait érint. A „smart set" és a hollywoodi „in-crowd" által népszerűvé tett szer naponta becslések szerint 5000 új felhasználót vonz! Frank Monastero, a DEA munkatársa nemrég kijelentette, hogy a kábítószer-kereskedelem és a terrorizmus közötti kapcsolatok nagyon szorosak, „de nem hiszem, hogy a kormányzat bizonyos körei így tekintenek rá". Bár Monastero nem mondta el, melyik „körre" utalt, az egyes amerikai tisztviselőkkel folytatott beszélgetéseimből tudom, hogy az amerikai külügyminisztériumra gondolt.

A Külügyminisztérium következetesen ellenezte a kábítószer-ellenes intézkedések és a „külföldi segélyek" felfüggesztése közötti összekapcsolást, és nem értett egyet az ebben a könyvben vázolt módszerek bevezetésével. Közismert tény, hogy a Külügyminisztérium tisztviselői a külföldi kábítószer-ellenes megbízatást tartják a legkevésbé kívánatos külszolgálati beosztásnak.

A Királyi Nemzetközi Ügyek Intézete (RIIA) és a Külkapcsolatok Tanácsa (CFR), amelyek irányítják a Rand Corporationt (azt a szervezetet, amelynek köszönhetően Daniel Ellsberg a Pentagon-iratok ügyével hírhedtté vált), tovább rontották a helyzetet azzal, hogy egy nem kért tanulmányt írtak, amelyben azt állították, hogy a kábítószer-használat elleni küzdelemre irányuló erőfeszítések az oktatási szinten „ellentmondásosak, kétértelműek és hatástalanok". Ez nyilvánvalóan nem igaz, de mit is várhatnánk egy olyan intézménytől, amelyet a Tavistock Institute of Human Relations irányít, és amelynek uraik éppen azok, akik profitálnak a gonosz kábítószer-kereskedelemből? A Rand-jelentés olyan volt, mintha a saját csapatainkra lőttünk volna, mert ha a kábítószer-kereskedőkre lőtt volna, akkor a barátaira lőtt volna, nem az ellenségeire! A Rand-jelentés végeredménye az volt, hogy elriasztotta a kábítószer-ellenes oktatási programokat. A Rand mégis jelentős támogatásokat kap az amerikai kormánytól – ez egy a példa a kábítószer-kereskedelem minimalizálására irányuló erőfeszítéseinkben rejlő ellentmondásokra.

A Számvevőszék (GAO) becslése szerint az Amerikába csempészett kábítószerek mindössze tíz százalékát foglalják le a bűnüldöző szervek. Ez riasztó jelzésnek kell lennie! Hogy lehetséges, hogy egy ilyen nagy munkaerővel, pénzzel és technikai erőforrásokkal rendelkező, magasan iparosodott nemzet csak a kábítószerek ilyen kis százalékát képes elfogni? Meg kell keresnünk a „rejtett kezet", a kábítószer-kereskedelmet a háttérből irányító erőt, a titokzatos „X erőt". Ahhoz, hogy megfelelő választ kapjunk a kérdésre, a továbbiakban ezzel a szemponttal fogok foglalkozni.

Egy nemrégiben látott dokumentum szerint Kínában az ópiummák termelése 2000 óta 50 százalékkal nőtt. A fent említett dokumentum egyéb statisztikái azt mutatják, hogy a marihuána és a kokalevél termelése 30, illetve 40 százalékkal nőtt, az afgán ópiumtermelés pedig 4000 fontról 6000 fontra emelkedett évente azóta, hogy az USA és a NATO csapatai 2003-ban megszállták az országot. Hogyan sikerült ezt a bravúrt véghezvinni? Az RIIA, a Wilton Park, a Tavistock Intézet, a CFR és az uralkodó oligarchia, az európai Fekete Nemesség családjai által irányított, Amerika elleni totális háborúval sikerült. Fő eszközük ebben a háborúban a „rockzenekarok" és a „rockkoncertek" voltak – és még mindig azok –, valamint a

„zenének" álcázott, elmét romboló, dekadens, 12-hangú kakofónia szüntelen népszerűsítése. Ezt az eszközt először 1950-ben használták, és ez az ellenség fegyvertárának fő fegyvere az Amerika elleni háborúban, és továbbra is a kábítószer terjesztésére fogják használni, amíg valaki véget nem vet neki egyszer és mindenkorra!

Visszatérve a heroinüzletre: a mák -termelés fő területei az úgynevezett délkelet-ázsiai „Arany Háromszögben" és az iráni, afgán és pakisztáni „Arany Félholdban" találhatók.

Érdemes emlékezni arra is, hogy a brit „kékvérű" családok az afgán és pakisztáni mezőkről Kínába szállított ópiummal szereztek vagyont, és ezekben az országokban 100 év alatt kiépítették azokat a szükséges kapcsolatokat, amelyek lehetővé teszik számukra, hogy ma is biztonságosan és nyereségesen folytassák a kereskedelmet.

Ami a Közel-Keletet illeti, a nyers ópium nagy része Libanonon, Szírián és Törökországon keresztül halad át. Egy ideiglenes feldolgozás után Frankfurton keresztül jut el Európába. Az úgynevezett „frankfurti maffia" irányítja az üzlet forgalmazási részét, és a hírhedt Meyer Lanskey (a bűnszövetkezet egyik vezető tagja, mára már elhunyt) volt ennek a műveletnek a kulcsfigurája. Lanskey halála után a pozíciót az izraeli Ariel Sharon tábornok vette át, aki azt a nem éppen siratott távozásáig töltötte be. Sharonnak nagyon szoros kapcsolatai voltak olyan „termelő" országokkal, mint Bolívia és Peru, amelyek mindketten a kokain előállításához szükséges kokalevél fő termelői. Libanont azért támadták meg, hogy az országot fejedelemségekre lehessen felosztani, és amint azt egyik jelentésemben elárultam, Rifaad Assadt, Hafez Assad szíriai elnök testvérét, először házi őrizetbe vették, majd száműzték Szíriából a Sharonnal kötött „magán" üzletei miatt. Rifaad Assad szíriai kiutasítása nyilvánosságra került, de a valódi ok – a kábítószerrel kapcsolatos szabálysértések – soha nem került nyilvánosságra.

Titkos szenátusi jelentések szerint az amerikai külügyminisztérium nem követte Reagan elnök utasítását, miszerint a kábítószer-termelő országokat meg kell büntetni. Ez nem meglepő, tekintve a háttérre és a Chatham House által a brit ügynök, George Shultz révén gyakorolt ellenőrzésre. Shultz volt külügyminiszter, akit G.H.W. Bush elnök nevezett ki, aki a keleti liberális establishment egykori névleges vezetője volt, és nagyon szoros kapcsolatai vannak a kábítószer-kereskedelemmel.

A kábítószer-termelő országok álláspontja szerint a kábítószer-probléma amerikai probléma, és amíg van amerikai kereslet a kábítószerekre, a termelő országok csupán kielégítik ezt a keresletet. Ez a nézet teljesen figyelmen kívül hagyja azt a tényt, hogy Kínában eredetileg nem volt ópium iránti kereslet, egészen addig, amíg azt ugyanazok a gátlástalan „nemesi" családok „meg nem teremtették", akik aztán kielégítették a „szükségletet" és szállították az ópiumot. Azt a tényt is figyelmen kívül hagyja, hogy ugyanazok a családok irányítják még mindig a kereskedelmet, de ezúttal a fogadó ország az Egyesült Államok. Néhány szenátor úgy véli, hogy a kereskedelem leállításának módja a kábítószerek „legalizálása", kezdve a marihuánával és a kokainnal. Természetesen gyorsan hozzáteszik, hogy csak kis mennyiségekről lehet szó, kizárólag magáncélra.

Ez olyan, mintha benzinnel oltanánk a tüzet! Ugyanezek az emberek magánseregeket állítottak fel Peruban, Bolíviában és Kolumbiában, hogy megvédjék hatalmas befektetéseiket a kábítószer-kereskedelemben ezekben az országokban.

Paula Hawkins floridai szenátor megerősítette ezt, ahogyan magánforrások is, amelyeket nyilvánvalóan nem lehet megnevezni. Bolíviában, Kolumbiában és Peruban ezek a jól felfegyverzett magánseregek heves csatákat vívtak a kormánycsapatokkal, és gyakran legyőzték őket!

Ennek eredményeként a banditák most már teljes ellenőrzést gyakorolnak a „termesztési" területeken, és a kormánytisztviselőknek engedélyt kell szerezniük, hogy beléphessenek ezekre a területekre! Természetesen soha nem adnak engedélyt, és a „zárt övezetbe" belépő kormányügynökök azt a kockázatot vállalják, hogy meggyilkolják őket, ahogyan valóban sok -t meg is gyilkolnak. Hawkins szenátor teljes mértékben támogatta a szabályszegő országoknak nyújtott „külföldi segély" leállítását, és bejelentette, hogy ezt szándékozik tenni. Hawkins szenátor az Alkohol- és Kábítószer-visszaélés Elleni Szenátusi Bizottság elnöke volt, de hamarosan elvesztette állását, miután túl kitartó lett. Hawkins nagyon erős ellenállásba ütközött a Külügyminisztériumon belül, mivel a „külföldi segélyt" szigorúan a saját hatáskörüknek tekintik, amelybe nem szabad beavatkozni. 1946 óta, amikor David Rockefeller bevezette ezt az alattomos, az amerikai adófizetők pénzéből történő elosztást, és a CFR törvénybe iktatta, a Külügyminisztérium „nem avatkozó" hozzáállást tanúsított a külföldi segélyezési csalás tekintetében. Clyde D. Taylor, a kábítószerekért felelős korábbi ügyvezető külügyminiszter-helyettes a következőképpen fogalmazta meg a Külügyminisztérium álláspontját:

> A kábítószer-problémát a megfelelő perspektívában kell látnunk – más diplomáciai érdekeink is vannak ezekben az országokban, és ha beavatkozunk és elidegenítjük őket a kábítószer-kérdés miatt, akkor sajnálhatjuk, ha néhány év

> múlva más ügyben szükségünk lesz rájuk. A külföldi segélyek visszavonásának gondolata nem olyan egyszerű, mint amilyennek tűnik. Nincs akkora befolyásunk, mint gondolná.

Micsoda beismerés!

Mindazonáltal, a britek által irányított Külügyminisztérium ellenállása ellenére, az elmúlt öt évben legalább papíron némi előrelépés történt. Kábítószer-ellenőrzési megállapodásokat kötöttek Pakisztánnal, Bolíviával, Perubal, Mexikóval és Kolumbiával, bár nagyon szűk keretek között.

Pakisztán esetében, amely a világ legnagyobb nyersópium-kereskedelmi útvonala, kétséges, hogy a megállapodásnak lesz-e bármilyen hatása az Amerikába áramló ópium mennyiségére, mivel a katonai vezetők és más bűnüldöző szervek ellenzik a valódi ellenőrzést. Ali Bhutto, Pakisztán volt elnöke volt az egyetlen, aki aktívan ellenezte a katonaság védelme alatt folyó kábítószer-kereskedelmet, és akit utódja, Zia ul Haq tábornok bírósági úton meggyilkolt. Bhutto teljes mértékben elkötelezte magát a pakisztáni kábítószer-kereskedelem felszámolása mellett, és a kábítószerekkel szembeni határozott álláspontja kétségtelenül halálához vezetett. Tehát ne számítsunk a pakisztáni ópiumkereskedelem lassulására. Az továbbra is folyik, annak ellenére, hogy William French Smith, az Egyesült Államok főügyésze Pakisztánba utazott, és személyesen kérte a kormányt, hogy szüntesse meg azt az Egyesült Államok jelentős segítségével. Ul Haq elnök válasza az volt, hogy figyelmeztette William French Smitht, hagyja el Pakisztánt, mivel nem tudja garantálni a személyes biztonságát. Azóta egyetlen amerikai főügyész sem járt Pakisztánban.

A világ másik felén a kokaintermelés első számú országa Kolumbia, bár a brazíliai új kokaplantázások közelmúltbeli felfedezése alapján úgy tűnik, hogy valószínűleg Brazília veszi át a helyét.

A kokaint „nem függőséget okozónak" minősítik, és a kábítószer-kereskedők által fizetett több neves orvos is kijelentette, hogy nincs tartós káros hatása. De mindez megváltozott, amikor egy bátor orvos a New York Timesnak elmondta, hogy a kokainnal végzett vizsgálatok azt mutatják, hogy hosszú távon a fogyasztók súlyos agykárosodást szenvednek. A DEA statisztikái szerint, amelyeket láttam, az Egyesült Államokba érkező összes kokain 75 százaléka és az összes marihuána 59 százaléka Kolumbiából származik.

Bolívia 10 százalékot termel, akárcsak Peru, míg Mexikó a marihuána 9 százalékát állítja elő. A helyben termesztett marihuána a piac 11 százalékát teszi ki, ebből 9 százalék Jamaikából származik.

A kokain „előállítása" viszonylag egyszerű folyamat. A növény, amelyről a leveleket szüretelik, vadon nő, de manapság ültetvényeken is termesztik. A leveleket olcsó helyi paraszti munkaerő szedi le a bokorról, ponyvára helyezi, majd tapossa, ezt követően kerozint és kalcium-karbonátot öntenek a részben összetört levelekre, ami fehér paszta kialakulását eredményezi. Ezután kénsavat adnak hozzá, és a keveréket leszűrik, majd egy halálos vegyszert, az acetont adják hozzá, és a keveréket száradni hagyják. Egyesek fehérbort is adnak a keverékhez, amely megfelelő idő elteltével tiszta, fehér, kristályos porrá – kokainná – alakul. Egy font kokain előállításához körülbelül 300 font kokalevélre van szükség. A munkaerő és a nyersanyag költsége olyan alacsony, hogy az elsődleges termelői szakaszban akár 5000 százalékos nyereség is szokásos.

A kolumbiai kábítószer-kereskedelmet egészen a közelmúltig teljes mértékben védte a hadsereg, az igazságszolgáltatás és a bankok, de ennek vége szakadt, amikor Betancourt elnök 1991-ben hivatalba lépett. Azok a lázadó katonatisztek, akik hozzászoktak ahhoz, hogy a kokainkereskedelemből származó részesedésükből hatalmas nyereséget szerezzenek, és akik nem voltak hajlandók támogatni Betancourt kábítószer-ellenes programját, rangjukat és pozíciójukat vesztették. Betancourt távozása óta azonban a dolgok visszatértek a „normális" kerékvágásba. A kereskedelemből származó pénz nagy része floridai és svájci bankokba kerül. A svájci sajtó még annyira is elment, hogy nyíltan bírálta Betancourt elnököt, azt állítva, hogy kokainellenes politikája súlyos csapást mérne Kolumbia gazdaságára, és drágán kerülne az országnak devizában. Ez természetesen egy nagy hazugság, mivel a „deviza" nagy része soha nem kerül vissza Kolumbiába, hanem a svájci bankok széfjeiben végzi. Nem csoda, hogy a svájci bankárok nem kedvelték Betancourt kokainellenes álláspontját!

A Gnosztikus Egyház egyes tagjai határozottan Betancourt ellen álltak. Kolumbiában az MI9 gerillák (spanyol rövidítésükön FARC néven ismertek) tagadják, hogy bevételeik nagy része kábítószerrel kapcsolatos forrásokból származna. Betancourt rávette a szervezet vezetőjét, Dr. Carlos Toledo Platát, hogy írjon alá egy megállapodást a kolumbiai kormánnyal, amely fegyverszünetet eredményezett a harcokban, de nem sokkal később Platát meggyilkolták a kábítószer-kereskedők.

Nem sokkal a gyilkosság után, 1984. április 30-án délután két motoros bűnöző lelőtte és megölte Rodrigo Lara Bonilla kolumbiai igazságügyi minisztert. Mindkét férfi a kábítószer-fővárosba, Santa Martába menekült, ahol a FARC forradalmi hadsereg magánkatonái védik őket. Mindkét gyilkosságot kedvezően fogadták a kábítószer-kereskedők, akiknek sokat veszíthetnek, ha Kolumbia sikeresen felszámolja a kábítószer-kereskedelmet. Lopez Michelson volt elnök erősen részt vett a kokainkereskedelemben, mielőtt elűzték. Egy kábítószer-ellenes helyettes sikertelen elrablási kísérletét követően az országba menekült, majd Párizsban rejtőzött el. Unokatestvére, Jamie Michelson Urbane nagy összegű pénzt tart Miamiban.

Michelson nagy bajba került, mert azt javasolta, hogy a kolumbiai kormány tárgyaljon meg egy megállapodást a kábítószer-kereskedőkkel. A kábítószer-pénzből élő bankár, Urbane, aki egykor a Banco de Colombia elnöke volt, Miamiba menekült azon a napon, amikor két menedzserét Betancourt a 2920. számú rendelet alapján letartóztatta. Az a parancs, hogy a hadsereg kezdje el permetezni paraquattal (egy növényeket és bokrokat lombtalanító vegyi anyaggal) az összes olyan mezőt, ahol kábítószer-növényeket termesztettek, súlyos csapást mért a kábítószer-kereskedő bárókra és azokra, akik a kokainpénzből a legtöbbet profitáltak: az európai Fekete Nemesség oligarcháira.

Betancourt, amikor kinyilvánította szándékát, hogy felszámolja a kábítószer-kereskedelmet, nem csupán retorikusan beszélt, és súlyos merényletveszélynek volt kitéve. Senki ne higgye, hogy a kábítószer-bárók és Európa kékvérűjei tétlenül tűrnék a kereskedelmük elleni támadásokat.

Jól emlékszem, hogy amikor amerikai tisztviselők 1985-

ben egy rendkívül titkos találkozón keresték meg a brit tisztviselőket az angliai Cambridge-ben, hogy segítséget kérjenek a bahamai kábítószer-kereskedelem elleni küzdelemben, segítséget és információt egyaránt megtagadtak tőlük. Ez senkit sem fog meglepni, aki ismeri a Bahamákat, ahol az egész kormány részt vesz a kábítószer-üzletben, amelyet bizonyos angliai szabadkőműves páholyok irányítanak, és a bevételeket a Royal Bank of Canada-n keresztül mossák tisztára. (Ne feledjük, hogy Kanada csupán a brit királyi család előőrsének számít, és nem olyan ország, mint amilyen Amerika.)

Néhány vezető amerikai bank olyan helyeken, mint Panama, elősegíti a pénz áramlását – amelyet jelenleg évi 550 millió dollárra becsülnek –, kényelmes csatornaként szolgálva a brit, kanadai és amerikai felső vezetők számára. Emlékezzünk csak arra, hogy Manuel Noriega tábornok bajba került, amikor leleplezte az egyik panamai Rockefeller-bankot, amely kábítószer-pénzmosásban vett részt, abban a téves hitben, hogy az amerikai DEA kívánságait teljesíti. DEA kívánságait teljesíti. Nem csak a bankok védik és óvják ezt a jövedelmező kereskedelmet. A Nemzetközi Valutaalap (IMF) egyre fontosabb szerepet játszik a kereskedelemben. Rengeteg bizonyíték áll rendelkezésre arra, hogy az IMF 1960 óta védi a kábítószer-kereskedelmet, de különösen a vezető brit intézmények és az azokat irányító „nemesi" családok tekintetében.

Angliában teljesen legális a kábítószer-fogyasztás, de nem az forgalmazása. Ez összhangban van az IMF politikájával, és ami Kolumbiát illeti, az a álláspontot képviseli, hogy Kolumbiának joga van devizát keresni kábítószer-exporttal oda, ahol kereslet van rá. Ennek az az indoka, hogy a kábítószerből származó bevételek segítenek az IMF-hitelek visszafizetésében – ami teljesen hamis állítás. Az IMF Központi Banki Osztálya kizárólag olyan offshore bankokkal dolgozik együtt, amelyek nagy összegű készpénzbetéteket kapnak a kábítószer-kereskedelemből.

Kolumbia igazságügyi miniszterének, Rodrigo Lara Bonillának a brutális és nyílt meggyilkolása után az IMF és a Római Klub „kapcsolatai" pánikba estek, és elkezdtek távolodni az M19 kábítószer-kereskedelemmel foglalkozó „csapataitól", mert Betancourt dühösen mozgósította az összes rendelkezésre álló tartalékot, és a gyilkosságot „Kolumbia hírnevének foltjának" nevezte. Betancourt közvetlenül a nyilvánossághoz fordult, és felszólította az összes polgárt, hogy segítsenek neki a kábítószer-kereskedők elleni küzdelmében, mondván: „a nemzeti méltóságot ezek a kábítószer-kereskedők tartják túszul".

A katolikus egyházat felkérték, hogy csatlakozzon a küzdelemhez, és az beleegyezett, hogy teljes súlyával támogatja az elnököt, csupán a jezsuita rend maradt távol. Reagan elnöknek jól tette volna, ha Betancourt taktikáját követi, és úgy gondolom, hogy soha nem látott mértékű támogatást kapott volna a néptől. De sajnos Reagan nem így tett. Örömteli megállapítani, hogy bár a jezsuiták és a gnosztikusok összefogtak az M19 gerillákkal, hogy megzavarják

Betancourt kábítószer-ellenes erőfeszítéseit, csak csekély előrelépést értek el, annak ellenére, hogy hatalmas „rejtett kéz" támogatta közös zavaró taktikájukat. Betancourt megadta a DEA-nak a jogot, hogy Kolumbiába jöjjön, és paraquattal permetezze be a kábítószer-növényeket. Több, az Egyesült Államok által régóta körözött kolumbiai kábítószer-kereskedő kiadatására vonatkozó, az Egyesült Államok Külügyminisztériuma által benyújtott kérelmet is jóváhagyott. Az Egyesült Államok azonban eddig nem viszonozta ezt, és nem adta vissza Michelson Urbanét Kolumbiának.

Kolumbiai látogatása során Hawkins szenátor dicsérte a kolumbiai elnök határozott erőfeszítéseit a kábítószer-kereskedők felszámolására. De forrásaim szerint annak ellenére, hogy a kokain Amerikába irányuló áramlása észrevehetően lelassult – amit az ár hirtelen emelkedése is bizonyít –, ez nem jelenti azt, hogy a kábítószer-bárók nem védekeznek. Bizonyítékok vannak arra, hogy kiterjesztették tevékenységüket Argentínára és Brazíliára, hogy új ültetvényeket szerezzenek a kokacserjéknek.

Néhány kolumbiai tisztviselő, akik nem teljes mértékben elkötelezettek Betancourt elnök mellett, azt állították, hogy nem tudnak behatolni azokba a távoli dzsungelterületekbe, ahol a kereskedők működnek. A kérdés az, hogy ha a kábítószer-kereskedők be tudnak jutni oda, miért nem tudnak a kormány kábítószer-ellenes erői is ugyanezt megtenni? Sürgősen meg kell támadni ezeket az ültetvényeket, mert bizonyítékok kerültek napvilágra, amelyek szerint kísérleti ópiummák-ültetvények (amiből a heroint nyerik) nőnek ezeken a távoli, „behatolhatatlan" régiókban – állítja John T. Cassack, a Kábítószer-visszaélés és -ellenőrzés Képviselőházi Különbizottságának tagja. „Los grandes mafioses" hosszú utat tett meg 1970 óta, amikor valóban beindították a kokainértékesítést az Egyesült Államokban. 2006-ban hajóflottákat, repülőgépeket, helikoptereket és egy nehézfegyverzett magán hadsereget kezdtek használni. Óvatosan jártak el, mint közjótékonykodók, számos közcélú projektet finanszírozva. A közvélemény „okos üzletembereknek" tekinti őket, akik kihasználják egy tisztán amerikai problémát, az amerikaiak kielégíthetetlen kokain- és marihuána-keresletét. Az egyik nagyágyú, Pablo Escobar Gavira hatalmas összegeket ölt a nyomornegyedek felújításába, egy olyan programba, amelyet a jezsuiták irányítottak, akik mindig is kedvezően tekintettek a rendkívül gazdag Gavir jára.

Gavira egyszer 50 000 dollárt költött lánya esküvőjére, és parlamenti képviselővé választatta magát, így parlamenti mentességet szerzett a letartóztatás alól. Évekig körözte az amerikai DEA. De miután Lara igazságügyi minisztert 22 golyóval lőtték le egy Uzi géppisztollyal, hatalmas felháborodás söpört végig a kolumbiai népen. A „los grandes mafioses" ellen fordultak, és a dolgok megindultak. Még a jezsuiták is elhatárolódtak Gavirától. Miután a kábítószerrel kapcsolatos ügyek joghatóságát átadták a hadseregnek, a kábítószer-kereskedők által rendezett pazar partikon korábban részt vevő számos bírót megfosztották korábbi hatalmától. Dario Castrillon püspök is megpróbálta tagadni kapcsolatát a kábítószer-kereskedőkkel, mondván, hogy az általuk kapott pénzt templomok építésére fordította. A bírák megvesztegetése már nem volt elfogadható, és a kábítószer-ügyek elbírálására létrehozott katonai bíróságokhoz a megvesztegetők nem férhettek hozzá.

Még a hatalmas Ochoa-család is fedezékbe vonult, de még a saját emberük, Lopez Michelson elnök is bajba került. Ochoa felhívta őt Panamában – ahol éppen más vezető kábítószer-kereskedőkkel tárgyalt –, hogy figyelmeztesse a hazájukban zajló tömeges letartóztatásokra. Mellesleg Gavira és a három Ochoa-fivér, akik a 100 legfontosabb kábítószer-kereskedőt képviselték, Michelsonhoz fordultak segítségért, de ő cserbenhagyta őket. A bűnözők azonban nem adták fel. Meglepő fordulatként az Ochoák Panamán találkoztak Carlos Jimenez Gomez kolumbiai főügyésszel.

Valamilyen okból Gomez nem értesítette az amerikai hatóságokat a találkozóról. Ha megtette volna, az amerikai DEA ügynökei bőséges letartóztatási eredményeket értek volna el Panamában! Alexander Watson amerikai nagykövetet Gomez csak két hónappal az esemény után tájékoztatta a találkozóról. Ez a újabb kérdést vet fel. Mivel köztudott, hogy az amerikai kábítószer-ellenes ügynökök szorosan követik az összes vezető kolumbiai kábítószer-kereskedőt, hogyan lehetséges, hogy ezek az ügynökök nem tudtak a panamai találkozóról? Úgy tűnik, hogy a háttérben álló erők – az amerikai és európai hatalmas családok, a svájci bankárok, az IMF és a Római Klub, a P2 szabadkőművesek és valószínűleg a CFR – beavatkoztak a helyzetbe.

Az Ochoák egy 72 oldalas feljegyzést adtak át az ügyésznek, amelyben felajánlották, hogy felszámolják az egész kolumbiai kokainüzletet cserébe azért, hogy letartóztatástól való félelem nélkül visszatérhessenek Kolumbiába. A feljegyzést átadták az amerikai hatóságoknak, akik azt válaszolták, hogy nem kötnek alkut bűnözőkkel. Gomez főügyész gyenge kifogása arra, hogy miért találkozott a drogbárókkal anélkül, hogy előzetesen tájékoztatta volna erről a kormányát, az volt, hogy más ügyben (amit nem részletezett) utazott Panamába, és teljesen véletlenül találkozott az Ochoákkal. Gomez nem magyarázta el, miért nem telefonált azonnal Betancourt elnöknek, hogy tájékoztassa a fejleményekről. Az igazság az, hogy Gomez a kolumbiai drogkartell „rejtett keze" utasításai alapján járt el. Kolumbiában a főügyészt a kongresszus nevezi ki, és nem köteles elszámolni az elnöknek. De sok kongresszusi képviselőt mélyen felháborítottak Gomez furcsa cselekedetei, és lemondását követelték, amit ő elutasított.

Escobar Gavira Nicaraguából kezdett el működni a sandinista kormányban lévő jezsuita papok védelme alatt. A titokban készített fényképek, amelyek Gavirát és embereit ábrázolták, amint kokaint rakodnak egy repülőgépre abban az országban, számomra teljesen hitelesnek tűntek, de nem voltak keltezve. Ez arra utalt, hogy a jezsuiták által dominált nicaraguai kormány csatlakozott az Amerika elleni kábítószer-háborúhoz? ban azonban a képviselőház és a szenátus tagjainak többsége következetesen megtagadta, hogy megadja Reagan elnöknek a szandinista kormány megdöntéséhez szükséges felhatalmazást.

- A kérdés az, hogy miért ellenzik „a mi" képviselőink minden olyan erőfeszítést, amely a jezsuita-kommunista nicaraguai kormány megdöntésére irányul?
- Sőt, miért szavazott közülük olyan sokan a Nicaraguának nyújtandó „külföldi segély" és „kölcsön" mellett?
- Miért szavaztak De Concini és Richard Lugar szenátorok arra, hogy adóforintjainkat a kommunista sandinistáknak adják?
- Miért támogatnak olyan embereket, mint Manuel de Escoto, akiről nem csak az a hír járja, hogy segít a kábítószer-kereskedőknek veszélyes rakományukat Amerikába juttatni, hanem az is, hogy a világ minden táján minden lehetséges alkalommal támadja Amerikát?

Amíg a rejtett erők, a Római Klub, a CFR, a Trilaterális Kelet-Establishment és magas beosztású szövetségeseik hatalma nem kerül napvilágra, Amerika nem nyerheti meg ezt a szörnyű háborút. Minden erőfeszítésünk hiábavaló lesz. Amíg az amerikai kormány nem kényszeríti Panamát arra, hogy állítsa le az általam kábítószer-vegyi anyagoknak nevezett hatalmas importját, a kokainkereskedelem Kolumbiában nem fog megszűnni.

Mire kell Panamának hatalmas mennyiségű kerozin, éter és aceton? Ezeket a vegyi anyagokat, mint mindenki tudja, nem szabad közvetlenül Kolumbiába importálni, így nyilvánvaló, hogy a panamai importárukat közvetve és illegálisan szállítják át Kolumbiába.

Miután ezt 2003-ban leírták, Kolumbia egyre mélyebbre süllyedt, és teljes mértékben kábítószer-állammá vált. A gerillák három tényezőnek köszönhetően sokkal jobban szerveződtek:

- Panama átvétele, ami 65%-os növekedést eredményezett a Panamacsatorna térségébe áramló kábítószerek mennyiségében.
- A panamai bankok által biztosított könnyű pénzmosás.
- Castro által az MI9 gerilláknak nyújtott fokozott támogatás.

Ennek eredményeként jobb minőségű fegyverek jutnak el nagyobb mennyiségben az MI9-hez, ami a megnövekedett készpénzállománnyal párosulva a kábítószer-kereskedelem bővülését eredményezi Kolumbiában. Pablo Escobart nagy nyilvánosságot kapott rajtaütés során „letartóztatták" luxusvillájában és birtokán, de a legfrissebb hírszerzési jelentések szerint rövid amerikai börtönbüntetés után titokban kivitték az Egyesült Államokból. Jelenlegi tartózkodási helye állítólag „ismeretlen".

Amikor több száz gyorsírásos jegyzetfüzetemet átnéztem ezzel a fontos témával kapcsolatban, rábukkantam néhány érdekes statisztikára, amelyet londoni nyomozói munkám során jegyeztem le. Ezek arról szólnak, hogy 1930-ban a Dél-Amerikába befektetett brit tőke jelentősen meghaladta az úgynevezett „dominionokba" befektetett teljes összeget. November 30-án egy bizonyos Mr. Graham, a téma szakértője, kijelentette, hogy a brit befektetések Dél-Amerikában „meghaladták az egymilliárd fontot". Ez még 1930-ban történt, és akkoriban ez elképesztő összeg volt. Mi volt az oka annak, hogy a britek ilyen nagy összegeket fektettek be Dél-Amerikába? A válasz egy szóban összefoglalható: KÁBÍTÓSZEREK.

A brit bankokat irányító plutokrácia tartotta kezében a pénztárcát, és akkoriban is, akárcsak ma, a legtekintélyesebb látszatot keltette. Senki sem kapta őket soha tetten; mindig voltak bábjaik és készséges csatlósok, akik készen álltak és várták, hogy magukra vállalják a felelősséget. Akkoriban is, akárcsak ma, a kapcsolatok mindig a legvékonyabbak voltak. Senki sem tudott soha kezet emelni a tiszteletreméltó, „nemes" brit bankárcsaládokra, sem akkor, sem ma. De nagy jelentősége van annak a ténynek, hogy 15 parlamenti képviselő irányította ezt a hatalmas dél-amerikai birodalmat, köztük a Chamberlain család és Sir Charles Barry családja.

A brit pénzügyek és a tisztesség uraik, akik mindig a dél-afrikai elnyomásról hirdették a dicsőséget – ahol a feketéknek egész Afrikában a legjobb körülményeik vannak –, Trinidadban és Jamaicában is nagyon elfoglaltak voltak, ahol szintén ők tartották kezükben a kábítószer-üzlet gyeplőit. Ezekben az országokban a brit arisztokrácia tekintélyes családjainak plutokratái a feketéket alig a rabszolgaság feletti szinten tartották, miközben maguknak bőséges osztalékot fizettek. Természetesen olyan tekintélyes vállalatok mögé rejtőztek, mint a Trinidad Leaseholds Ltd. (egy olajvállalat), de a valódi haszon a kábítószer-kereskedelemben volt és ma is ott van.

Egészen a közelmúltig az ópiumkereskedelem Kínában nem volt közismert téma. Amennyire csak lehetséges volt, eltitkolták. Sok diákom jött hozzám azzal a kérdéssel, hogy miért szeretik annyira az ópiumot a kínaiak. Zavarba ejtették őket a Kínában történt eseményekről szóló ellentmondásos beszámolók. Néhányan azt hitték, hogy egyszerűen csak arról van szó, hogy a kínai munkások helyben vásárolnak ópiumot, és azt valamilyen ópiumbarlangban szívják el. Minden tőlem telhetőt megtettem, hogy felvilágosítsam ezeket a kíváncsi elméket.

Az igazság az, hogy az ópiumkereskedelem Kínában brit monopólium volt, amely a hivatalos brit politikának volt alárendelve. Az Indo- -i brit ópiumkereskedelem Kínába az egyik legszigorúbban őrzött titok és az európai gyarmatosítás történetének egyik leggyalázatosabb fejezete. A statisztikák azt mutatják, hogy a brit uralom alatt álló India bevételeinek csaknem 13 százaléka a kínai függőknek történő ópiumeladásból származott. A függők nem a semmiből jelentek meg; őket teremtették. Vagyis először létrehozták az ópium piacát a kínaiak körében, majd a „keresletet" a brit oligarchia, a londoni különböző bankházak ura Ez a jövedelmező kereskedelem az egyik legrosszabb példája annak, hogyan lehet pénzt csinálni az emberi nyomorból, és egyedülálló dokumentumot nyújt a londoni City által lebonyolított piszkos üzletekről, amely ma is a pénzügyi világ „piszkos ügyleteinek" központja marad. Természetesen kétségbe fogja vonni ezt az állítást: „Nézze meg a Financial Times-t" – mondja –, „az tele van törvényes üzleti ügyletekkel." Természetesen így van, de ugye nem gondolja, hogy a nemes arisztokraták a Financial Times-ban hirdetnék jövedelmük valódi forrását?

A britek nem hirdették, hogy az ópiumot Indiából, a Benáresz és a Gangesz völgyéből szállították Kínába, ahol azt egy állami monopólium keretében részlegesen feldolgozták, egy olyan adminisztráció keretében, amely kizárólag az ópiumkereskedelem felügyeletére szolgált. Nem számított volna rá, hogy ezt olvassa a korabeli London Times-ban, ugye?

Mégis ezt a kereskedelmet már 1652 óta a jeles Kelet-indiai Társaság folytatta, amelynek igazgatótanácsában a brit arisztokrácia legszentebbjei ültek. Ők az emberi nyáj fölött álló faj voltak. Olyan magasztosak és hatalmasak voltak, hogy azt hitték, még Isten is hozzájuk fordul tanácsért, ha valami gondja adódik a mennyekben! Később a brit korona csatlakozott ehhez a botrányos Kelet-indiai Társasághoz, és felhasználta azt eszközként az ópiumtermeléshez Bengáliában és India más részein, valamint az export ellenőrzéséhez az úgynevezett „átviteli vámok" révén, vagyis egy olyan adó kivetésével, amelyet minden, az állami hatóságnál szabályszerűen bejegyzett ópiumtermelőre kivetettek, aki termékeit Kínába szállította. 1885 előtt, amikor az ópium még „illegális" volt (ez csupán egy szó volt, amit arra használtak, hogy nagyobb adót szedjenek ki az ópiumtermelőktől – soha nem volt kísérlet a kereskedelem leállítására), hatalmas mennyiségű ópiumot szállítottak Kínába. A britek annyira merészek lettek, hogy a világ másik végén megpróbálták eladni ezt a halálos anyagot tabletták formájában az Unió és a Konföderáció hadseregének. El tudják képzelni, mi lett volna Amerikával, ha a terv sikerrel járt volna? Minden katona, aki túlélte volna azt a szörnyű tragédiát, teljesen ópiumfüggőként hagyta volna el a csatateret.

A bengáli kereskedők és bankárok meggazdagodtak és elégedettek voltak a hatalmas összegekkel, amelyek a Brit Kelet-indiai Társaság (BEIC) által vásárolt bengáli ópium kereskedelméből áradtak a kincstáraikba, ezért nyereségük megközelítette a világ első számú gyógyszeripari vállalatának, a Hoffman La Roche-nak a nyereségét, ugyanannak a Hoffman La Roche-nak, amely többek között LSD-t is gyárt. A Hoffman La Roche a svájci ipari kémkedési törvényre hivatkozik bárki ellen, aki meri leleplezni kapzsi mohóságukat, ezért óvatosnak kell lenni, ha véleményt nyilvánítunk.

Mindenesetre a Hoffman La Roche gyárt egy széles körben használt gyógyszert, a Valiumot. 2,5 font előállítása körülbelül 3,50 dollárba kerül nekik. Kilónként 20 000 dollárért adják el, és mire az amerikai közönség, amely hatalmas mennyiségben használja a Valiumot, megkapja, az ára már 50 000 dollár kilónként! A Hoffman La Roche nagyjából ugyanezt teszi a C-vitaminnal is, amelyen hasonló monopóliuma van. A gyártásuk körülbelül 1 centbe kerül kilónként, és úgy adják el, hogy a nyereségük körülbelül tízezer százalék.

Amikor egy Adams nevű bátor férfi, aki egykor náluk dolgozott, nyilvánosságra hozta ezt az információt az Európai Gazdasági Közösség (EGK Monopóliumügyi Bizottsága) előtt, a svájci rendőrség letartóztatta és bántalmazta, majd három hónapig magánzárkában tartotta. Ezután kirúgták a munkahelyéről és kiutasították Svájcból, elveszítve nyugdíját és minden egyebet. Brit állampolgárként továbbra is harcolt a Hoffman La Roche ellen. Ezt ne felejtsék el, amikor legközelebb találkoznak azokkal az olyannyira korrekt és udvarias svájci üzletemberekkel. Svájc nem csak alpesi sípályákból és tiszta levegőből áll a kék ég alatt. Banki ágazatát régóta gyanúsítják azzal, hogy a gyógyszeripari üzletekből, legálisakból és illegálisakból egyaránt, valamint a kábítószer-kereskedelem csúcsán álló emberek, ezek a pokolból jött vérebek által elért hatalmas nyereségből él. Svájc „tiszta" imázsa kezd megkopni, ha valaki felhúzza a lepel sarkát. Miniszterelnöki tisztsége alatt Thatcher asszony körbejárta a londoni Heathrow repülőtér brit vámállomásait. Célja az volt, hogy „bátorító beszédet" tartson a vámtisztviselőknek a kábítószer-fenyegetés elleni küzdelemről. Micsoda képmutatás! A vezető brit konzervatív újság kigúnyolta Thatcher asszony erőfeszítéseit, de nem nevezte őt képmutatónak, és semmilyen értelemben nem fedte fel az igazságot arról, ki áll a fenyegetés mögött.

„Ó," mondhatja, „de az amerikaiak és a britek is végrehajtottak nemrégiben néhány figyelemre méltó kábítószer-lefoglalást." Igen, de ez a nyílt piacon elérhető kábítószerek teljes értékének mindössze 0,0009 százalékát teszi ki. Ez az, amit a legfőbb kábítószer-kereskedők és tiszteletre méltó bankáraik „az üzletkötés költségeinek részének" neveznek. Aki részt vett egy fiatal kábítószer-függő temetésén – és ilyenekből naponta sok van –, az nem maradhat közömbös a miniszterelnöknek a Nagy-Britanniát sújtó kábítószer-problémákról szóló megjegyzései iránt. Valószínűleg senki sem tiltakozott a kábítószer-kereskedőkkel szembeni szigorú fellépése ellen. „Utánatok jövünk" – mondta. „Kíméletlenül üldözni fogunk benneteket."

Mrs. Thatcher:

> Eredményeink egyre nagyobbak lesznek, amíg le nem győzünk benneteket. A büntetés hosszú börtönbüntetés lesz. A büntetés a kábítószer-csempészetből szerzett

> vagyonuk elkobzása lesz. A britek körében széles körű támogatást fog kapni az a kezdeményezés, hogy elutasítsák a külföldről érkező felhívásokat, amelyek a kábítószer-csempészetben elkapott britek megsegítésére irányulnak, különösen egy fiatal brit esetében, akit Malajziában halálbüntetéssel fenyegetnek, mert megpróbált heroint csempészni a Penang repülőtéren keresztül. Nincs értelme hozzánk fordulni. Malajzia egész területén plakátok hirdetik, hogy a kábítószer-kereskedelem büntetése a halál.

Ez rendben van, de akkor ezt ugyanolyan szigorral kellene alkalmazni az angol arisztokrácia csúcsán álló összes személyre is. Amikor egy fiatal britet kivégeztek Malajziában kábítószer-csempészetért, akkor a Debretts Peerage-ben (az angol nemesi családok társadalmi rangsorát tartalmazó könyv) felsoroltak felének is meg kellett volna halnia. Mit gondolt Thatcher asszony, kiket fog érinteni a „kemény" új álláspontja? Azt hitte, hogy Hongkong legfelsőbb rétegéhez tartozó családok, a Keswickek és a Mathesonok megijednek a retorikájától? Noha szavai talán megijesztettek néhány apró halat, a nagy, kövér, sima halak kicsúsztak a hálójából, és a kifogott apró halakat hamarosan több ezer másik váltotta fel, akik alig várták, hogy átvegyék a helyüket.

A kábítószer-fenyegetés ellen nem lehet az utcasarkokon folytatott harcokkal felvenni a küzdelmet. Ami engem illet, és véleményem szerint, a témával kapcsolatos többéves kutatásaim alapján a kábítószer-üzletet, legalábbis Nagy-Britanniában, a brit hierarchia legfelső rétegei irányítják, sőt, olyan intézményeket is igénybe véve, mint a Jeruzsálemi Szent János Tiszteletreméltó Rendje.

Már 1931-ben az úgynevezett „Big Five" vállalatok

ügyvezető igazgatóit azzal jutalmazták, hogy a birodalom nemeseivé tették őket. Ki dönti el, hogyan részesülnek kitüntetésekben a gyógyszeripar legfelső vezetői? Angliában ez a feladat Erzsébet Guelph királynőre hárul, akit inkább a Windsor-ház uralkodó fejeként ismernek. Az ebben a kereskedelemben részt vevő bankok száma túl nagy ahhoz, hogy felsoroljuk őket, de a legfontosabbak közül néhány a Midland Bank, a National and Westminster Bank, a Barclays Bank és természetesen a Royal Bank of Canada.

A londoni City számos úgynevezett „kereskedelmi bankára" nyakig benne van a kábítószer-kereskedelemben, például olyan tekintélyes pénzintézetek, mint a Hambros. Hadd legyek konkrétabb, és említsem meg olyan illusztris neveket, mint Sir Anthony Eden családja.

Az általam látott titkos dokumentumok és azok legjobb elemzései szerint az Eden család jogosult lett volna Thatcher asszony „kitüntetési listájára". Ha valaki megvizsgálhatná a londoni India Office iratait, ahogyan nekem szerencsém volt, úgy gondolom, nyilvánvalóvá válna, hogy más következtetés nem vonható le. Mélységesen hálás vagyok a néhai Frederick Wells Williamson professzor iratainak gondnokának a segítségért és támogatásért, amelyet e dokumentumok tanulmányozása során nyújtott nekem. Ha ezeket az iratokat nyilvánosságra hoznák, micsoda vihar törne ki Európa koronás viperáinak fejére! A heroináradat fenyegeti, hogy elborítja a nyugati világot. Ezt a hatalmas vállalkozást az Atlanti-óceán mindkét oldalán bizonyos tagjai a brit-amerikai liberális establishmentnek irányítják és finanszírozzák.

Mi is az a heroin?

Az ópium származéka, és az ópium – ahogy a neves szakértő, Galen mondja – olyan kábítószer, amely elzsibbasztja az érzékeket és álmosságot okoz. Emellett az egyik leginkább függőséget okozó kábítószer a piacon. A mák magját, amelyből az ópiumpasztát nyerik, már régóta ismerték az indiai mogulok, akikről feljegyzések szerint mákmagot kevertek tealevelekhez, és ezt a főzetet szolgálták fel ellenségeiknek, amikor nem volt célszerű levágni a fejüket. Már 1613-ban az első ópium Bengáliából érkezett Angliába az Indiai Keleti Társaságon keresztül, de ezek az importok csak a legkisebb mennyiségeket tették ki. Az angol kisbirtokosok és a középosztály nem volt hajlandó fogyasztani a kábítószert, ami pedig az volt az oka, hogy a Brit Kelet-indiai Társaság egyáltalán importálta. Egy ilyen kiemelkedő kudarc után az oligarchia elkezdett keresni egy olyan piacot, amely nem lenne ennyire hajthatatlan, és Kínát választották. A The Miscellaneous Old Records of the India Office című dokumentumokban megerősítést találtam arra, hogy az ópiumkereskedelem valóban beindult a kábítószer Kínába való bevezetésével. Ezt megerősítik Sir George Birdwood, a Brit Kelet-indiai Társaság (BEIC) tisztviselőjének személyes iratai is. Hamarosan hatalmas mennyiségű ópiumot szállítottak Kínába. Ahol a BEIC Angliában kudarcot vallott, ott most a legmerészebb elképzeléseit is felülmúló sikert aratott a kínai „kuli" körében, akiknek nyomorúságos életét a kábítószer tette elviselhetővé.

Csak 1729-ben fogadta el a kínai kormány az ópiumszívás elleni számos törvény közül az elsőt, és ettől kezdve a brit oligarchia folyamatos harcba keveredett a kínai hatóságokkal, egy olyan csatában, amelyet a kínaiak elvesztettek. Az amerikai hatóságok hasonlóképpen folyamatos harcot vívnak a mai drogbárókkal, és ahogy a kínaiak elvesztették a csatájukat, úgy az USA is elveszíti a folyamatban lévő csatát.

Amikor az indiai bengáli ópiumról beszélek, a Gangesz-medencében termesztett ópiummák maghüvelyeiből előállított ópiumra gondolok. A legjobb ópium Bihar és Benáresből származik, és természetesen sok gyengébb minőségű ópium is van India más területeiről. Az utóbbi időben nagyon jelentős mennyiségű kiváló minőségű ópium (ha egyáltalán lehet a „kiváló" szót egy ilyen veszélyes termékre alkalmazni) érkezik Pakisztánból. Az ebből a hatalmas kereskedelemből származó nyereséget sok éven át „a birodalom zsákmányának" nevezték.

Egy 1791-ben tartott híres perben egy bizonyos Warren Hastings ellen vádat emeltek, hogy az Indiai Keleti Társaság kárára segített meggazdagítani egy barátját. A vád szövegezése érdekes, mert megerősíti, hogy hatalmas összegeket kerestek ezzel.

A vád az volt, hogy Hastings „négy évre szóló ópiumellátási szerződést kötött Stephen Sullivan úrral anélkül, hogy azt meghirdette volna, nyilvánvalóan kedvező és önkényesen bőkezű feltételekkel, azzal a céllal, hogy az említett Stephen Sullivan úr számára azonnali vagyont teremtsen". Mivel a félig hivatalos, majd később hivatalos Kelet-indiai Társaság rendelkezett a monopóliummal, az egyetlenek, akik „azonnali vagyont" szerezhettek, az úgynevezett „nemesség", az „arisztokrácia" és az angol oligarchikus családok voltak. Az olyan kívülállók, mint Sullivan úr, hamar bajba kerültek, ha olyan merészek voltak, hogy megpróbáltak segíteni nekik bejutni a több milliárd font sterlinges üzletbe!

1986-ban láttam egy kiadványt a legkétesebb forrásból

(ezzel azt értem, hogy nyilvánvalóan a KGB Harmadik Osztályának terméke volt), amely állítólag azt mutatta be, hogy a kábítószer- -kereskedelem összefüggésben áll a mitikus „nácikkal". Az a szervezet, amelyik ezt kinyomtatatta, mindig a nácik nyomában van. Ha egy teve megfázna a New York-i állatkertben, az is a mitikus „nácik" hibája lenne.

Öt évnyi nyomozás, beleértve több személyes beszélgetést is azzal a férfival, aki állítólag a svájci bankokban lévő mitikus náci bankszámlák mögött álló vezető és szervező zseni volt, meggyőzött arról, hogy a nyomtatott anyag szerzői elterelték a figyelmet a nyomról. Az úgynevezett „náciknak" semmi közük a kábítószer-kereskedelemhez, ellentétben a britekkel és az amerikaiakkal – ez a tény nagyon jól ismert az amerikai DEA számára.

Ahogy már annyiszor megjegyeztem, még mindig vannak kételkedők, hogy a tiszteletreméltó BEIC, amelynek igazgatói között számos tiszteletreméltó parlamenti képviselő és a londoni legjobb úri klubok tagjai is szerepeltek, folytatta a jövedelmező ópiumkereskedelmet, és nem tűrt semmiféle beavatkozást sem a brit kormány, sem mások részéről. A Nagy-Britannia és Kína közötti kereskedelem a BEIC monopóliuma volt. A társaságnak volt egy ügyes kis trükkje: tagjainak többsége Indiában és otthon is bíró volt. Még a társaság által kiadott útlevelekre is szükség volt ahhoz, hogy Kínába lehessen belépni.

Amikor számos nyomozó érkezett Kínába, hogy kivizsgálja az Angliában felmerült ópiumkereskedelemmel kapcsolatos vádakat, brit útlevelüket az Indiai Keleti Társaság „bírói" azonnal visszavonták. A kínai kormánnyal való súrlódások gyakoriak voltak. Hivatalosan Kína elfogadott egy törvényt (az 1729-es Yung Chengediktumot), amely megtiltotta az ópium behozatalát. A Brit Kelet-indiai Társaság azonban gondoskodott arról, hogy az ópium 1753-ig továbbra is szerepeljen a kínai vámtarifakönyvben, az adó mértéke pedig három tael volt ópiumos láda után. Akkoriban az angol uralkodó különleges titkosszolgálata (a korabeli „007") gondoskodott arról, hogy a kellemetlen embereket lefizessék, vagy ha nem lehetett őket lefizetni, mert maguknak is rengeteg pénzük volt, akkor egyszerűen eltávolították őket.

A brit gyarmati kapitalizmus mindig is az angol oligarchikus feudális rendszerek fő támasza volt, és az is maradt a mai napig. Amikor a szegény, képzetlen és katonailag rosszul felszerelt dél-afrikai paraszti gerillák 1899-ben a brit arisztokrácia kábítószerrel befeketedett kezei közé kerültek, fogalmuk sem volt arról, hogy az ellenük folytatott könyörtelenül kegyetlen háborút csak az a hihetetlen mennyiségű pénz tette lehetővé, amely a brit kínai kábítószer-kereskedelem „azonnali vagyonából" származott, és a háborút megtervező plutokraták zsebébe áramlott. A háború valódi kezdeményezői Barney Barnato és Alfred Belt voltak, mindketten Németországból, valamint Cecil John Rhodes, a Rothschild bankház ügynöke, egy bank, amelyet elárasztott a kábítószer-kereskedelemből származó pénz tenger. Mivel ez nem volt elég, a dél-afrikai szavanna kopár talaja alatt rejtőző arany- és gyémántkincseket is meg akarták szerezni. Ez a három férfi hatalmas vagyont rabolt el a búroktól, az arany és a gyémántok jogos tulajdonosaitól, és ebben a brit parlament segítette, bátorította és védte őket.

A Joels és az Oppenheimerek, akik az arany- és gyémántbányászatban vezető szerepet játszó családok voltak, véleményem szerint a Földet valaha megrontó legnagyobb tolvajok, és egyáltalán nem kérek elnézést azért, hogy ilyen kemény ítéletet mondok.

Az átlagos dél-afrikai, akinek részesülnie kellett volna a Dél-Afrika talajából kitermelt, milliárd és milliárd dollár értékű aranyból és gyémántból, szinte semmit sem kapott ebből a hatalmas vagyonból. Röviden: a dél-afrikaiakat teljesen kirabolták születési jogukból, mert a valódi kapitalizmustól eltérően a Dél-Afrikában működő babiloni kapitalista rendszer nem engedi a vagyon megosztását; az nem jut el azokhoz, akik kiérdemelték.

Ez pénzügyi szempontból a század bűncselekménye, és mindezt az ópiumkereskedelemből származó hatalmas vagyon tette lehetővé, amely lehetővé tette Viktória királynő számára, hogy finanszírozza a búrok elleni nagy elnyomó háborút. Kívülálló számára gyakorlatilag lehetetlen behatolni a brit oligarchia és az azt alkotó, egymással összefonódó családok titkaiba. Becslésem szerint a brit lakosság 95 százaléka kénytelen beérni az ország nemzeti vagyonának kevesebb mint 20 százalékával, és ezt nevezik „demokráciának". Nem csoda tehát, hogy az Amerikai Köztársaság alapító atyái gyűlölték és megvetették a „demokráciát".

Az a álca, amellyel az oligarchák védelmi színezetként befedik magukat, nagyon nehéz áttörni. Mindazonáltal ez minden amerikai életét érinti, mivel amit Nagy-Britannia diktál, azt Amerika végrehajtja.

A történelem tele van ilyen példákkal. Csak a brit propagandára kell tekintenünk, amely a Lusitania elsüllyesztésének nagy hazugságával rángatta be Amerikát az első világháborúba, hogy lássuk, mennyire igaz az állításom. Itt nem „kedves, illedelmes brit úriemberekkel" van dolgunk; hanem könyörtelen elittel, akik elszántan védik életmódjukat, és akik elválaszthatatlanul összefonódnak és összekapcsolódnak a kábítószer-üzlettel.

A brit politikai vezetők többsége, akiknek bármilyen jelentőségük van, mind az úgynevezett nemesi családok leszármazottai, ahol a cím a birtokos halála után a legidősebb fiúra száll. Ez a rendszer elrejtett egy különösen idegen elemet, amely beszivárgott a felsőbb arisztokráciába. Nézzük meg azt az embert, aki diktálta a második világháború menetét, Lord Halifaxot, a brit nagykövetet Washingtonban. Fia, Charles Wood, feleségül vette Miss Primrose-t, aki a leghitványabb Rothschild-ház vér szerinti rokona. Olyan nevek mögött, mint Lord Swaythling, a Montague név rejtőzött, amelyet Erzsébet királynőhöz, a Shell Oil Company többségi részvényeséhez kapcsolnak. Természetesen semmit sem mernek mondani arról a hatalmas vagyonról, amelyet a kábítószer-kereskedelemből szerez, egy olyan kereskedelemből, amely – amint azt bemutattam – a $^{18.}$századra nyúlik vissza.

A kínai ópiumkereskedelem egyik fő mozgatórugója Lord Palmerston volt, aki makacsul ragaszkodott ahhoz a meggyőződéshez, hogy a kereskedelem folytatódhat.

Egy helyszínen tartózkodó emberétől, egy bizonyos Mr. Elliott-tól kapott levélben az állt, hogy ha elegendő ópiumot adnak át a kínai kormánynak, az segíteni fog egy monopólium létrehozásában. Ezt követően a britek visszatartanák az ellátmányt, így a kínai „kuli" többet fizetne az áruért. Majd amikor a kínai kormány térdre kényszerülne, a britek ismét felajánlanák, hogy magasabb áron látják el őket, így a kínai kormányon keresztül megőrizve monopóliumukat. De a terv nem járt sikerrel sokáig. Amikor a kínai kormány úgy reagált, hogy megsemmisítette a raktárakban tárolt nagy mennyiségű ópiumot, és a brit kereskedőket arra kötelezte, hogy magánszemélyként írjanak alá egy megállapodást, miszerint többé nem importálnak ópiumot Kanton városába, ők azzal válaszoltak, hogy különböző fedőcégeket szerződtettek, hogy azok a nevükben importáljanak, és nem telt el sok idő, mire a Makaó kikötőjében horgonyzó hajók közül sok tele volt ópiummal.

Lin kínai biztos így nyilatkozott:

> Sok ópium van a most itt (Makaóban) horgonyzó angol hajók fedélzetén, amely soha nem kerül vissza az országba, ahonnan jött. Itt, a parton kell eladni, és nem lepne meg, ha hallanám, hogy amerikai zászló alatt csempészik be.

De térjünk át ennek a hírhedt kereskedelemnek a közelmúltbeli történetére, amely mára kiterjedt a hatalmas mennyiségű kokainra, valamint a hatalmas nyereséget hozó, legálisan gyártott gyógyszerekre, mint például a Valium és más úgynevezett „vényköteles gyógyszerek". Nagy-Britannia oligarchista családjai Kantonból Hongkongba költöztették székhelyüket, de továbbra is ugyanabban a kereskedelemben maradtak. Ma, 2009-ben is még mindig benne vannak, amint azt a gyarmat prominens személyeinek listája is mutatja.

Ahogy korábbi írásaimban már említettem, az ópiumkereskedelemből kinőtt másodlagos iparág tette Hongkongot a világ legfontosabb aranykereskedelmi központjává. Az aranyat használják a nyers ópiumot termelő parasztok kifizetésére; elvégre mit kezdene egy kínai paraszt egy 100 dolláros bankjeggyel? Az ópium Kína bruttó nemzeti termékének 64 százalékát adja, ami némi képet ad arról, hogy milyen hatalmas ez a „könyvelésen kívüli" üzletág. Nem hivatalos becslések szerint ez megegyezik öt kisebb európai ország – Belgium, Hollandia, Csehország, Görögország és Románia – együttes bruttó nemzeti termékével (GNP).

Az Arany Háromszög talán a legfőbb nyersópium-szállító Afganisztánon kívül, bár pozícióját Pakisztán, India, Libanon és Irán is megkérdőjelezi. Hogyan szerepelnek a bankok ebben a jövedelmező kereskedelemben? Ez egy nagyon hosszú és bonyolult történet, amelynek elmesélésére egy másik könyvben kerül sor. Az egyik módszer a közvetett módszer, amelynek keretében a bankok finanszírozzák azokat a fedőcégeket, amelyek a nyersópium heroinra történő feldolgozásához szükséges vegyi anyagokat importálják.

A Hong Kong and Shanghai Bank, amelynek nagy fiókja van Londonban, pontosan ennek az üzletnek a közepén áll. Egy Tejapaibul nevű cég a Hong Kong and Shanghai Banknál, amelyet szeretettel „Hongshang Banknak" neveznek, vezeti számláit. Mit csinál ez a cég? Nagy mennyiségű ecetsav-anhidridet importál, amely a finomítási folyamathoz elengedhetetlen vegyi anyag. Ez a cég az Aranyháromszög ecetsav-anhidridjének fő beszállítója. A kereskedelem finanszírozását a Hong Shang Bank egyik leányvállalata, a Bangkok Metropolitan Bank végzi. Így az Arany Háromszög ópiumkereskedelméhez kapcsolódó másodlagos tevékenységek, bár nem olyan nagyok, mint maga az ópiumkereskedelem, mégis nagyon jelentős bevételt hoznak ezeknek a bankoknak.

Kritizáltak azért, mert összekapcsoltam az arany árát az ópiumkereskedelem hullámzásaival. Vessünk egy pillantást arra, mi történt 1977-ben, az arany szempontjából kritikus évben. A Bank of China sokkolta az aranyrajongókat és azokat az okos előrejelzőket, akikből rengeteg található Amerikában, amikor hirtelen és figyelmeztetés nélkül 80 tonna aranyat bocsátott a piacra.

A szakértők nem tudták, hogy Kína már régóta vásárol és halmoz fel aranyat. Ez lenyomta az arany árát. A szakértők csak annyit tudtak mondani, hogy eleve nem is tudták, hogy a Kínai Népköztársaság ennyi aranyat birtokol! Honnan jött az arany? Az ópiumkereskedelemből, ahol Hongkongban „pénzként" szolgál, de a mi aranyár-előrejelző zsenijeink ezt nem tudhatták!

Nem csak a britek működnek az Aranyháromszögben. Jelentős vásárlók (vagy képviselőik) rendszeresen utaznak Hongkongba a Nyugat minden tájáról, hogy vásároljanak. Hongkong kikötőjéből nagykereskedelmi mennyiségben szállítanak heroint, amelynek célja, hogy eljusson a Nyugatra, és ott önjelölt „rock" koncerteken osztogassák. Vörös Kína szívesen együttműködik mindkét féllel egy ilyen jövedelmező vállalkozásban. Mellesleg Kína Angliával szembeni politikája a kábítószer-kereskedelem tekintetében alig változott a 19·század óta. A hongkongi gazdasághoz kötődő kínai gazdaság súlyos csapást szenvedett volna, ha nem jön létre megállapodás.

Ennek egyik bizonyítéka a Standard and Chartered Bank által Kínának nyújtott hitel. Azóta a Matheson család is lépett, és 300 millió dollárt fektetett be egy új ingatlanfejlesztésbe, amelyet a Kínai Népköztársaság és a Matheson család bankjai közösen valósítanak meg. Akárhová nézünk a modern hongkongi belvárosban, toronymagas új felhőkarcolókat látunk, amelyek tanúskodnak a nagybankok, az ópiumkereskedelem és a

Vörös Kína közötti szoros kapcsolatokról.

Szeretnék idézni a venezuelai ENSZ-nagykövet néhány nappal ezelőtti szavait, amelyek véleményem szerint nagyon átgondoltak:

> A kábítószer-problémát már nem lehet egyszerűen közegészségügyi vagy társadalmi problémaként kezelni. Komoly és messzemenő következményei vannak, amelyek érintik nemzeti szuverenitásunkat; ez egy nemzetbiztonsági probléma, mert a nemzet függetlenségét veszélyezteti.

A kábítószerek minden formájukban – gyártásuk, kereskedelmük és fogyasztásuk során – denacionalizálják és denaturalizálják az embereket, károsítva etikai, vallási és politikai életünket, történelmi, gazdasági és köztársasági értékeinket. Pontosan így működik az IMF és a Nemzetközi Fizetések Bankja (BIS). Habozás nélkül kijelentem, hogy ezek a bankok nem mások, mint a kábítószer-kereskedelem elszámolóházai.

A BIS minden olyan országot támogat, amelyet az IMF tönkre akar tenni, olyan módszerek és eszközök létrehozásával, amelyek lehetővé teszik a tőkeáramlás könnyű áramlását. A BIS nem tesz különbséget a „tőkeáramlás" és a kábítószer-pénzmosás között sem. Még ha tudna is különbséget tenni, a BIS soha nem szólal meg, amint azt 2005-ös éves jelentése egyértelműen jelzi. A venezuelai nagykövet nyilatkozatára utalva megállapíthatjuk, hogy a BIS az IMF-en keresztül támasztott követeléseivel komolyan denacionalizálja számos országot azáltal, hogy beavatkozik azok etikai, vallási, gazdasági és politikai életébe. És ha bármelyik ország (beleértve az USA-t is) nem hajlandó meghajolni, a

BIS gyakorlatilag azt mondja: „Rendben, akkor zsarolni fogjuk önöket a kábítószer-dollárokkal, amelyeket nagyon nagy mennyiségben tartunk önöknek." Most már könnyű belátni, miért demonetizálták az aranyat, és miért váltották fel papír „dollárokkal" a világ tartalékvalutájaként. Nem olyan könnyű zsarolni egy aranytartalékokkal rendelkező nemzetet, mint egy értéktelen papír „dollárokat" birtokló nemzetet.

A Hongkongban tartott Nemzetközi Monetáris Konferencia mini-csúcstalálkozón, amelyen egy bennfentes ismerősöm is részt vett, éppen ezt a kérdést vitatták meg, és az információim szerint az IMF teljesen biztos abban, hogy pontosan ezt teheti: „drogdollárokkal" zsarolhatja azokat a nemzeteket, amelyek nem akarnak eleget tenni a feltételeinek.

Rainer E. Gut, a Credit Suisse képviselője azt mondta, hogy olyan helyzetet lát előre, amelyben a nemzeti hitelek és a nemzeti finanszírozás hamarosan egy ernyőszervezet, a BIS alá kerül. Bár nem fogalmazta meg egyértelműen, világos, mire gondolt Gut, nevezetesen a BIS alá tartozó, egy világkormány keretében. Nem akarom, hogy bárkinek is bármiféle kétsége legyen.

Kolumbiától Miamig, Palermótól New Yorkig, az Arany Háromszögtől Hongkongig a kábítószer nagy üzlet. Ez nem egy utcasarkon folyó aprópénzes üzlet. Most már önök is ugyanúgy tudják, mint én, hogy a világ legnagyobb üzletének sikeres szervezéséhez rengeteg pénzre és szakértelemre van szükség.

Ezeket a tehetségeket nem a New York-i metrókban és utcasarkokon találjuk meg, bár a dílerek és a kiskereskedők szerves és fontos részét képezik a rendszernek, még ha csak nagyon kisstílű eladók is, akiket könnyen pótolni lehet. Ha néhányukat elkapják vagy megölik, mit számít az? Rengeteg pótlás van. Nem, ez nem egy kis szervezet, hanem egy hatalmas birodalom, ez a mocskos kábítószer-üzlet. És szükségszerűen felülről lefelé működik, minden érintett ország legfelső vezetői irányítják.

Ha nem így lenne, akkor – akárcsak a nemzetközi terrorizmus – már régen felszámolták volna – az a tény, hogy nemcsak még mindig működik, hanem növekszik is, minden ésszerű ember számára jelzi, hogy ennek az üzletnek a legmagasabb szinteken vannak az alapjai.

A világ legnagyobb üzletében részt vevő főbb országok a Szovjetunió, Bulgária, Törökország, Libanon, az USA és Franciaország, Szicília, Délnyugat-Ázsia, India, Pakisztán, Afganisztán és Latin-Amerika, bár nem fontossági sorrendben. A fogyasztói értékesítési pontok szempontjából az USA, Európa és az utóbbi időben az Egyesült Királyság a fő piacok.

Mint már jeleztem, a Szovjetunióban, a vasfüggöny mögötti országokban és Malajziában nem árulnak drogot. Sok termelő ország, például Törökország, nagyon szigorú büntetéseket szab ki a kábítószer-fogyasztókra és a kisstílű dílerekre. Néhány országban még halálbüntetés is van – szigorúan csak a kis halakra, látványos gesztusként, hogy a világ lássa, milyen „kábítószer-ellenesek” is ők.

A kábítószer-birodalom két „termékre” oszlik, nevezetesen a hagyományos heroinra és a viszonylag nemrég megjelent kokainra. Van egy harmadik kategória is, amelyet „legális” cégek állítanak elő, mint például a hírhedt Hoffman La

Roche, amelyek olyan halálos anyagokat gyártanak, mint az LSD, a Quaaludes és az amfetaminok; az úgynevezett „felpörgetők és lecsillapítók”, amit az utcai tömeg „a tablettások paradicsomának” nevez. Ez a birodalom laza szervezetű dolog?

A válasz úgy tűnik, hogy feltételes „igen”. Vannak kivételek. A hírhedt bolgár gyógyszergyártó, a Kintex egyértelműen bolgár állami vállalat. A piszkos pénzt kezelő bankok közül sok (és ők tudják, hogy piszkos pénzről van szó) jól ismert multinacionális bank, amely leányvállalatok hálózatán keresztül működik.

A Kintex vállalat például saját raktárakkal, teherautóflottával rendelkezik, amelyben az EGT (Európai Gazdasági Közösség) nemzetközi szerződés hatálya alá tartozó járművek is szerepelnek, valamint kifinomult futárhálózattal, amelybe repülőgép-pilóták és személyzet is tartozik.

Azok számára, akik nem ismerik az EEC-t, hadd magyarázzam el, hogy a TIR járművek a Triangle International Routier teherautók, amelyek egyértelműen ilyen jelöléssel vannak ellátva; ezeknek kizárólag romlandó árukat szabad szállítaniuk. Ezeket az EEC indulási országában az adott ország vámtisztviselőinek kell ellenőrizniük, és egy speciális pecséttel kell lezárniuk.

A tagállamok nemzetközi szerződéses kötelezettségei értelmében ezeket a teherautókat nem szabad megállítani a határokon, és mindig ellenőrzés nélkül engedik át őket. Ez azt jelenti, hogy a bolgárok és a törökök szavára kell hagyatkozni, és Istenre kell bízni, hogy a TIR-teherautók ne tartalmazzanak heroint, kokaint, nyers ópiumot, hasist, illetve stimulánsokat és nyugtatókat. A probléma az, hogy sok esetben a TIR-teherautók valóban nagy mennyiségű kábítószert tartalmaznak.

Végül is közismert tény, hogy a drogbárók nem tartják tiszteletben a nemzetközi szerződéseket, és mindenesetre mindig rávehetik más országokban lévő fizetett bérenceiket, hogy cseréljék ki a dokumentumokat, elrejtve azt a tényt, hogy a TIR-teherautó Szófiából, Bulgáriából indult.

Az egyetlen módja annak, hogy megakadályozzuk ezeknek a hatalmas mennyiségű heroin- és hasis-szállítmányoknak a Távol-Keletről való áthaladását, a TIR-rendszer megszüntetése. De pontosan ezért hozták létre! Felejtsük el a romlandó árukat és a kereskedelem megkönnyítését. Ez csak szemfényvesztés a világ számára. A TIR túl sok esetben egyenlő a kábítószerrel. Ezt ne felejtsd el, amikor legközelebb arról olvasol, hogy a Kennedy repülőtéren egy dupla fenekű bőröndben nagy mennyiségű herointalálták, és letartóztattak egy szerencsétlen „csempészt". Ez a média számára csupán „apróság".

Vannak más területek is, ahol mákot termesztenek: Törökország, Pakisztán és Irán. De ahogyan az már több mint háromszáz éve így van, a „legjobb" áru Indiából, Pakisztánból és Thaiföldről származik. Ezeken a távoli, magas hegyekkel és völgyekkel tarkított területeken a hegyi törzsek tagjai termesztik a növényt, és pengével felvágják az indiai mák hüvelyét, hogy kinyerjék belőle a sűrű nedvet.

Ennek nagy része a vad thaiföldi törzsek kezében van, Indiában pedig a beludzs törzsek tagjai termesztik és aratják le ezt az „aranyat" hozó haszonnövényt.

„Aranyháromszögnek" hívják, mert a törzsek tagjai ragaszkodnak ahhoz, hogy aranyban fizessék ki őket. Ennek megkönnyítése érdekében a Credit Suisse elkezdett 1 kilós tiszta aranyrudakat (amit a szakmában „four ninths"-nek hívnak) árusítani, mivel ezek a kis rudak könnyen hordozhatók és könnyen kereskedhetők. Ennek az aranynak a nagy része Hongkongon keresztül mozog, ahol a „Dope Season" csúcspontján – ahogyan a hongkongi aranykereskedők nevezik – több aranyat kereskednek, mint New Yorkban és Zürichben együttvéve. Úgy gondolják, hogy ez a terület önmagában jó évben körülbelül 175 tonna tiszta heroint termel. A heroint ezután továbbítják a szicíliai maffiának és a francia üzletághoz, finomításra a laboratóriumokba, amelyek elárasztják a francia partvidéket Marseille-től Monte Carlóig (és ez magában foglalja a Grimaldi családot is – bár nem állítom, hogy a palotájukban is van laboratórium!

Az útvonal Iránon, Törökországon és Libanonon halad át. A pakisztáni kereskedelem a Maccra-parton keresztül zajlik. Iránban a „szállítást" a kurdok végzik, ahogyan azt évszázadok óta mindig is tették. Az egyik fő átrakodási hely természetesen Törökország, de az utóbbi időben Bejrút is rendkívül fontos szerepet kapott, ezért folyik is a háború abban az országban, mivel minden helyi báró megpróbálja kialakítani a saját birtokát, a svájci-libanoni bankok pedig kéznél vannak, hogy segítsenek a pénzügyi ügyekben. Törökországban ma már nagyon fontos finomítók működnek, ami meglehetősen új fejlemény. Hasonlóképpen Pakisztánban is új laboratóriumok, „katonai-védelmi laboratóriumok" néven működve finomítják a nyers ópiumot, megkönnyítve ezzel a továbbszállítást.

Lehet, hogy ez az oka annak, hogy az USA Pakisztánt és

támogatja, nem pedig Indiát; mert bizonyos bankok nagy befektetéseik vannak Pakisztánban, és azok nem a curryporban vagy a szőnyegekben vannak! De a végső és kifinomultabb finomítást még mindig törökországi és a francia partvidék mentén található laboratóriumokban végzik.

Most álljunk meg egy pillanatra, és gondoljuk át, amit írtam. Lehetséges-e, hogy a rendelkezésre álló kifinomult technikák, módszerek és felszerelések ellenére a bűnüldöző szervek nem tudják feltárni és megsemmisíteni ezeket a heroingyárakat? Ha ez az igazság, akkor a nyugati hírszerző szolgálatainknak geriátriai kezelésre van szükségük, nem, biztosan már régen meghaltak, és mi elfelejtettük eltemetni őket!

Még egy gyerek is megmondhatná a kábítószer-ellenes ügynökségeinknek, mit kell tenniük. Nagyon egyszerű lenne ellenőrizni az összes olyan gyárat, amely ecetsav-anhidridet állít elő, a heroin finomításához szükséges alapvető kémiai komponenst. Annyira egyszerű, hogy nevetséges, és eszembe jut a „Rózsaszín Párduc" rajzfilm- és filmsorozat „Clouseau felügyelője". Szerintem még az a szegény öreg Clouseau is képes lenne megtalálni a laboratóriumokat, ha követné az ecetsav-anhidrid útvonalát és rendeltetési helyét. A kormányoknak olyan törvényeket kellene hozniuk, amelyek arra köteleznék a gyártókat, hogy vezessenek egy külön nyilvántartást arról, kinek adják el a terméket. De ne tartsák vissza a lélegzetüket emiatt; ne feledjék, hogy a kábítószer-kereskedelem nagy üzlet, amelyet az európai oligarchia, Anglia és Amerika régi „nemesi" családjai irányítanak. Ne izguljon fel, és ne mondja nekem, hogy „nem, ez nem így van".

Természetesen a brit és amerikai nemesi családok nem

fogják kirakatban hirdetni az árujukat, és egy ilyen piszkos üzletben piszkos emberekre van szükség a vezetéséhez, tehát – a maffia. A nemes emberek soha nem piszkították be a kezüket a kínai ópiumkereskedelem során, és azóta sokkal okosabbak lettek. Ha véletlenül valamelyiküket elfognák, soha nem hallanál róla, és hamarosan szabadon engednék őket.

A kábítószer-kereskedelmet egy laza szervezet irányítja? Ismét egy feltételes igen, de ne feledje, Amerikát és Angliát 300 család irányítja, és mindannyian kapcsolódnak egymáshoz és összefonódnak vállalatok, bankok és házasságok révén, nem is beszélve a Fekete Nemességhez fűződő kapcsolataikról. Bár ez csak egy laza szervezet, ne próbáljon behatolni.

Ha rossz körökben kérdezősködik, kockáztatja, hogy nagyon furcsa dolgok történjenek önnel – feltéve, hogy egyáltalán sértetlen marad. Egyenlő, egyenletesen elosztott szállítmányokban az „áru Törökországból érkezik Bulgáriába. Ott TIR-teherautókba rakják át, és az Adriai-tenger partján fekvő Triesztbe vagy a francia partokra szállítják. Ismétlem, miért nem figyelik meg minden egyes TIR-teherautót ezeken a két területen, és helyezik őket 24 órás megfigyelés alá? Vannak tengeri és légi útvonalak is, mindkettőt jól védi a „felső hatóság”.

Ahogy mondtam, néha elkapnak egy-egy csempészt; néha még egy nagy szállítmányt is lefoglalnak, de nem annyira a heroin miatt (mert az értékesebb); főleg kokainról és marihuánáról van szó, amelyek feláldozhatók az üzletkötés költségeiként. Bármennyire furcsán is hangzik, a „tippek” gyakran maguktól a kábítószer-kereskedőktől érkeznek, amikor kis mennyiségekről van szó.

Dél-Amerikában a kokain ellen folyik a harc. A kokain „gyártása" viszonylag egyszerű és olcsó, az alapanyag könnyen beszerezhető alacsony áron. Hatalmas vagyonra lehet szert tenni, ha valaki hajlandó kockáztatni; nem annyira a bűnüldöző szervekkel kapcsolatos kockázatot, mint inkább azt, hogy összetűzésbe kerül a kokainkirályokkal.

A betolakodókat nem szívesen látják, és általában áldozatokként végzik a folyamatosan kirobbanó „családi viszályokban". A fő kokaintermelő országok Kolumbia, Bolívia és Peru, és vannak kísérletek a kokacserje bevezetésére Brazíliában is. Kolumbiában a kábítószer-maffia egy szorosan összekötött gengsztercsalád, amelyet a hatóságok jól ismernek.

A probléma az, hogy mit lehet tenni ellenük. Anglia és Amerika legmagasabb szintű védelmével a kokainbárók nyíltan megvetik az olyan őszinte kábítószer-ellenes harcosok erőfeszítéseit, mint például Betancourt kolumbiai elnök.

Betancourt szinte mindent megtett, amit korlátozott erőforrásai lehetővé tettek, de ez nem volt elég. A kokainkereskedők és -termelők által okozott csapás továbbra is uralja a kolumbiai közéletet. Úgy tűnik, nincs mód a felszámolására. Betancourt hatalmas csatát vívott a túlélésért. A drogbárók viszont minden lehetséges segítséget megkaptak az IMF-től, és már nem az volt a kérdés, hogy Betancourt túlél-e, hanem csak az, hogy meddig tud kitartani hivatalában. Az Egyesült Államok másik fő kokainellátója Bolívia, és egy rövid ideig Siles Zuazo elnök megpróbálta megfékezni az Amerikába áramló kokaináradatot, de erőfeszítései kudarcot vallottak. Itt is minden lépésénél az IMF és a Nemzetközi Fizetések Bankja

(BIS) állt az útjában. Az IMF minden gazdasági tervét „elfogadhatatlannak" nyilvánította. Munkaügyi zavargásokat szítottak; sztrájkok és „tömeges kilépések" sújtották kormányzását. Ezt az anti-Silas kampányt Európa viperáinak koronás fejei szervezték. Silas nem élvezte a bolíviai katonaság támogatását; túl sok vezető tisztet fizettek jól a kokainbárók, mielőtt Silas hatalomra került. Hiányoztak nekik a munkával járó „juttatások". Nem érdekelték őket az IMF által előírt megszorítások. A helyzet 1985. július 14-én csúcsosodott ki, amikor Silast országos választásokon elmozdították.

Hugo Banzer Suarez, az ország 1971 és 1978 közötti volt vezetője, fölényes győzelmet aratott. Ez nem volt váratlan, mivel Suarez nagyon erős támogatást kapott a Wall Street-i bankároktól és Henry Kissinger barátaitól, és természetesen a bolíviai tiszti osztálytól is bizalmi szavazatot kapott.

Mint egykori diktátor és a bolíviai maffia barátja, Suarez-tól azt várták, hogy bővítse a kokainkereskedelmet. Az IMF-től kapott segítségért cserébe Suarez-tól elvárták, hogy végrehajtsa az IMF által Bolíviára kényszerített brutális feltételeket, és ennek eredményeként az azt követő hónapokban sok bolíviai halt éhen. Ez természetesen teljes összhangban áll a Global 2000 jelentéssel. Ugyanakkor valódi kokaináradat kezdett özönleni az Egyesült Államokba.

Az IMF, az angol és az amerikai kábítószer-ipari hierarchia nevében cselekedve, sikeresen káoszba taszította Bolíviát. Valójában az ország a választások idején kormányozhatatlan volt. Erre utalt a venezuelai nagykövet, amikor azt mondta: „a kábítószer-kereskedelem sérti a nemzeti szuverenitást, a politikát és a gazdaságot".

Bolíviánál nem is tudok ennél egyértelműbb példát említeni. Banzer győzelmével az IMF jó tündér hirtelen bejelentette, hogy támogatni fogja Bolíviát a külföldi hitelezőkkel folytatott tárgyalásokon. Bolívia legfontosabb iparágai a bányászat és a mezőgazdaság. Mindkettő csődhelyzetben volt, amit az IMF szándékosan idézett elő, hogy eltávolítsa Siles-t és megbüntesse őt a kokainkereskedelem elleni álláspontjáért. Az, hogy az IMF-nek sikerült, túlságosan is nyilvánvaló. Peru egy másik fontos kokaintermelő ország, és szintén az IMF támadásának célpontjává vált új vezetőjének kokainellenes álláspontja miatt. 1985. augusztus 2-án a kormány bejelentette az illegális valutakereskedők elleni razziát, amelynek során több mint kétszáz embert tartóztattak le, csökkentették a kamatlábakat, és ötven százalékkal emelték a minimálbért.

Ez teljesen ellentétes volt az IMF követeléseivel és feltételeivel, amelyek szigorú megszorító intézkedéseket írtak elő. Az IMF hamarosan lépéseket tett.

A gyakorlatilag megsemmisített gerillamozgalom hirtelen új erőre kapott, és vezetője, Abinal Guzman irányításával olyan ámokfutásba kezdett, amelynek során több száz paraszt vesztette életét. Bombamerényletek rázkódtatták Limát.

A gazdaság megbénult. A káosztól megcsömörlött nemzet erős vezetőt követelt. Ezt Alberto Fujimora személyében találták meg, a japán születésű perui állampolgárban. Fujimora nagy becsületességű és feddhetetlen ember volt, aki a legjobb reménynek tűnt arra, hogy megszabadítsa Perut a kábítószer-kereskedelem átkától. Fujimora, akit földcsuszamlásszerű többséggel választottak meg, hatalmas feladat előtt állt: gazdasági fronton az IMF-fel és a BIS-szel kellett megküzdenie, míg a jól finanszírozott, az Egyesült Államok és Nagy-Britannia által támogatott Guzman és gerilla hadserege ellen kellett harcolnia.

Második fejezet

Afganisztán szerepe a nemzetközi ópium- és heroin-kereskedelemben

Afganisztán ismét a hírekbe került, egyszerűen azért, mert az egyik fő nyersópium-forrás, ahogyan az a Brit Kelet-indiai Társaság (BEIC) – a 300-as Bizottság elődje – ideje óta mindig is volt. Megvizsgálom továbbá Pakisztán szerepét az ópiummák-termesztésben, valamint azt, hogy miért nézett el az Egyesült Államok legalább három alkalommal, amikor Pakisztán választott kormányát megdöntötték és katonai rezsim váltotta fel, míg Chilét és Argentínát ugyanazon „bűncselekmény" miatt „különleges intézkedések" alá vonták.

Afganisztán egy ősi muszlim ország a Hindukus-hegységtől északra. A Haibak-völgyben talált néhány régi hangszert szénizotópos kormeghatározással vizsgálták, amely kimutatta, hogy legalább ezer évesek. A nyugatiakat az vonzotta a földre, hogy ideális éghajlata és talaja volt az ópiumtermelő mák termesztéséhez. 1747-től 1929-ig a Barakzai-dinasztia uralkodott rajta, és a dinasztia tagjai és a törzsi vezetők közötti hosszan elhúzódó konfliktusairól volt ismert.

A 18·század előtt az ország Perzsia fennhatósága alatt állt, egyes részei pedig India uralma alatt. A Barakzai család legalább 150 éve irányítja az ópiumkereskedelmet, és mint tudjuk, amikor az amerikai fegyveres erők megdöntötték a tálibok hatalmát, a klán egyik tagját, Hamid Barakzait helyezték Afganisztán élére, és az ország jelenleg az ő irányítása alatt áll.

1706-ban Kandahar kikiáltotta függetlenségét, 1709-ben pedig Mir Vais, a ghilzain törzsfőnök és szunnita muszlim legyőzte a Kandahárban ellene küldött perzsa seregeket, ami biztosította, hogy az ópiumkereskedelem brit kézben maradjon.

1715-ben Mir Abdullah követte Mir Vais-t, de rajtakapták, amikor békét akart kötni a perzsákkal, és 1717-ben megdöntötték. Ezt egy intenzív rivalizálás időszaka követte, majd az afgánok perzsa inváziója.

1763-ban Timur fia, Zaman Shah került hatalomra, de az egység helyett teljes és szüntelen törzsi rivalizálás és heves csaták jellemezték uralkodását. Félénk uralkodó apja nem tudta megakadályozni, hogy India elfoglalja területeinek egy részét, beleértve a Pandzsábot is, amelyet a szikheknek veszített el az 1793–1799-es csaták során.

1799-ben a BEIC követei megérkeztek Kandaharba, hogy találkozzanak az uralkodóval, Shah Shujával. 1809-ben, Shah Shuja halála előtt, a BEIC megállapodást kötött vele, hogy segít visszaverni a „külföldieket", különösen Perzsiából és Indiából. 1818-ban Mahmud Shah vette át az ország irányítását, és nekilátott a BEIC-kel való kapcsolatok megerősítésének, amely addigra már a hatalmas máküItetvények formájában megvalósuló „mezőgazdasági terjeszkedésért" felelt. Érezve, hogy gazdag zsákmány vár rájuk, a perzsák 1816-ban betörtek, de Path All Kahn, a BEIC katonája és bizalmasa, kiűzte őket.

1818-ban lázadás tört ki a törzsek között a máktermesztés és a nyers ópium BEIC-nek történő eladásából származó bevételek miatt. Ennek eredményeként Afganisztán törzsi enklávékra oszlott: Kabul, Kandahar, Ghazni stb. Ebben a megosztottság idején India elvette Afganisztántól Kasmírt, mert India is részesülni akart a jövedelmező ópiumüzletből. 1819-ben, egy sor törzsi háború után Dost Mohammed elfoglalta Kabult, és Ghazni és Kandahar uralkodója lett. Látva a lehetőséget, hogy bekapcsolódjon az BEIC alatt virágzó ópiumkereskedelembe, Perzsia 1837-ben megtámadta Herátot, és törzsi konfliktus robbant ki, amely 1838 júliusáig tartott. A harcok kiváltó oka az ópiumkereskedelem volt, amely szilárdan a britek kezében volt. A brit kormány, amely mindig is mesteri intrikus volt, megállapodást kötött Ranjit Singh-gel és Shah Suju-val, akik a BEIC égisze alatt visszaállítják Shah Shuja trónját, ezzel egyesítve a törzsi tagokat, és hatékonyan kizárva Perzsiát. De a britek tudta nélkül Dost Mohamed az ópiumkereskedelembe való bekapcsolódással gazdagodott, a BEIC-en kívül kötött üzleteket.

1839-ben az Indiában állomásozó brit csapatok az első afgán háború során bevonultak Afganisztánba. Megfosztották trónjától Dost Mohammedet, és Indiába száműzték. Vagyonát a Brit Kelet-indiai Társaság (BEIC) lefoglalta, a brit csapatok pedig elfoglalták a nagyobb városokat, de hamarosan rájöttek, hogy különböző szövetségekbe tömörült, nehezen megfogható törzsi erőkkel állnak szemben.

Ezen időszak alatt semmi sem akadályozhatta a máktermesztést, és nagy mennyiségű nyers ópiumot szállítottak ki Afganisztánból, általában a később

Pakisztán területén keresztül. Mivel a társaság tudta, hogyan kell irányítani a helyi törzsi harcosokat és biztosítani jövedelmező befektetéseinek védelmét, hatalmas nyereségre tett szert ebben az időszakban. A londoni alsóházban felmerült a kérdés, hogy miért telepítenek brit csapatokat egy olyan elhagyatott országba, mint Afganisztán, amikor nincs semmi jelentős, ami ott tartaná őket. A szegény parlamenti képviselők (MP-k) alig tudtak valamit a BEIC által évente megszerzett hatalmas vagyonról. Míg a britek hirdették a kínai „háborús urakkal" (valójában a kínai kormány vámtisztjeivel) folytatott harcukat, addig az afgán háborúkat szigorúan őrzött titokban tartották.

Amikor Dost Mohammed vezette törzsi harcosok háborút robbantottak ki a britek ellen, a brit újságok ezt „törzsi összecsapásnak" tüntették fel, ha egyáltalán megemlítették. A Kandahar felé menetelő brit csapatot Dost Mohammed erői támadták meg, akiket visszaverték, vezetőjüket fogságba ejtették és Indiába száműzték.

1842-ben Sir Alexander Burns ismét trónra ültette Shah Shuját. London úgy gondolta, hogy ez a lépés megnyugtatja a törzsi harcosokat, de ehelyett nagy zavargásokhoz vezetett, amelyek csúcspontjaként meggyilkolták Sir Alexandert és egy Sir William McNaughton nevű brit követet. Ez volt a jele a brit uralom elleni általános felkelésnek, és Lord Auckland 16 000 fős brit és szipoj csapatot küldött Kabul elfoglalására. A felkelés azonban olyan heves volt, hogy a brit erőknek vissza kellett vonulniuk Kabulból Kandaharba. A visszatérő úton azonban a brit erők 3000 törzsi harcos csapdájába sétáltak, akik súlyos veszteségeket okoztak nekik. Meghalt Shah Shuja is, akit a törzsi harcosok a britek bábjának tartottak.

Az afgánok ekkor átvették az irányítást az ópiummák-ültetvények felett, és különböző hadurak kezdték érvényesíteni hatalmukat az országból kivezető ópiumútvonalak felett. Ennél is rosszabb volt, hogy adót kezdtek szedni a Brit Kelet-indiai Társaság (BEIC) karavánjaitól, amelyek átkeltek a Brit Indiába.

A nyers ópiummal megrakott teherállatokból álló karavánokat megtámadták, ha nem fizették be a járandóságot, és ellopták az ópiumot, miközben a hadurak sok embert megöltek. Ezeknek az eseményeknek a során írta Rudyard Kipling a Khyber-hágón átvezető útvonalat őrző brit erők bátor tetteiről szóló történeteit. A hétköznapi brit polgárok izgatottan hallgatták ezeket a bátorságról szóló történeteket. Fogalmuk sem volt arról, hogy a brit katonákat egy több milliárd dolláros magánvállalkozás érdekében áldozták fel, amelynek semmi köze nem volt „Istenhez, a királynőhöz és a hazához".

Ebben az időszakban a hadurak laza szövetségben álltak Dost Mohammed fiának, Akbar Kahnnak a vezetése alatt.

1842-ben Sir George Pollock parancsnoksága alatt egy brit hadsereg érkezett Indiából, és visszafoglalta Kabult. Több száz törzstagot, akikről úgy vélték, hogy részt vettek a brit hadseregnek olyan súlyos veszteségeket okozó támadásban, kivégeztek. Sir George ismét trónra ültette Dost Mohammedet. Ő azonnal nekilátott az ópiummal kereskedő törzsi frakciók legyőzésének, és megbüntette azokat, akik elfoglalták a BEIC mákültetvényeit.

„Nemes" munkájának köszönhetően 1855. március 30-án a brit kormány aláírta a pesavári szerződést Mohammeddel, lehetővé téve számára Kandahár és Kabul ellenőrzését, de nem a Herátban található fontos Helmet ópiummák-ültetvényekét, amelyeket a perzsák elvettek a BEIC-től. Ennek ellenére a BEIC afganisztáni nyersópium-kereskedelme versenytársa lett a Gangesz-völgyi és a benáreszi kereskedelemnek.

Erre Nagy-Britannia hadat üzent Perzsiának. A tudatlan brit közvéleményt arról tájékoztatták, hogy a háború oka az volt, hogy Perzsia megpróbálta elfoglalni a brit gyarmati területeket. 1857-re a perzsákat legyőzték, és békét kötöttek egy Párizsban aláírt szerződés keretében, amelyben elismerték Afganisztán „függetlenségét", és lemondtak a Herat iránti igényeikről. A brit báb, Dost Mohammedot küldték Herat irányítására, de a törzsi rivalizálás miatt a térség az elkövetkező öt évben zűrzavaros maradt, és Dost csak 1863-ban tudta brit fennhatóság alá vonni. Ha a britek egyáltalán tanultak valamit Afganisztánról, az az volt, hogy soha ne feltételezzék, hogy egy területet ellenőrzésük alá vontak, amíg minden frakció meg nem egyezett egymással, és ez egy egész életen át tarthat. Herat jó példa volt erre. Tíz hónapos ostromra volt szükség ahhoz, hogy megtörjék a régió egyik törzsi tagjának ellenállását. Éppen amikor azt hitték, hogy mindent „békéltettek", Dost 1870-ben meghalt, és szinte azonnal polgárháborúba sodródott Herat, amikor Dost testvére, egy bizonyos Sher Ali megpróbálta érvényesíteni öröklési igényét. Mivel nem tudta rávenni a törzseket, hogy bármiben is megegyezzenek, Ali – miután elvesztette bizalmát a britekben – Oroszországhoz fordult segítségért, és 1878 júniusában Stolietov tábornok vezette orosz küldöttség érkezett Kabulba. A BEIC azonnal riadót fújt, és a felek ismét háborúba keveredtek, mivel Sher Ali nem volt hajlandó elfogadni a brit küldöttség ellenajánlatát. A háború egy évig tartott (1878–1879), amelynek során Sher Ali meghalt. A britek, attól tartva, hogy az oroszok leállíthatják jövedelmező ópiumkereskedelmüket

Afganisztánnal, megszállták az egész területet bábjuk, Sher Ali fia, Yakub vezetésével. A brit erők ezután szétterjedtek és az egész országot megszállták. Ekkor aláírtak egy szerződést, amelynek értelmében a britek évente 75 000 dollár „védelmi díjat" fizettek, hogy garantálják az ópiumkaravánok zavartalan áthaladását a Khyber-hágón, ahol brit csapatok állomásoztak a megállapodás betartatásának segítésére.

Természetesen Rudyard Kipling meséi nem szóltak arról, miért őrizték a konvojokat Őfelsége csapatai, és kétségtelenül pokoli felfordulás lett volna, ha a csapatok valódi küldetése kiderült volna.

A kabuli küldetésük teljes sikerének hitt eredményében fürdőzve a brit erők kezdtek el lazulni, mivel nem voltak többé rajtaütések a mákültetvényeken, és nem támadták meg a Khyber-hágón átkelő konvojokat. De a háttérben Londonra durva ébredés várt. 1879. szeptember 3-án Sir Louis Cavagnari-t (a régi velencei fekete nemesség leszármazottját) kíséretével együtt meggyilkolták, és az ország ismét háborúba sodródott. Yakubot, akit azzal vádoltak, hogy a britek háta mögött összeesküvést szőtt a lázadó törzsekkel, 1879. október 19-én eltávolították.

1880-ban, amikor a britek a dél-afrikai búr köztársaságok elleni háborúra készültek, hogy megfosszák az országot hatalmas aranykészleteitől, egy új afgán vezető lépett a színre, Abd-Ar-Rahman, Ali Sher Ali unokaöccse. A britek elégedettek voltak az új emberrel, aki nagy sikert aratott a béke fenntartásában és hatalmának kiterjesztésében a folyton viszálykodó törzsi frakciók felett.

Ebben a viszonylagos stabilitás időszakában hatalmas

mennyiségű kiváló minőségű nyers ópium áramlott ki az országból a BEIC raktáraiba. Úgy vélik, hogy ebben az időszakban (1880–1891) milliárd font áramlott a BEIC kincstárába, ami tízszerese volt az 1899-ben kitört angol–búr háború költségeinek. Oroszország is jelentős mértékben beavatkozott, hogy megvetesse a lábát Afganisztánban, és puffert biztosítson határainak. Oroszországnak nem volt érdeke az ópiumkereskedelemben; egyetlen célja az volt, hogy területi puffert szerezzen. Végül, öt évnyi súlyos konfliktus után Nagy-Britanniával, a két ország megállapodásra jutott, amelyben Oroszország beleegyezett abba, hogy nem avatkozik be Afganisztán ügyeibe.

Zűrzavaros történelme során Afganisztán továbbra is a legmagasabb minőségű nyers ópiumot termelte, amelyre nagy volt a kereslet a nyugati fogyasztók körében, és ennek a szállítmánynak a fő útvonalát Pakisztán jelentette. Afganisztán ópiumtörténete ezért szorosan összefonódik a pakisztáni ópiumkereskedelem történetével, valamint a partvidék felé, majd onnan tovább a Közel-Keletre és Nyugat-Európába vezető tranzitútvonalakkal.

Hatalmának csúcsán a BEIC évente 4000 tonna ópiumot kapott Afganisztánból. Ennek a hatalmas termelésnek a becsült értéke egy évben (1801) 500 millió dollár volt, ami akkoriban elképesztő vagyon volt. Az ópium nagy részét a Khyber-hágón keresztül szállították Indiába (amelynek egy része ma Pakisztán), onnan pedig le a kihalt Maccra-partvidékre, ahol arab dhow-k vették át, és Dubajba vitték, ahol aranyban fizettek érte. Ebben a kereskedelemben papírpénzt soha nem fogadnak el. Ennek a kereskedelemnek köszönhetően Dubajban nem kevesebb, mint 25 bank foglalkozik aranykereskedelemmel, amelyek közül a British Bank of the Middle East a legnagyobb az arany-ópium kereskedelemben. Az afgán muszlimok, ellentétben a kínai munkásosztály tagjaival, nem használnak ópiumot, és így nem is lettek függővé tőle. Örömmel termesztették a mákot, kivonták az ópiumnedvet, nyers ópiummá alakították, majd eladták. Így Afganisztán elkerülte az ópiumfüggőség szörnyű csapását, amely végül legyőzte Kínát. Akkor, mint ma is, a máktermesztés és a nagyra becsült nedv gyűjtése az afgán férfi lakosság fő foglalkozása.

A titkokat gondosan őrzik, és ha minden marad a régiben, ez így is marad az idők végezetéig! Láttam, ahogy a mákmezőket palántáktól kezdve teljes értékű, virágzó növényekké nevelték – majd amikor a hüvelyekben megindult a nedvkeringés, hogyan szúrták fel őket borotvákkal, és hogyan folyt ki belőlük a gumiszerű gyanta, majd megdermedt. Azt is láttam, hogy nem tettek semmiféle kísérletet a máktermesztés visszaszorítására vagy csökkentésére. Sok erőfeszítést tettem annak érdekében, hogy részletesen bemutassam, milyen uralmat kényszerítettek Afganisztánra a külföldi hatalmak, abban a reményben, hogy az olvasók megértsék: az elmúlt években alig változott valami. Az Egyesült Államok úgy véli, hogy inváziójával és bombázásaival leigázta az országot, de ebben sajnos téved. Afganisztán a hadurak és a versengő frakciók országa, amelyek mind az ópiumból akarnak részesedést szerezni, a lojalitások zavaros és az intenzív rivalizálás képe. Ezt az Egyesült Államok és szövetségesei soha nem fogják tudni legyőzni.

A tálibok – akiket a Központi Hírszerző Ügynökség (CIA) hozott létre, fegyverezett fel és irányított, mint ellenerőt, hogy megakadályozzák Oroszország országátvételét – most az ellenség! Amikor a tálibok hatalomra kerültek, kigúnyolták, kinevették és megvetették őket, de hamarosan érvényesítették magukat, és miután legyőzték az oroszokat, az amerikai jótevőik ellen fordultak, elrendelve a máktermesztés és a nyers ópium exportjának leállítását. Kilométereken át égették el a mákültetvényeket az ópiumkészletekkel együtt. Hirtelen a londoni City és a Wall Street kábítószer-kereskedelmének urai hatalmas bevételkiesést láttak közeledni, és a helyzetet drasztikusan meg kellett fordítani.

Nem tudom biztosan, hogyan jött létre a World Trade Center elleni támadás, de egy dologban biztos vagyok: az amerikai nép soha nem fogadta volna el az amerikai erők afganisztáni invázióját, ha nem lett volna a 2001. szeptember 11-i katasztrófa, így több mint valószínű, hogy a történelem a 9/11-es tragédiát „megrendezett helyzetként" fogja feltárni. A dubai bankok, valamint az Egyesült Államokban és Nagy-Britanniában működő ópiumkereskedők nagy megdöbbenésére a tálibok kiirtották a Barakzai klán vezette hadurak csoportját, akik ópiumot szállítottak a Nyugatnak, és akik többségük Pakisztánba vagy az ország hegyvidéki területeire menekült. Az ópiumkereskedelem hirtelen leállt. A tálibok rendeletet hoztak, miszerint bárki, aki mákot termeszt vagy ópiummal kereskedik, lelőhető. A hadurak ópiumbosszok szétszóródtak bűnöző csatlósaikkal együtt.

Ez riasztó jelzést váltott ki Westminsterben és New Yorkban. Dubajban a kábítószer-kereskedelmet kiszolgáló 90 bank a tönkremenetelt látta maga előtt. Valamit tenni kellett, és így is történt. Az Egyesült Államok háborút indított Afganisztán ellen, ahogyan előtte a britek, az oroszok és a perzsák. A háború célja, ahogyan azt mondták nekünk, az volt, hogy „kiirtsák a tálibokat és az al-Kaida terroristáit". Hatalmas bombázóflotta repült éjjel-nappal, és a Kandahárban az orosz háború után megmaradt néhány épületet lenyűgöző romhalmokká alakították. A háborúpártiak, Rumsfeld, Wolfowitz, Cheney és Perle diadalmaskodtak. Otthon a New York-i lapok hirdették a hírt, hogy az USA „megnyerte" az afganisztáni háborút. Az amerikai nép nem is sejtette, hogy a háború csak most kezdődött el. Az amerikai csapatoknak évtizedekig Afganisztánban kell maradniuk, hogy szétválasszák az ópiumklánokat, és biztosítsák az ópium zökkenőmentes áramlását az ősi kereskedelmi útvonalakon. A pakisztáni hadsereg legfelső vezetése – ahogy mindig is – nagy hasznot fog húzni az Afganisztánból kiáramló kokainból. Ezért választották Pervez Musharrafot a „terrorizmus elleni háborúban" legfőbb „szövetségesünknek".

A tálibok eltűnése és a Barakzai klán visszatérése a hatalomba után az ópiumkereskedelem virágzik Afganisztánban, és nem világos, hogy az új kormány megpróbálja-e megállítani vagy legalábbis visszaszorítani azt. Megkockáztatjuk azt a feltételezést, hogy az Egyesült Államok által rákényszerített uralom alatt az ópiumkereskedelem nemcsak visszanyeri korábbi termelési szintjét, hanem a nyers ópium termelésének mennyisége valójában növekedni fog. A nemzetközi kábítószer-kereskedelemről szóló éves jelentésében a Külügyminisztérium kijelentette, hogy a tálibok, akiket az amerikai hadsereg 2005-ben elűzött a hatalomból, gyakorlatilag felszámolták az ópiummák termesztését az általuk ellenőrzött régiókban.

Az ópiumtermelés összességében drámaian visszaesett, a 2000-es mintegy 3656 tonnáról 2001-re körülbelül 74 tonnára, és a termelés szinte teljes egészében az Északi Szövetség által ellenőrzött afgán területeken történt, amely Washington szövetségese volt a tálibok elleni háborúban. Itt van, egyenesen a ló szájából: a „kábítószer-ellenes háborúnk" olyan hamis, mint egy hamisított Federal

Reserve bankjegy. Míg a tálibok megsemmisítették az ópiumtermést és -készleteket, a CIA biztosította „szövetségeseinket" – az úgynevezett „háborús urakat", egy csapat aljas és könyörtelen gyilkos gengsztert –, hogy ne aggódjanak, hamarosan visszatérnek a hatalomba. A Kábítószer-ellenes Hivatal (DEA) nem próbált beavatkozni és szétzúzni ezt a kártevőbandát, miközben kiváló alkalma volt rá. Ehelyett az USA védelmezte a kábítószer-kereskedő bűnözőket. Afganisztán hagyományosan a világ egyik legnagyobb ópiumtermelője volt, Indiával együtt, amely 2008-ban visszanyerte vezető helyét a termelésben a tálibok tilalma miatt. Az ópium az ópiátok – a heroin és a morfin – alapanyaga, és Afganisztán volt ezeknek a kábítószereknek a fő szállítója a régióba, Nyugat-Európába és az Egyesült Államokba. Egy nemrégiben közzétett amerikai jelentés szerint a tálibok bukása után újraindult a máktermesztés Afganisztánban, és a kábítószer-kereskedők továbbra is aktívak maradtak az országban, mindezt annak ellenére, hogy az amerikai fegyveres erők hatalmas létszámmal voltak jelen a helyszínen. Bár a kabuli ideiglenes hatóság, az Egyesült Államok által támogatott, Cheney, Rumsfeld és Wolfowitz bábja, Hamid Karzai (Barakzai) bejelentette saját ópiumtermesztési tilalmát, a tilalom alig terjedt túl a fővároson, és nem volt többet ér, mint a papír, amelyre írták. Ha Karzai megpróbálta volna végrehajtani a rendeletét, egy reggel felfedették volna, hogy torkát fültől fülig elvágták. A gengszterkereskedői soha nem engedték volna, hogy életben maradjon, és beleszóljon jövedelmező üzletükbe.

A jelentés szerint:

> A hatóságnak nincsenek eszközei a tilalom érvényesítésére, és együtt kell működnie a helyi hatalmi központokkal és a donorok közösségével, ha azt akarja,

> hogy a tilalmat ténylegesen tiszteletben tartsák. Továbbra is bizonytalan, hogy a nemzetközi közösség sürgetései, sőt pénzügyi támogatása is elegendő lesz-e az afgán máktermesztés gyors felszámolásához... A harcok nyomán változó, hogy melyik frakció gyakorol tényleges ellenőrzést az egyes régiókban. Bizonytalan, hogy a frakciók betartják-e az ideiglenes hatóság által kiadott máktermesztési tilalmat.

Micsoda teljes képtelenség.

Mi lenne, ha a tilalmat az amerikai hadsereg által támogatott, nagyszámú DEA-ügynök jelenlétével hajtanák végre? Tudjuk, hogy a háttérből irányítók teljes mértékben meg vannak győződve arról, hogy az amerikai nép a legkönnyebben megtéveszthető a világon, de hogy ilyen ostobaságot próbáljanak ráerőltetni az emberekre, és azt gondolják, hogy el is fogják hinni, az minden magyarázatot meghalad. Az Északi Szövetség, amely Karzai kormányát uralja, úgy tűnik, nem tett semmilyen lépést a kábítószer ellen az ország azon részein, amelyeket ellenőrzése alatt tart. Számos ENSZ-jelentés is beszámolt arról, hogy a parasztok második ópiumtermést is termesztenek Észak- -i Szövetség által ellenőrzött területein – folytatódik a jelentés.

El tudják hinni, milyen merészség ez az emberektől, hogy elvárják tőlünk, hogy elhiggyünk egy ilyen nyilvánvalóan abszurd állítást? „Úgy tűnik, nem?" A tény az, hogy még akkor is, amikor a tálibok mindent megtettek a csapás felszámolása érdekében, Washington nemcsak tudta, hogy „szövetségesei" mákot termesztenek, hanem valójában biztosította őket arról, hogy senki sem fog beavatkozni a kereskedelmükbe, amíg a tálibok elleni háborúban a mi „szövetségeseink" maradnak. Washington ezután nekilátott, hogy felfegyverzze és kiképezze őket, hogy háborút indítsanak egész Afganisztán ellen, miközben érintetlenül hagyta halálos, halált hozó kereskedelmüket. Ezek az afganisztáni háború mögött rejlő valós tények.

Az Egyesült Államok némi reményt fűz a regionális erőfeszítésekhez, amelyek célja, hogy megakadályozzák az afgán ópiumok országból való kivitelét a „Hat plusz Kettő" csoporton keresztül, amely az Egyesült Államokat, Oroszországot és Afganisztán hat közvetlen szomszédját fogja össze. Ez is csak egy színjáték. Semmit sem tesznek, és soha semmit sem fognak tenni az afgán ópiumkereskedelem megállítására. Ha komoly erőfeszítések történnének ebben az irányban, Pakisztán vezetőjét, Pervez Musharraf tábornokot elbocsátanák. A pakisztáni uralkodó elit fele teljes mértékben függ a jövedelmező ópiumbevételekből származó vámoktól, amelyek az Európába és az Egyesült Államokba tartó, Pakisztánon átmenő ópiumkereskedelemből származnak. Eközben a kábítószer-kereskedelem Helmandban folytatódni fog, az ideiglenes hatóság és a nemzetközi közösség legjobb erőfeszítései ellenére – tette hozzá a Külügyminisztérium jelentése. Nincs semmiféle bizonyíték arra, hogy az afgán tálib vezetők valaha is részt vettek volna az ópiumkereskedelemben, nincs bizonyíték arra, hogy a kábítószerek jelentősen finanszíroznák Oszama bin Laden al-Kaida hálózatát. Átnéztünk minden ismert dokumentumot, és nem találtunk ilyen bizonyítékot. A Külügyminisztérium állításait egyszerűen propagandának tekintjük. A tisztviselők azonban azt állították, hogy az Afganisztánban működő al-Kaida hálózat közvetetten profitál a tálibok kábítószer-kereskedelemben való részvételéből, és attól tartanak, hogy a szeptember 11-i terrortámadások után az Egyesült Államok nyomására szorosabb kapcsolatokat alakíthat ki a kereskedőkkel. Hol van a bizonyíték? Az állítások nem minősülnek bizonyítéknak, és eddig nem mutattak be semmilyen bizonyítékot. Amit itt látunk, az a tálibok vallási meggyőződését megkérdőjelezni szándékozó propaganda.

> „Ha van egy terrorista szervezet, amelynek pénzforrásokra van szüksége, és földrajzilag olyan kábítószer-kereskedő szervezetek közelében található, amelyek pénzt termelnek, akkor nyilvánvalóan fennáll a lehetőség, hogy a kettő között szorosabb kapcsolat alakuljon ki"

– mondta Asa Hutchinson, a DEA volt vezetője a Képviselőház kormányzati reform albizottságának a büntető igazságszolgáltatás, a kábítószer-politika és az emberi erőforrások témájában tartott ülésén. Nos, mi úgy véljük, hogy Hutchinson úr kinevezése politikai döntés volt, és ő alig vagy egyáltalán nem tud semmit a kábítószer-kereskedelemről, mivel a Képviselőházban töltötte idejét, mielőtt elvesztette mandátumát a Clinton elleni impeachment-eljárásban betöltött szerepe miatt.

Amerikai tisztviselők szerint az ópiumkereskedelem a tálibok, az ország nagy részét kormányzó keményvonalas iszlám milícia egyik fő finanszírozási forrása. Hutchinson és William Bach, a Külügyminisztérium kábítószer-ellenes tisztviselője szerint a tálib őrök néha készpénz helyett nyers ópiumot is elfogadtak.

Ez a szánalmas állítás egyenesen a „Északi Szövetséget" alkotó gazfickók szájából hangzik el, akik nem mondhatják el az igazat, mert ha megtennék, elveszítenék a Washingtonnal szembeni kedvező státuszukat. Íme egy másik „gyöngyszem":

> A terrorista támadásokra várható amerikai katonai

megtorlásokra számítva a tálibok úgy tűnik, hogy kiárusítják készleteiket. A régió ópiumárai a támadások után hirtelen 746 dollárról 95 dollárra estek kilogrammonként. Azóta visszapattantak 429 dollárra.

Az ember azt gondolná, hogy miután azt mondták nekünk, hogy a táliboknak fegyverekre van szükségük, aligha „szabadultak volna meg" a fegyverek megvásárlásának legközvetlenebb eszközétől! Mindenesetre nincs bizonyíték arra, hogy a tálibok valaha is ópiummal kereskedtek volna. Azokat, akiket ez csábíthatott volna, vallási törvényeik értelmében gyorsított eljárás keretében bíróság elé állították volna és kivégezték volna. Az 1790-es évek végére Afganisztán a világ vezető ópiumtermelőjévé vált, amely a heroin alapanyaga. Csúcspontján az ország a BEIC bevételeinek több mint 70 százalékát biztosította, és ezt a pozíciót mindkét világháború alatt, egészen az 1990-es évek végéig megőrizte.

Amikor hatalomra kerültek, a tálibok vallási elvekre hivatkozva elrendelték az ópiumtermesztés leállítását. Nemzetközi megfigyelők megerősítették, hogy a termelés szinte teljesen megszűnt a tálibok által ellenőrzött területeken, a kevés megmaradt ópiumot pedig az úgynevezett ellenzéki „Északi Szövetség" által ellenőrzött területeken termesztették, amely egy gazemberekből, kábítószer-kereskedőkből és gyilkosokból álló banda volt, az egykori védelmi miniszter, Donald Rumsfeld védelme alatt.

Nem magyarázza ez meg a magyarázatra szoruló dolgok nagy részét? És nem ez az első alkalom, hogy az USA közvetlenül részt vesz a kábítószer-kereskedelem szemhunyásában. Láttuk ezt Vietnamban, Libanonban, Mexikóban, Pakisztánban, és most Afganisztánban. De az amerikai tisztviselők azt mondják, hogy a tilalomnak alig volt hatása a kereskedelemre, mert a tálibok nem semmisítették meg a korábbi évekből megmaradt hatalmas ópiumkészleteket, és nem állították meg a kereskedőket. Mi az igazság? A Külügyminisztérium és a DEA új vezetője azt mondja nekünk, hogy a tálibok „kiürítették" hatalmas ópiumkészleteiket, és ugyanakkor el kell hinnünk, hogy a tálibok nem tettek ilyet! Higgyenek nekünk, amikor azt mondjuk, hogy nem lett volna szükség a készletek „kiürítésére". A pakisztáni kábítószer-bárók – beleértve a katonaságban lévőket is – minden kiló nyers ópiumot teljes áron megvásároltak volna a táliboktól.

Az egész történet tiszta hülyeség. Ami történt, az az, hogy a kereskedelem fő mozgatórugói mind az Északi Szövetség által „védett" területen voltak, és a tálibok nem jutottak be oda, mert Donald Rumsfeld tankokkal, tüzérséggel és egy modern hadsereg minden kellékével felszerelte őket, az adófizetők jóvoltából. A bizottság elnöke, Mark Souder, republikánus képviselő (Indiana), a tálibok tilalmát

> „hidegvérűen kiszámított trükknek, amellyel az ópium és a heroin világpiaci árát akarták ellenőrizni".

Úgy tűnik, ez egy olyan eset, amikor a vak vezeti a vakot! Souder még rosszabbnak tűnik, mint Hutchinson. Miért nem mondják egyszerűen az igazat, és hagyják, hogy az amerikai nép döntsön? Miért hazudnak és zavarják össze a képet? „Az amerikai tisztviselők becslése szerint az ópium évente akár 50 millió dollárt is hozhat a táliboknak" – mondták Hutchinson és Bach. Az Al-Kaida közvetetten profitál belőle, mert a tálibok védelme alatt áll.

Bach azonban azt mondta, hogy a kábítószer-kereskedelem „egyszerűen nem tűnik az al-Kaida fő bevételi forrásának", míg Souder megjegyezte, hogy az amerikai tisztviselők kevés figyelmet fordítottak az afgán ópiumkereskedelemre, mert annak csak kis része jutott be az Egyesült Államokba:

> Most szembe kell néznünk azzal az új valósággal, hogy az afgán kábítószer-kereskedelem, amely nagyrészt nem lépte át határainkat, ugyanolyan mértékben károsította országunkat, mint a fél világ távolságából az amerikai utcákra eljutó kábítószerek.

Ha az átlagos amerikai képes értelmet találni ezekben az egymásnak ellentmondó kijelentésekben, akkor nagyon meglepődnénk. De függetlenül attól, hogy értelmet találunk-e benne vagy sem, ez – és ismételjük – nem más, mint hamis kettős beszéd. Ismét arra kérjük Önöket, hogy vegyék figyelembe a következőket:

- Azt mondják nekünk, hogy a tálibok „kiárusították" ópiumkészleteik nagy részét.
- Azt mondják nekünk, hogy a táliboknak szükségük volt az ópiumból származó bevételekre.
- Azt mondják nekünk, hogy a tálibok évente 50 millió dollárt kaptak az ópiumbevételekből.
- Azt mondják nekünk, hogy a tálibok „kidobták" hatalmas készleteiket. Ez azt jelentette, hogy 50 millió dollárt „dobtak ki"? Miért akarna bárki is „kidobni" 50 millió dollárt?
- Azt mondják nekünk, hogy eddig a DEA alig fordított figyelmet a világ legfőbb nyersópium-szállítójára. Van ennek értelme? Ha a DEA nem fordított figyelmet az Afganisztánból kiáramló ópiumra, akkor a DEA kötelességmulasztásban vétkes.

- Azt mondják nekünk, hogy a DEA azért mulasztott el kötelességét, mert az ópiumnak csak egy kis része jut el az Egyesült Államokba!

El tudják hinni ezeket az embereket? Biztosan azt gondolják, hogy az amerikaiak a világ legbutább népe. A szeptember 11-i támadások után New Yorkban és Washingtonban Afganisztán a világ figyelmének középpontjába került. Az Egyesült Államok vezette „terrorizmus elleni szövetség" lebombázta Afganisztánt, az al-Kaida tagjai elmenekültek az országból, és az afgán illegális ópiumtermesztés a propagandaháború egyik elemévé vált. A heroinkereskedelmet többször is felhozták Oszama bin Laden hálózatainak egyik fő bevételi forrásaként. De valahogy elhitették velünk, hogy bin Laden megszökött, és továbbra is szabadlábon van Afganisztánban, ahol továbbra is a Nyugat ellen irányítja a terrorizmust. Véleményünk szerint ezt nagy szkepticizmussal kell kezelni.

> „A fegyvereket, amelyeket a tálibok ma vásárolnak, a brit utcákon drogot vásárló fiatal britek életével fizetik. Ez a rezsimük egy másik része, amelyet meg kell semmisítenünk"

– mondta Tony Blair volt brit miniszterelnök. Kijelentése példája azoknak a torzító nyilatkozatoknak, amelyeket az afgán ópiumgazdaság valós helyzetével kapcsolatban tesznek. Valójában Blair úr afgán szövetségese, az „Északi Szövetség" az, amelyik napról napra egyre többet profitál a bűnözői ópiumgazdaságból. Semmilyen bizonyítékot nem mutattak be arra, hogy a tálibok egyáltalán ópiummal kereskednek.

Amikor Blair volt miniszterelnök a brit hadsereget

Afganisztánba vezényelte, bőven volt idő a mákültetvények felszámolására, valamint a nyers ópiumkészletek felkutatására és megsemmisítésére irányuló hadműveletek végrehajtására. Miért nem parancsolta meg Blair úr a csapataiknak, hogy tegyenek lépéseket? Kiváló alkalom nyílt volna egy összehangolt, országszerte végrehajtott razziára, amelynek során tönkretehették volna a máktermesztők üzletágát, letartóztathatták volna a kereskedőket, és megsemmisíthették volna a készleteiket. Megvoltak az eszközök és a pénz egy ilyen művelet végrehajtásához, de nem, úgy tűnik, Blair úr úgy érezte, hogy szavai hatékonyabbak, mint tettei. Ezt nevezik propagandának. Blairnek tudnia kell, mit mondtak Souder és Hutchinson. Úgy tűnik, őket nem zavarja a fiatal brit heroinfüggők halála, mert az nem érinti Amerikát! Ha elhiszi ezt, kockáztatja, hogy csökkenjen az IQ-szintje. Amikor a tálibok 1996-ban átvették a hatalmat Kabulban, csupán egy olyan helyzetet örököltek, amely a 18. és 19. század vége óta Afganisztánt a világ legnagyobb ópiumtermelőjévé tette. 1994 és 1998 között az ópiumtermelés összesen évi 2000–3000 tonna nyersanyagot tett ki. Ennek nagy részét Indián (később Pakisztánon) keresztül szállították, eleinte a brit hadsereg legjobbjaival őrizve, és Rudyard Kipling hősi történeteiben megörökítve. Később a pakisztáni hadsereg tábornokai őrizték a kereskedelem által biztosított jövedelmet. Miután az ópium-arany csere Dubajban megtörtént, a nyers ópiumot Törökországban és Franciaországban heroinra és morfinra finomították. Az ópiumnak csak egy nagyon kis hányadát dolgozták fel Afganisztánban. Minden korábbi rekordot megdöntöttek 1999-ben és 2000-ben, amikor az ópiumtermelés Afganisztánban elérte a 4500 tonnát.

A Bush-kormány azt akarja elhitetni velünk, hogy 2000. július 27-én „... sok évnyi nemzetközi nyomás után a tálib vezető, Mullah Omar teljes tilalmat rendelt el az ópiumtermesztésre a következő szezonra." Ez nem így van. A tálibok hatalomra kerülésük után azonnal betiltották az ópiummák termesztését és a nyers ópium előállítását. A nemzetközi nyomásnak ehhez semmi köze nem volt.

Ha a „nemzetközi nyomás" volt az oka annak, hogy a tálibok betiltották a kereskedelmet, akkor miért nem volt hatása a „nemzetközi nyomásnak" a tálibok hatalomra kerülése előtt? A termesztés visszaesett a tálibok által ellenőrzött területeken, míg a „Északi Szövetség" ellenőrzése alatt álló területeken virágzott. Az amerikai erők gyors előrenyomulása – amely az Egyesült Államok Bin Laden-hálózat elleni háborújában végrehajtott hatalmas bombázási kampánynak és a „Északi Szövetség" gengszterei által végrehajtott kabuli hatalomátvételnek köszönhető – semmiképpen sem vetett véget az ópiumgazdaságnak. Éppen ellenkezőleg, pontosan az ellenkezője történt: az ópiumgazdaság újjáéledt, annak ellenére, hogy az Egyesült Államok és brit szövetségesei ekkor már az összes jelentős máktermesztési területet ellenőrzésük alá vonták. Afganisztán az ENSZ Nemzetközi Kábítószer-ellenőrzési Programjának (UNDCP) figyelmének középpontjába került, miután kiderült, hogy az ország a világ legnagyobb ópiumforrásává vált, és ez még húsz évvel a tálibok megjelenése előtt történt. Az UNDCP afganisztáni illegális ópiumáramlás megfékezésére irányuló projektjei nem jártak mérhető hatással. Az afganisztáni úgynevezett „ópiumháborúban" a fő termesztési területeket az úgynevezett „Északi Szövetség" ellenőrzése alatt tartották, egy nevet, amelyet Rumsfeld talált ki, hogy leplezze a banditákból és bűnözőkből álló csoport valódi összetételét.

1994 óta az UNDCP termésfigyelő programjának éves

ópiummák-felmérése a legmegbízhatóbb forrás a máktermesztésre és az ópiumtermelési potenciálra vonatkozó adatok tekintetében. A legfrissebb, 2008 októberében közzétett felmérés részletesen megerősítette az ópiummák-termesztés drámai visszaesését, vagyis azt, ami a tálibok hatalomátvétele után következett be. Ezt megelőzően a „nemzetközi nyomás" nem gyakorolt hatást az ópiummágnásokra, akiket később Rumsfeld úgynevezett „Északi Szövetségébe" soroztak be.

Az afgán ópiumgazdaság összetettségének megértéséhez az UNDCP Stratégiai Tanulmányok sorozata meglehetősen hasznos, bár nem ad részleteket a háttérben működő irányítókról. A tanulmány dokumentálja az afgán mákültetvények terjeszkedését és az annak hátterében álló okokat; az ópium szerepét hitelforrásként, valamint a kisgazdák és a háború i menekültek megélhetési stratégiáiban; a nők szerepét az ópiumgazdaságban, valamint a tiltott kereskedelem mögötti vidéki dinamikákat, amelyek milliárd fontot hoztak a BEIC-nek, és amelyek még mindig jelentős vagyont hoznak az ópiumterjesztőknek, például a pakisztáni hadsereg tábornokainak. Az ENSZ Kábítószer-ellenes Programja (UNDCP) legújabb kiadványa, a Global Illicit Drug Trends (2008), Sandeep Chawla, az UNDCP kutatási részlegének vezetője felügyelete alatt, egy külön fejezetet szentel Afganisztánnak, amely meglehetősen hasznos, de korlátozott áttekintést nyújt az ópiumgazdaság tendenciáiról a kezdetektől fogva, elmagyarázva, hogyan vált Afganisztán a világ legnagyobb ópiumszállítójává.

A *The Committee of 300* című könyvemben részletesen leírtam, hogyan tudott ez a hatalmas csoport ennyi pénzt keresni a kínai népnek a brit kormány által rákényszerített ópiumkereskedelem nyomorúságából. A könyv részletesen bemutatja az ópium- és heroin-kereskedelem aljas történetét a térségben, beleértve a CIA és a pakisztáni ISI hírügynökség által szentesített ügyleteket is az 1980-as évek szovjet megszállás elleni dzsihádja idején. Számos „hivatalos" jelentés foglalkozik az afgán gazdaság bűnözői jellegével, amelyek nagyrészt az 1989 előtti és utáni két évtized csempészési tendenciáinak magyarázatára szentelnek figyelmet, és megpróbálják azt a benyomást kelteni, hogy az ópiumcsempészet viszonylag új jelenség.

Legtöbbjük 1987–1989-et említi az ópiumkereskedelem és a kapcsolódó illegális tevékenységek „kezdő dátumaként", míg a British Museumban és az India House-ban talált dokumentumok azt mutatják, hogy a heroin és a morfin illegális kereskedelme a britek afganisztáni megérkezésével kezdődött. India (később Pakisztán) mélyen belekeveredett a bűnözői kereskedelembe, amely 1868-ban, a brit uralom alatt kezdődött, és a mai napig folytatódik. Az alábbi idézetet hozom fel példaként az establishment sajtó visszafogott tudósításaira:

> Afganisztán nemcsak a világ legnagyobb ópiumtermelőjévé és fegyverkereskedelem központjává vált, hanem több milliárd dolláros kereskedelmet is támogat, amelynek keretében árukat csempésznek Dubajból Pakisztánba. Ez a bűnözői gazdaság finanszírozza mind a tálibokat, mind ellenfeleiket. Átalakította a kapcsolatokat, és gyengítette az államokat és a legális gazdaságokat az egész régióban. A tartós béke nem csupán a harcok befejezését és egy politikai megállapodást igényel, hanem egy olyan regionális gazdasági átalakulást is, amely alternatív megélhetési formákat biztosít és elősegíti az elszámoltathatóságot.

Első ránézésre a jelentés minden állítása visszafogott, és senkit sem nevez meg név szerint. Céljai azonban megvalósíthatónak tűnnek, bár a valóságban az ópium 1625 óta uralja Afganisztánt és Pakisztánt (az egykori India területét), és ezen semmi sem fog változtatni. És itt a történet vége: az Egyesült Államok és úgynevezett „Északi Szövetségbeli partnerei" semmit sem fognak tenni annak a jövedelmező kereskedelemnek a felszámolása érdekében, amelytől nem kevesebb, mint 23 dubai brit bank profitja és léte függ, és amelyből a profit a londoni City bankjaiba áramlik. Milyen naiv dolog azt hinni, hogy ezek a szuperbankok megengedik, hogy bárki is beleavatkozzon a pénzgyártó gépezetükbe.

A londoni India House-ban őrzött Brit Kelet-indiai Társaság dokumentumai (mielőtt azok rejtélyes módon megsemmisültek) egyedülálló betekintést nyújtottak az afgán ópiumkereskedelembe, és részletesen leírták az északi csempészútvonalakat Afganisztánból Pakisztánon át Dubajig. A BEIC idején ezt soha nem tekintették „bűnözői kereskedelemnek". Az egyetlen „bűnözői tevékenység", amelyet ezek a dokumentumok rögzítettek, a banditákról szólt, akik megpróbálták kirabolni a Khyber-hágón átkelő ópiumszállító vonatokat, ahol a brit hadsereg legjobb (harcosai) visszaverték őket. Az elmúlt húsz évben az Afganisztánra vonatkozó amerikai adatok pontatlanok és erősen politikai jellegűek voltak. Érdekes módon ezekben a legutóbbi nyilatkozatokban a DEA először használ szinte kizárólag az UNDCP adatait, amelyeket legalábbis néhány évvel ezelőttig még jelentősen túlbecsültnek tartottak.

Miért is van ez így? Jelenleg politikai szempontból célszerű statisztikákat idézni az Egyesült Államok azon stratégiájának részeként, amelynek célja a tálibok hiteltelenítése, valamint a „terrorizmus elleni háború" és a „kábítószer-ellenes háború" összekapcsolása. A valóságban azonban egyik sem létezik; de ezt a színjátékot fenn kell tartani, hogy ürügyet szolgáltasson a szigorú, teljesen alkotmányellenes „törvényekhez”, amelyek nyíltan megsértik az Alkotmány kiegészítő cikkelyeit. Ezért nem találjuk Bin Ladent. Ha megtalálnánk, hirtelen nem lenne többé tálib, és nem lenne ok a „terrorizmus elleni háború” folytatására. Afganisztánban, a tálibok eltűnése után, a betakarítási időszak nem jelent semmit az afgán és pakisztáni ópiumtermelők számára, egy olyan régióban, amely ma már Délkelet-Ázsiával verseng a világ legnagyobb heroinforrásaként, az ópiummákból nyert kábítószer forrásaként.

A G.W. Bush-kormány úgy döntött, hogy nem pusztítja el az afgán ópiumtermést. Meglehetősen furcsa módon Bush elnök, aki korábban közvetlenül összekapcsolta az afgán kábítószer-kereskedelmet a terrorizmussal, hirtelen úgy döntött, hogy nem pusztítja el az afgán ópiumtermést. Egy Afganisztánból visszatért amerikai hírszerző tisztviselő erről számolt be egy európai hírmagazinnak. A forrás, aki kérte, hogy ne fedjék fel a kilétét, megjegyezte, hogy az ópiummák-mezők virágoznak és készen állnak a betakarításra. Az amerikai erők légi permetezéssel megsemmisíthetnék a termést, de ilyen akciót nem terveznek. Nincsenek lángszórók, amelyek az erő mákvirágokra irányulnának, nincsenek jelei annak, hogy a katonák kitépnék és elégetnék a növényeket. Valójában a mákmezőkön minden békés, mivel a parasztok tudják, hogy senki sem fogja őket zavarni. Nem is érdekel őket a távoli országokban zajló „terrorizmus”, de egyes hírszerző ügynökök mélyen aggódnak az ópiummák-ültetvények megsemmisítésére vonatkozó amerikai tilalom miatt.

Az ENSZ 2002. januári jelentése a kábítószer-kereskedelemről a következőket állapította meg:

> Ha a becslések szerint 3000 tonna ópium eljut a piacra, az a nemzetközi terrorizmus új fellendüléséhez vezet, és súlyos csapást mér a Bush-kormány nemzetközi hitelességére, valamint az Egyesült Államok 21. századi háborúzási képességére. Az Egyesült Államok ellenségei szerte a világon, Kínától Észak-Koreán át Iránig, bátorságot merítenek ebből a stratégiai látásmód és politikai akarat hiányából. Az Egyesült Államok és minden szövetségese aláírta az ópiumértékesítés világszintű tilalmát. 2002 januárjában az ENSZ jelentést adott ki az afgán ópiumtermelésről, amelyben megjegyezte, hogy a szövetséges erőknek gyorsan kell cselekedniük, hogy a tavasz vége előtt megsemmisítsék a 2002-es ópiummák-termést. Az amerikai és brit erők nem tettek ilyen lépéseket.

Az ópiummák termesztésének és kereskedelmének tilalmának globális jelentősége Afganisztánban óriási. Afganisztán az illegális ópium fő forrása: 2000-ben a globális illegális ópiumtermelés 70 százaléka, az európai kábítószer-piacokon forgalmazott heroin pedig akár 90 százaléka is Afganisztánból származott. Megbízható jelek utalnak arra, hogy 2001 októberétől egyes területeken (például az Uruzgan, Helmand, Nangarhar és Kandahar déli tartományokban) újraindult az ópiummák-termesztés, miután a tálibok 2001-ben hatékonyan végrehajtották a termesztési tilalmat, nemcsak a közrend összeomlása miatt, hanem azért is, mert a gazdák a hosszan tartó aszály után kétségbeesetten keresnek túlélési lehetőséget.

Hírszerzési források szerint a CIA ellenzi az afgán ópiummák-termés megsemmisítését, mert ez a pakisztáni kormány megdöntéséhez vezetne. E források szerint a pakisztáni hírszerzés azzal fenyegetőzött, hogy megdönti Musharraf elnököt, amennyiben ő elrendeli a termés megsemmisítését. Pakisztán történelme arra enged következtetni, hogy ez nem üres fenyegetés. A.H. Bhutto volt pakisztáni elnököt bírósági ítélet alapján felakasztották, mert megpróbálta véget vetni a kereskedelemnek, utódja, Zia ul Haq tábornok pedig egy nagyon rejtélyes repülőgép-szerencsétlenségben halt meg, miután a csúcson pénzt sikkasztott el, amelyet a londoni City bankjainak szántak. A Musharraf megdöntésével kapcsolatos fenyegetés részben a pakisztáni titkosszolgálattal, az Inter-Services Intelligence-szel (ISI) kapcsolatban álló iszlám radikális csoportok motivációja. A radikális csoportok állítólag elsősorban az ópiumtermelésből és -kereskedelemből szerzik bevételeiket. A pakisztáni hadsereg legfelső vezetése – ahogyan eddig is – mélyen részt vesz az ópium országon keresztüli szállításának biztosításában, és nem tűrné a kereskedelem megszakítását. A pakisztáni titkosszolgálat teljesen korrupt és megbízhatatlan, nem is beszélve arról, hogy instabil és hűtlen. A legmagasabb ajánlatot tevőhöz mennek, és a vallási elvekkel nem törődnek. A CIA évek óta együttműködik velük, és nem valószínű, hogy változtatna a politikáján. Ahogy Bhutto keserűen megállapította:

> Ha ők [a CIA] valóban ellenzik az afgán ópiumkereskedelem felszámolását, az csak azt a hitet fogja megerősíteni, hogy a CIA egy erkölcstelen ügynökség, amely a saját programját követi, ahelyett, hogy a alkotmányosan megválasztott kormányunkét támogatná. Ha nem ragadjuk meg ezt a lehetőséget az afgán ópiumtermelés felszámolására, rosszabbak vagyunk, mint a tálibok, akik – az ellenkező állítások ellenére – megállították azt.

A CIA döntését, hogy nem állítja le az afgán ópiumtermelést, jóváhagyta a 300-as Bizottság, a CIA végső főnöke. Hírszerzési források szerint mind az Egyesült Királyság, mind a francia kormány csendben jóváhagyta az amerikai politikát. A CIA-nak már régóta van hagyománya a nemzetközi kábítószer-kereskedelem támogatásában, és a vietnami háború alatt is szinte pontosan így járt el, ami katasztrofális következményekkel járt – az 1970-es években az Egyesült Államokban a heroinkereskedelem jelentős növekedése közvetlenül a CIA-nak tulajdonítható. Csou En-laj híres interjúja az egyiptomi Al Ahram újságnak alátámasztja azt az állítást, hogy a CIA évek óta bűnrészes a globális kábítószer-kereskedelemben. A 300-as Bizottság pontosan ezt akarja, és hírszerzési források szerint egy egyszerű, évi 2000 dolláros támogatás – összesen legfeljebb 20 millió dollár –, amelyet közvetlenül az afgán parasztoknak fizetnének, véget vetne az összes ópiumtermelésnek. Az Egyesült Államok afganisztáni háborúja már becslések szerint 40 milliárd dollárba került, de ebből egyetlen centet sem költöttek a mákültetvények felszámolására és a nyers ópium Pakisztánba áramlásának megakadályozására. (2009-es adatok, az Egyesült Államok Külügyminisztériuma.)

Most, hogy tudjuk, hogy a több millió dollár, amelyet az illegális kábítószer-kereskedelmet a terrorizmussal összekapcsoló amerikai reklámkampányokra pazaroltak, csalás volt, és most, hogy tudjuk, hogy a Bush-kormány védte az afgán ópiumtermelést, kezdünk rájönni, mennyire helytelen az afgán háború, és miért választotta az Egyesült Államok Pakisztánt „fő szövetségesének a terrorizmus elleni harcban". Az afgán ópiumtermelés felszámolása nem kerülne többet, mint a „terrorizmus elleni háború – kábítószer-ellenes háború" televíziós reklámjaira költött milliók tizedét, de az a furcsa tétlenség, amellyel Rumsfeld, a „háborús sólyom", és általában a Bush-kormány az afgán kábítószer-kereskedelem ellen fellépett, jól mutatja, mennyire álszent és hibás az úgynevezett „terrorizmus elleni háború”. Valahányszor olyan kommentátort látnak, mint Bill O’Reilly, aki újabb sikereket hirdet a terrorista pénzek lefoglalásában, csak emlékezzenek arra, hogy ez csupán csepp a tengerben ahhoz képest, hogy milliárd dollárok áramlanak a dubai 300-as Bizottság bankjainak kincstárába, és tudják meg, hogy ez egy szikrányit sem fog változtatni az illegális afgán ópiumpénzek áramlásán a londoni City bankjaiba és az offshore bankokba, nem is beszélve a heroin áramlásáról Amerikába. Az afganisztáni háborút nem nyertük meg. Katonáink soha nem térnek haza. Az ópiumkereskedelmet őrizni kell.

Az ENSZ Kábítószer- és Bűnüldözési Hivatala (UNODC) közzétette az afgán ópiummák-termesztésről szóló gyorsértékelő felmérését. A washingtoni szövetségi kormány szintén közzétette éves, az ópiumtermesztés mozgatórugóiról szóló jelentését. Erre reagálva Kim Howells brit külügyminiszter így nyilatkozott:

> Az Egyesült Királyság kormánya csökkenteni kívánja az Afganisztánból az utcáinkra kerülő heroin mennyiségét. Az afgán kábítószer-kereskedelem mértéke hatalmas, és a kereskedelem felszámolására irányuló stratégia időbe telik – nincs gyors megoldás. Az afgán ópiumtermesztés mennyisége ingadozni fog, ahogyan az a közelmúltban is történt.

Egy 2008-as ENSZ-felmérés nagyon korai jelzést adott az idei lehetséges termesztési szintekről. A tavalyi jó eredményekhez képest, amelyek a termelés csökkenését mutatták, ez a jelentés az afgán 31 tartomány többségében stabil termesztési szinteket, 13 tartományban a termesztés növekedését, három tartományban pedig a termesztés csökkenését jelzi. De amint azt a Külügyminisztérium számára készített független sofőrök jelentése egyértelműen kimutatja, félrevezető kizárólag a főbb számadatokra koncentrálni, mivel a teljes kép összetettebb. A termesztésben és a gazdákat befolyásoló tényezőkben jelentős eltérések vannak az ország különböző részein.

A felmérés nem értékelte a oldalon szereplő felszámolási kampány végrehajtásának előrehaladását, csupán annyit állapított meg, hogy a felszámolási tevékenységet 2009-ben hatékonyabban fogják szervezni, ezért várhatóan eredményesebb lesz, mint 2008-ban. A máktermesztés jelenlegi növekedése nem jelenti azt, hogy nem történne előrelépés a kereskedelem elleni küzdelemben. A felszámolás csupán része az afgán és nemzetközi stratégiának a máktermesztés elleni küzdelemben: nagy mennyiségű kábítószert foglalnak le, az afgán rendőrséget kiképzik, alternatív megélhetési lehetőségeket teremtenek és kábítószer-ellenes intézményeket hoznak létre. Az Egyesült Államok által vezetett 2001. októberi afganisztáni invázió óta az Arany Félhold ópiumkereskedelme ugrásszerűen megnőtt. Az amerikai média szerint ezt a jövedelmező csempészetet a tálibok védik, nem is beszélve természetesen a regionális hadurakról, dacolva a „nemzetközi közösséggel". A heroinüzlet állítólag „tölti meg a tálibok kincstárát". Az amerikai külügyminisztérium szavaival élve:

> Az ópium szó szerint milliárd dolláros bevételt jelent a szélsőséges és bűnözői csoportok számára... Az ópiumellátás visszaszorítása központi fontosságú a biztonságos és stabil demokrácia megteremtése, valamint a terrorizmus elleni globális háború megnyerése szempontjából.

Robert Charles külügyminiszter-helyettes nyilatkozata,

kongresszusi meghallgatás, 2004. április 1.

Az ENSZ Kábítószer- és Bűnüldözési Hivatala (UNODC) szerint az afgán ópiumtermelés 2008-ban 6000 tonnára becsülhető, a termesztett terület pedig 80 000 hektár körüli. 2008-ra még ennél is nagyobb rekordtermést jósolnak. A Külügyminisztérium szerint 2008-ban akár 120 000 hektár területen is termesztették. Lehet, hogy jelentős növekedés felé tartunk. Egyes megfigyelők szerint a 2008-as termés akár 50–100 százalékkal is meghaladhatja a tavalyi, már amúgy is aggasztó számokat. A tálibok bukását követő ópiumtermelés-növekedésre reagálva a Bush-kormány fokozta terrorizmusellenes tevékenységét, miközben jelentős összegeket különített el a Kábítószer-ellenes Hivatal (DEA) „Operation Containment" elnevezésű nyugat-ázsiai kezdeményezésére. A különféle jelentések és hivatalos nyilatkozatok természetesen keverednek a szokásos „kiegyensúlyozott" önkritikával, miszerint „a nemzetközi közösség nem tesz eleget", és hogy „átláthatóságra" van szükségünk. Az UNODC ügyvezető igazgatója nevében elhangzott megjegyzések az ENSZ Közgyűlésén, 2001. október:

> A főcímek így szólnak: „A kábítószerek, a hadurak és a bizonytalanság beárnyékolják Afganisztán útját a demokrácia felé." Az amerikai média kórusban vádolja a már nem létező „keményvonalas iszlám rezsimet", anélkül, hogy elismerné, hogy a tálibok – az ENSZ-szel együttműködve – 2000-ben sikeresen betiltották a máktermesztést. Az ópiumtermelés 2001-ben több mint 90 százalékkal csökkent.

Valójában az ópiumtermelés megugrása egybeesett az Egyesült Államok vezette katonai művelet támadásával és a tálib rezsim bukásával. 2001 októberétől decemberéig a gazdák széles körben kezdtek el újra mákot ültetni. A tálibok alatt 2000-ben végrehajtott afgán kábítószer-felszámolási program sikerét az ENSZ Közgyűlésének 2001. októberi ülésén (amely alig néhány nappal a 2001-es bombázások kezdete után került megrendezésre) elismerték. Egyetlen más UNODC-tagország sem volt képes hasonló programot végrehajtani:

> Először a kábítószer-ellenőrzésről szólva, arra számítottam, hogy beszédemet a tálibok által az ellenőrzésük alatt álló területeken bevezetett ópiummák-termesztési tilalom következményeire fogom összpontosítani...

Megérkeztek az afgán máktermesztésről szóló éves helyszíni felmérésünk eredményei. Az idei (2001-es) termés körülbelül 185 tonna. Ez a tavalyi (2000-es) 3300 tonnához képest több mint 94 százalékos csökkenést jelent. A két évvel ezelőtti rekordterméshez, a 4700 tonnához képest a csökkenés jóval meghaladja a 97 százalékot. Az illegális termesztés bármilyen csökkenését üdvözöljük, különösen olyan esetekben, mint ez, amikor sem helyben, sem más országokban nem történt áttelepülés, ami gyengítette volna az eredményt.

Az amerikai inváziót követően változás következett be a retorikában. Az UNODC most úgy viselkedik, mintha a 2000-es ópiumtilalom soha nem történt volna meg:

> ... A kábítószer-termesztés elleni harcot más országokban már megvívták és megnyerték, és ez itt (Afganisztánban) is lehetséges, erős, demokratikus kormányzással, nemzetközi segítségnyújtással, valamint a biztonság és a függetlenség javításával.

Az UNODC afganisztáni képviselőjének nyilatkozata a 2004. februári nemzetközi kábítószer-ellenes konferencián.

Valójában mind Washington, mind az UNODC most azt állítja, hogy a tálibok 2000-es célja valójában nem a „kábítószer-irtás" volt, hanem egy fondorlatos terv, amelynek célja „mesterséges ellátási hiány" kiváltása volt, ami felhajtotta volna a heroin világpiaci árait. Ironikus módon ezt a torz logikát, amely ma már egy új „ENSZ-konszenzus" részét képezi, cáfolja az UNODC pakisztáni irodájának jelentése, amely akkoriban megerősítette, hogy nincs bizonyíték a tálibok által végzett készletfelhalmozásra.

Desert News, Salt Lake City, Utah, 2003. október 5.

Az Egyesült Államok 2001-es afganisztáni bombázását követően a G-8 vezető ipari nemzetek csoportja megbízta Tony Blair brit kormányát egy kábítószer-irtási program végrehajtásával, amely elvileg lehetővé tenné az afgán gazdák számára, hogy a máktermesztésről alternatív növényekre váltsanak. A britek Kabulból dolgoztak, szoros együttműködésben az amerikai DEA „Operation Containment" nevű műveletével.

Az Egyesült Királyság által támogatott növényirtási program nyilvánvaló álca. 2001 októbere óta az ópiummák termesztése az egekbe szökött. A háború egyik „rejtett" célja éppen az volt, hogy a CIA által támogatott kábítószer-kereskedelmet visszaállítsák a korábbi szintre, és közvetlen ellenőrzést gyakoroljanak a kábítószer-útvonalak felett. A 2001. októberi inváziót követően azonnal helyreálltak az ópiumpiacok. Az ópium ára az egekbe szökött. 2009 elejére az ópium ára (dollár/kg) majdnem 15-ször magasabb volt, mint 2000-ben. 2001-ben, a tálibok alatt, az ópiumtermelés 185 tonnán állt, 2002-ben pedig 3400 tonnára nőtt Hamid Karzai elnök amerikai támogatású bábkormányzata alatt. Miközben a média kiemelte Karzai hazafias küzdelmét a tálibok ellen, elmulasztotta megemlíteni, hogy Karzai valójában együttműködött a tálibokkal. Emellett egy nagy amerikai olajcég, az UNOCAL fizetési listáján is szerepelt. Valójában az 1990-es évek közepe óta Hamid Karzai az UNOCAL tanácsadójaként és lobbistájaként működött közre a tálibokkal folytatott tárgyalásokon. A szaúdi *Al-Watan* újság szerint:

> Karzai az 1980-as évek óta a Központi Hírszerző Ügynökség (CIA) titkos ügynöke, aki 1994-től az amerikai segélyeket a tálibokhoz juttatta, amikor az amerikaiak titokban és a pakisztániak (konkrétan az ISI) közreműködésével támogatták a tálibok hatalomra kerülését.

Érdemes felidézni az Arany Félhold kábítószer-kereskedelmének történetét, amely szorosan kapcsolódik a CIA titkos műveleteihez a régióban a szovjet-afgán háború kitörése és annak következményei óta. A szovjet-afgán háború (1979–1989) előtt az afgán és pakisztáni ópiumtermelés kis regionális piacokra irányult. Helyi herointermelés nem volt. Az afgán kábítószer-gazdaság a CIA gondosan kidolgozott projektje volt, amelyet az amerikai külpolitika támogatott. Amint az az Irán-Contra- és a Bank of Commerce and Credit International (BCCI) botrányok során kiderült, az afgán mudzsahidokat támogató CIA-titkos műveleteket kábítószer-pénzmosásból finanszírozták. A „piszkos pénzt" számos (közel-keleti) banki intézményen, valamint névtelen CIA-fedőcégeken keresztül „titkos pénzré" alakították át, amelyet a szovjet-afgán háború alatt és utána különböző felkelőcsoportok finanszírozására használtak fel. Mivel az Egyesült Államok Stinger légvédelmi rakétákkal és egyéb katonai felszereléssel akarta ellátni az afgán mudzsahid lázadókat, szüksége volt Pakisztán teljes együttműködésére. Az 1980-as évek közepére a CIA iszlámábádi művelete a világ egyik legnagyobb amerikai hírszerző állomása lett.

> „Ha a BCCI olyan kínos ügy az Egyesült Államok számára, hogy nem folytatnak nyílt vizsgálatot az ügyben, akkor ennek nagy része annak köszönhető, hogy az Egyesült Államok szemet hunyt a pakisztáni heroinkereskedelem felett" – mondta egy amerikai hírszerző tiszt.

Alfred McCoy kutató tanulmánya megerősíti, hogy a CIA 1979-es afganisztáni titkos műveletének megindulását követő két éven belül a pakisztáni–afgán határvidék a világ legnagyobb herointermelőjévé vált, az Egyesült Államok igényének 60 százalékát fedezve. Pakisztánban a heroinfüggők száma a 1979-es szinte nulláról 1985-re 1,2 millióra emelkedett, ami sokkal meredekebb emelkedés volt, mint bármelyik másik országban. A CIA ügynökei ismét irányították ezt a heroinkereskedelmet. Ahogy a mudzsahid gerillák elfoglalták a területeket Afganisztánban, parasztoknak parancsolták, hogy forradalmi adóként ültessenek ópiumot. A határon túl, Pakisztánban az afgán vezetők és a pakisztáni titkosszolgálat védelme alatt álló helyi szindikátusok több száz heroinlaboratóriumot működtettek. A kábítószer-kereskedelem ezen a tíz évén az iszlámábádi amerikai kábítószer-ellenes ügynökség (DEA) egyetlen jelentős lefoglalást vagy letartóztatást sem hajtott végre.

Az amerikai tisztviselők nem voltak hajlandók kivizsgálni az afgán szövetségesek heroinkereskedelmével kapcsolatos vádakat, mert az Egyesült Államok afganisztáni kábítószer-politikája alárendelődött a szovjet befolyás elleni háború prioritásainak. 1995-ben az afgán művelet korábbi CIA-igazgatója, Charles Cogan elismerte, hogy a CIA valóban feláldozta a kábítószer-háborút a hidegháború érdekében:

> Fő feladatunk az volt, hogy a lehető legnagyobb kárt okozzuk a szovjeteknek. Nem igazán voltak erőforrásaink vagy időnk a kábítószer-kereskedelem kivizsgálására.
>
> Nem hiszem, hogy ezért bocsánatot kellene kérnünk. Minden helyzetnek megvannak a következményei. Igen, voltak következményei a kábítószer-kereskedelem terén. De a fő célkitűzést elértük. A szovjetek elhagyták Afganisztánt.

A CIA szerepét, amely bőven dokumentált, nem említik az UNODC hivatalos kiadványaiban, amelyek a belső társadalmi és politikai tényezőkre koncentrálnak. Mondani sem kell, hogy az ópiumkereskedelem történelmi gyökereit súlyosan eltorzították. Az UNODC szerint Afganisztán ópiumtermelése 1979 óta több mint tizenötszörösére nőtt. A szovjet–afgán háború nyomán a kábítószer-gazdaság növekedése változatlanul folytatódott. A tálibok, akiket az USA támogatott, kezdetben döntő szerepet játszottak az ópiumtermelés további növekedésében, egészen a 2000-es ópiumtilalomig. A kábítószer-pénzek újrahasznosítását a hidegháború utáni felkelések finanszírozására használták fel Közép-Ázsiában és a Balkánon, beleértve az al-Kaidát is. Részletekért lásd Michel Chossudovsky, War and Globalization, The Truth behind September 11, Global Outlook, 2002.

Kábítószerek: az olaj és a fegyverkereskedelem után a második helyen

A CIA által támogatott afgán kábítószer-kereskedelemből származó bevételek jelentős összegűek. Az afgán ópiumkereskedelem a kábítószerek világszintű éves forgalmának jelentős részét teszi ki, amelyet az ENSZ 400–500 milliárd dollárra becsült. Amikor ezeket az ENSZ-adatokat először publikálták (1994), a (becsült) globális kábítószer-kereskedelem nagyságrendje megegyezett a globális olajkereskedelemével.

Az IMF becslése szerint a globális pénzmosás éves szinten 590 milliárd és 1,5 billió dollár között mozog, ami a globális GDP 2–5 százalékát teszi ki. (*Asian Banker*, 2003. augusztus 15.) Az IMF becslései szerint a globális pénzmosás jelentős része a kábítószer-kereskedelemhez kapcsolódik. A 2003-as adatok alapján a kábítószer-kereskedelem „pénzben kifejezve a harmadik legnagyobb globális árucikk az olaj és a fegyverkereskedelem után". *The Independent*, 2004. február 29.

Ezen felül a fenti adatok – beleértve a pénzmosásra vonatkozókat is – megerősítik, hogy a globális kábítószer-kereskedelemhez kapcsolódó bevételek nagy részét nem terrorista csoportok és hadurak sajátítják ki, ahogyan azt az UNODC-jelentés sugallja. A kábítószerek mögött hatalmas üzleti és pénzügyi érdekek állnak. Ebből a szempontból a kábítószer-útvonalak feletti geopolitikai és katonai ellenőrzés ugyanolyan stratégiai jelentőségű, mint az olaj és az olajvezetékek. A kábítószert azonban a legális árukereskedelemtől az különbözteti meg, hogy a kábítószer nemcsak a szervezett bűnözés, hanem az amerikai hírszerző apparátus számára is jelentős vagyonforrás, amely egyre inkább hatalmas szereplővé válik a pénzügyi és banki szférában. A kábítószer-kereskedelmet védő CIA pedig összetett üzleti és titkos kapcsolatokat épített ki a kábítószer-kereskedelemben részt vevő nagy bűnszervezetekkel. Más szavakkal: a hírszerző ügynökségek és a szervezett bűnözéssel szövetséges hatalmas üzleti szindikátusok versengenek a heroinútvonalak stratégiai ellenőrzéséért. A kábítószerekből származó többmilliárd dolláros bevételeket a nyugati bankrendszerben helyezik el.

A nagy nemzetközi bankok többsége, valamint az offshore banki menedékekben működő leányvállalataik nagy mennyiségű kábítószer-dollárt mosnak tisztára. Ez a kereskedelem csak akkor virágozhat, ha a kábítószer-kereskedelemben részt vevő főbb szereplőknek vannak „magas beosztású politikai barátaik”.

A legális és illegális vállalkozások egyre inkább összefonódnak; a „üzletemberek” és a bűnözők közötti határ elmosódik. Ez pedig a bűnözők, a politikusok és a hírszerző szervezetek tagjai közötti kapcsolatok révén beszennyezi az állam struktúráit és intézményeinek szerepét. Ezt a kereskedelmet a közvetítők komplex hálózata jellemzi. A kábítószer-kereskedelemnek számos szakasza van, több egymással összefonódó piac, az afgán szegény máktermesztőktől a nyugati országok nagy- és kiskereskedelmi heroinpiacáig. Más szavakkal, az ópiátok esetében létezik egy „árszabályozási hierarchia”.

Ezt a hierarchiát az amerikai kormány is elismeri:

> Az afgán heroin a nemzetközi kábítószer-piacon a termelők által a mezőn termelt ópiumért kapott ár 100-szorosáért kerül értékesítésre.
>
> Az amerikai külügyminisztériumot idézi a *Voice of America*.

Az UNODC szerint az afgán ópium 2003-ban... egymilliárd amerikai dollár bevételt hozott a termelőknek és 1,3 milliárd amerikai dollárt a kereskedőknek, ami a nemzeti jövedelem több mint felének felel meg. Az UNODC becsléseivel összhangban a friss ópium átlagára 350 dollár/kg volt (2002); a 2002-es termelés 3400 tonna volt. Az UNODC becslései, amelyek a helyi termelői és nagykereskedelmi árakon alapulnak, azonban az afgán kábítószer-kereskedelem több milliárd dolláros teljes forgalmának csak nagyon kis százalékát teszik ki. Az UNODC az afgán ópiumok „nemzetközi kereskedelmének teljes éves forgalmát" 30 milliárd amerikai dollárra becsüli. A nyugati országokban a heroin nagy- és kiskereskedelmi árainak vizsgálata azonban arra utal, hogy a keletkező teljes bevétel, beleértve a kiskereskedelmi szintet is, lényegesen magasabb. Becslések szerint egy kilogramm ópiumból körülbelül 100 gramm (tiszta) heroin állítható elő.

Az amerikai DEA megerősíti, hogy a SWA (Délnyugat-Ázsia, azaz Afganisztán) heroinja New Yorkban az 1990-es évek végén 85 000–190 000 dollárért kelt el kilogrammonként nagykereskedelmi áron, 75 százalékos tisztasági arány mellett. Az adatok közzététele óta források szerint a heroin ára 450%-kal emelkedett.

Az amerikai Kábítószer-ellenes Hivatal (DEA) szerint „a délkelet-ázsiai (SEA) heroin ára 70 000 és 100 000 dollár között mozog egységenként (700 gramm), tisztasága pedig 85 és 90 százalék között van". A 700 grammos SEA-egység (85–90%-os tisztaság) alapján a tiszta heroin nagykereskedelmi ára kilogrammonként 115 000 és 163 000 dollár között mozog. A DEA által idézett adatok, bár az 1990-es évek helyzetét tükrözik, nagyjából összhangban vannak a 2002-es brit adatokkal. *A Guardianban* (2002. augusztus 11.) megjelent jelentés szerint a (tiszta) heroin nagykereskedelmi ára Londonban (Egyesült Királyság) 50 000 font sterling, azaz körülbelül 80 000 dollár volt (2002). Mivel azonban a heroinellátás különböző forrásai között verseny folyik, hangsúlyozni kell, hogy az afgán heroin az amerikai heroinpiacnak meglehetősen kis hányadát képviseli, amelyet nagyrészt Kolumbia lát el.

A New York-i Rendőrség (NYPD) megjegyzi, hogy a heroin kiskereskedelmi árai csökkentek, tisztasága pedig viszonylag magas. A heroin korábban grammonként körülbelül 90 dollárért kelt el, ma viszont grammonként 65–70 dollárért vagy annál olcsóbban. A NYPD-től származó anekdotikus információk szerint egy tasak heroin tisztasága általában 50–80 százalék között mozog, de akár 30 százalékra is csökkenhet. A 2008. júniusi adatok szerint a dominikai vevők által dominikai eladóktól nagyobb mennyiségben (körülbelül 150 csomag) vásárolt csomagok (10 tasak) ára mindössze 40 dollár volt, a Central Parkban pedig 55 dollár. A DEA jelentése szerint egy uncia heroin általában 2500–5000 dollárért, egy gramm 70–95 dollárért, egy csomag 80–90 dollárért, egy tasak pedig 10 dollárért kerül eladásra.

A DMP jelentése szerint 1999-ben az utcai heroin átlagos tisztasága körülbelül 62 százalék volt. A NYPD és a DEA kiskereskedelmi áradatai összhangban vannak egymással. A DEA által megadott 70–95 dolláros ár 62 százalékos tisztaság mellett grammonként 112–153 dollárnak felel meg tiszta heroinra vetítve. A NYPD adatai nagyjából hasonlóak, talán alacsonyabb tisztasági becslésekkel. Meg kell jegyezni, hogy ha a heroint nagyon kis mennyiségben vásárolják, a kiskereskedelmi ár általában sokkal magasabb. Az Egyesült Államokban a vásárlás gyakran „zsákban" történik (-i tipikus zsák 25 milligramm tiszta heroint tartalmaz). Egy 10 dolláros tasak New Yorkban (a fent idézett DEA-adatok szerint) 400 dolláros grammáraknak felelne meg, mivel minden tasak 0,025 gramm tiszta heroint tartalmaz. Más szavakkal, az utcai dílerek által forgalmazott nagyon kis mennyiségű vásárlások esetében a kiskereskedelmi árrés általában lényegesen magasabb. A 10 dolláros csomag vásárlása esetén ez nagyjából a grammonkénti kiskereskedelmi ár (112–153 dollár) 3–4-szeresét jelenti. Nagy-Britanniában a heroin grammonkénti utcai kiskereskedelmi ára a brit rendőrségi források szerint „... 1997-ben 74 fontról 61 fontra (2004-ben) esett vissza." (Azaz körülbelül 133 dollárról 110 dollárra, a 2004-es árfolyam alapján) Independent, 2004. március 3.

Egyes városokban az alacsony tisztaságú heroin ára grammonként mindössze 30–40 fontra süllyedt, de Nagy-Britanniában a heroin grammonkénti átlagára 40 és 90 font között mozog (72–162 dollár grammonként). (A jelentés nem említi a tisztaságot.) A Nemzeti Bűnügyi Hírszerző Szolgálat szerint 2007 áprilisában a heroin utcai ára grammonként 80 font volt. Az árakkal foglalkozunk, a termelő országban érvényes termelői ártól kezdve egészen a végső kiskereskedelmi utcai árig. Ez utóbbi gyakran a termelőnek fizetett ár 80-100-szorosát teszi ki. Más szavakkal, az ópiáttermék több piacon is áthalad a termelő országtól az átrakodási országokon át a fogyasztó országokig. Utóbbiakban nagy az árrés a kábítószer-kartellek által a belépési ponton követelt „leszállási ár", valamint a nyugati szervezett bűnözés által védett nagykereskedelmi árak és utcai kiskereskedelmi árak között. Afganisztánban a 2003-ban jelentett 3600 tonnás ópiumtermelésből körülbelül 360 000 kg tiszta heroin állítható elő. Az afgán gazdák bruttó bevételét az UNODC nagyjából 1 milliárd dollárra becsüli, míg a helyi kereskedők 1,3 milliárd dollárt keresnek. Ha a nyugati piacokon 100 000 dollár/kg körüli nagykereskedelmi áron (70 százalékos tisztasági arány mellett) értékesítik, az globális nagykereskedelmi bevétele (ami 3600 tonna afgán ópiumnak felel meg) 51,4 milliárd dollár körül lenne.

Ez utóbbi az előző szakaszban szereplő különböző nagykereskedelmi árakra alapuló konzervatív becslés. Az afgán kábítószer-kereskedelem teljes bevételét (a teljes hozzáadott érték tekintetében) a végső heroin kiskereskedelmi ár alapján becsülik. Más szavakkal, a kereskedelem kiskereskedelmi értéke végső soron az a kritérium, amely alapján mérhető a kábítószer-kereskedelem jelentősége a bevételtermelés és a vagyonképzés szempontjából. A kiskereskedelmi érték érdemi becslése azonban szinte lehetetlen, mivel a kiskereskedelmi árak jelentősen eltérnek a városi területeken belül, városról városra és a fogyasztó országok között, nem is beszélve a tisztaság és a minőségbeli eltérésekről. A kiskereskedelmi árrésekre vonatkozó adatok, nevezetesen a nagykereskedelmi és kiskereskedelmi értékek közötti különbség a fogyasztó országokban, mindazonáltal arra utalnak, hogy a kábítószer-kereskedelem teljes (pénzügyi) bevételének jelentős része a kiskereskedelmi szinten keletkezik. Más szavakkal, a kábítószer-kereskedelem bevételeinek jelentős része a nyugati országokban a helyi nagy- és kiskereskedelmi kábítószer-piacokon részt vevő bűnszervezetekhez és üzleti szindikátusokhoz kerül. A kiskereskedelemben részt vevő különböző bűnbandákat pedig kivétel nélkül „vállalati" bűnszervezetek védik.

Az Egyesült Királyságban fogyasztott heroin 90 százaléka Afganisztánból származik. A brit rendőrségi forrásokból származó, grammonként 110 dolláros brit kiskereskedelmi árat (50 százalékos tisztasági szint feltételezése mellett) alapul véve az afgán kábítószer-kereskedelem teljes kiskereskedelmi értéke 2003-ban (3600 tonna ópium) 79,2 milliárd dollár körül lenne. Ez utóbbit inkább szimulációnak kell tekinteni, mint becslésnek. E feltételezés (szimuláció) alapján az afgán termelőknek juttatott egymilliárd dolláros bruttó bevétel (2003) globális kábítószer-bevételt generálna – amely különböző szakaszokban és különböző piacokon halmozódik fel – 79,2 milliárd dollár nagyságrendben.

Ezek a globális bevételek a kábítószer-kereskedelemben közvetlenül vagy közvetve részt vevő üzleti szindikátumokhoz, hírszerző ügynökségekhez, a szervezett bűnözéshez, pénzintézetekhez, nagykereskedőkhöz, kiskereskedőkhöz stb. kerülnek. Ez a jövedelmező kereskedelem bevételei pedig nyugati bankokba kerülnek, amelyek a piszkos pénzmosás alapvető mechanizmusát képezik. A termelő országban a gazdák és kereskedők csak nagyon kis százalékát kapják meg. Ne feledjük, hogy az afgán gazdákhoz kerülő nettó jövedelem csupán töredéke a becsült 1 milliárd dolláros összegnek. Ez utóbbi nem tartalmazza a termelési tényezőkért fizetett összegeket, a pénz kölcsönzőknek fizetett kamatokat, a politikai védelem költségeit stb. Afganisztán a globális heroinellátás több mint 70 százalékát termeli, és a heroin a globális kábítószer-piac jelentős részét képviseli, amelyet az ENSZ becslése szerint 400–500 milliárd dollárra becsülnek.

Nincsenek megbízható becslések a globális kábítószer-kereskedelem főbb kategóriák közötti megoszlásáról:

- kokain, ópium/heroin,
- kannabisz, amfetamin-típusú stimulánsok (ATS),

- egyéb kábítószerek.

A kábítószer-kereskedelemből származó bevételeket a hagyományos bankrendszerbe helyezik el. A kábítószer-pénzt számos offshore banki menedékhelyen mossák tisztára Svájcban, Luxemburgban, a Brit Csatorna-szigeteken, a Kajmán-szigeteken és a világ mintegy 50 másik helyszínén. Itt kerül sor a kábítószer-kereskedelemben részt vevő bűnszervezetek és a világ legnagyobb kereskedelmi bankjainak képviselői közötti interakcióra. A piszkos pénzt ezekbe az offshore menedékhelyekbe helyezik el, amelyeket a nagy nyugati kereskedelmi bankok ellenőriznek. Utóbbiaknak érdekében áll a kábítószer-kereskedelem fenntartása és fenntartása.

Miután a pénzt tisztára mosták, azt nemcsak ingatlanokba, szállodákba stb., hanem más területekre is, például a szolgáltatóiparba és a gyártásba is befektethetik. A piszkos és titkos pénzt különböző pénzügyi eszközökbe is csatornázzák, ideértve a derivatívák, az alapvető nyersanyagok, a részvények és az állampapírok kereskedelmét. Az amerikai külpolitika támogatja a virágzó bűnözői gazdaság működését, amelyben a szervezett tőke és a szervezett bűnözés közötti határ egyre inkább elmosódik.

A heroinüzlet nem „tölti meg a tálibok kincstárát”, ahogyan azt az amerikai kormány és a nemzetközi közösség állítja: éppen ellenkezőleg! Ezen illegális kereskedelem bevételei a vagyonképzés forrásai, amelyeket nagyrészt a nyugati országok hatalmas üzleti/bűnözői érdekei aratnak le.

Ezeket az érdekeket az amerikai külpolitika tartja fenn. Az amerikai külügyminisztérium, a CIA és a Pentagon döntéshozatala döntő szerepet játszik ennek a rendkívül jövedelmező, több milliárd dolláros kereskedelemnek a támogatásában, amely árucikkek értékét tekintve az olaj és a fegyverkereskedelem után a harmadik helyet foglalja el.

Az afgán kábítószer-gazdaságot „védik". A heroinkereskedelem a háborús terv része volt. Ez a háború egy engedelmes kábítószer-állam helyreállítását eredményezte, amelyet az Egyesült Államok által kinevezett báb vezet.

A kábítószerek mögött álló hatalmas pénzügyi érdekeket a világ főbb kábítószer-háromszögeinek (és átrakodási útvonalainak) militarizálása támogatja, ideértve az Arany Félholdot és Dél-Amerika andoki régióját (az úgynevezett Andoki Kezdeményezés keretében).

Ópiummák termesztése Afganisztánban

Év	Termelés (tonnában)	Termesztés (hektárban)
1994	71 470	3 400
1995	53 759	2 300
1996	56 824	2 200
1997	58 416	2 800
1998	63 674	2 700
1999	90 983	4 600
2000	82 172	3 300
2001	7 606	185
2002	74 000	3 400

2007	88 000	4 000

Harmadik fejezet

A hamis drogháború

Minden nemzet történelmében van egy egyértelműen meghatározható pont, amelytől kezdve nyomon követhető a jelentős hanyatlás, amely elkerülhetetlen bukáshoz vezet. Ez igaz Indiára is, egészen a Harrapa-kultúráig visszamenőleg; az indiai invázióra és a nagy árja kultúrákra, amelyeket a szkíták és a hellének hoztak létre Nagy Sándor vezetésével. Azok a főbb kulturális változások, amelyek tönkretették az európai civilizációkat, négy fő útvonalon érkeztek.

- Nyugat-Ázsiából Oroszországon keresztül Közép- és Nyugat-Európába.
- Kis-Ázsiából az Égei-tengeren át a nyugat-mediterrán térségbe.
- A Közel-Keletről és az Égei-tengerről tengeren a Nyugat-Földközi-tengerig.
- Észak-Afrikából Spanyolországba és Nyugat-Európába.

Mind a görög, mind a római civilizációt ezek az áramlatok, illetve azok kombinációja döntötte romba. Bizonyos, hogy a népek tömeges vándorlása és a különböző kultúrák terjedése jelentős szerepet játszott a nemzetek jövőjének alakításában. Egyértelműen dokumentálva van, hogy ezeket a tömeges vándorlásokat kereskedelmi és politikai okok váltották ki. Idegen népek és idegen kultúrák kezdtek „jogokat" követelni az ókori Rómában. A római uralkodók közül a dekadensek politikai okokból beletörődtek a követelésekbe. Sehol sem követhető nyomon egyértelműbben ez a politikai haszonszerzés céljából történő tömeges népvándorlás, mint az Amerikai Egyesült Államok történelmében. 1933-ban Franklin Delano Roosevelt elnök szélesre tárta a kapukat a kelet-európai emberek inváziója előtt, akiknek kultúrája teljesen idegen volt a keresztény angolszász, északi-alpesi és lombard-germán kultúrától, amely az Egyesült Államok népességének többségét alkotta. Ezt pusztán politikai célokból tette, tudva, hogy az idegen bevándorlók rá és pártjára fognak szavazni.

Ez a társadalmi és kulturális szempontból asszimilálatlan emberek hatalmas áradata a Keresztesek által hozott politikai döntések eredményeként jött létre, akiknek célja a keresztény Amerika tönkretétele volt. Ez a politika ma is folytatódik. Az Egyesült Államokat elárasztják a Kis-Ázsiából, a Távol-Keletről, a Közel-Keletről, a csendes-óceáni szigetekről, Kelet-Európából, Közép- és Dél-Amerikából érkező idegen népek, olyan mértékben, hogy nyugodtan kijelenthetjük: az 1933-ban megkezdődött hanyatlás és bukás az Egyesült Államokban már javában zajlik.

A kulturális változások hatalmasak voltak, különösen 1933 óta. A „tolerancia" és az „internacionalizmus" leple alatt az Egyesült Államok nyugati keresztény lakosságát kénytelen volt visszavonulni a „liberalizmus" nyomása előtt. A kompromisszum lett a napirend. A fehér keresztény erkölcs, amely egykor bőségesen jelen volt az Egyesült Államokban, elmerült a nem keresztény eszmék tengerében, amelyek, ha nem fékezik meg őket, viszonylag rövid időn belül azt fogják tenni az Egyesült Államokkal, amit Rómával tettek.

Az egyik legördögibb kísérlet az amerikai őslakosoknak nevezett fehér keresztények nyugati keresztény etikájának megsemmisítésére – vagyis azokéra, akiknek az ősei Angliából, Írországból, Skóciából, Walesből, Németországból, Skandináviából, Franciaországból és Olaszországból származnak – a rock and roll zene által okozott kulturális pusztítás volt, amelyet a függőséget okozó kábítószerek, mint a marihuána, a vegyi anyagok, a heroin és a kokain tömeges használata kísért. Soha nem szabad beleesnünk abba a csapdába, hogy azt gondoljuk, ezek a katasztrofális kulturális változások valahogy csak úgy megtörténtek. A véletlennek nincs szerepe ebben a történetben. Itt tényekkel foglalkozunk, és a tény az, hogy a keresztény erkölcsről a pogány dekadencia felé történő hatalmas kulturális elmozdulást gondosan megtervezték.

A számos műben, amelyet írtam, ezek a tervek napvilágra kerülnek, és megnevezem azokat az intézményeket, vállalatokat, szervezeteket és személyeket, akik felelősek a fehér keresztény Amerikával szemben folytatott szörnyű háborúért. Műveim között szerepelnek a következők:

- A összeesküvők intézményei és vállalatai.
- A fekete nemesség leleplezése.
- Kik az összeesküvők?
- Amerika rejtett uralkodói.
- A Vízöntő új kora.

Ez korántsem minden, amit a kábítószer-fenyegetés

leleplezése érdekében tettem. Több mint ötszáz monográfiámban és hangfelvételemben említést teszek erről a alattomos kereskedelemről és arról, hogy kik állnak mögötte. A 18. és 19. századi kínai ópiumkereskedelemből szerzett hatalmas tapasztalatukra és vagyonukra támaszkodva a brit oligarchista családok és amerikai rokonai a második világháború után azonnal komolyan megkezdték támadásukat a kábítószer-fronton Amerika ellen. Emlékeztetem Önöket, hogy a kábítószer elleni személyes háborúmhoz kapcsolódó kutatómunkát főként helyszíni felmérések alapján végeztem, és hogy információim számos ország kábítószer-kereskedelmének megfigyelésében részt vevő hírszerző és volt hírszerző kapcsolatokból származnak.

Még az 1930-as években egy bizonyos Graham úr, a brit külföldi befektetések szakértője azt írta, hogy a brit befektetések Latin-Amerikában „meghaladták az 1 billió fontot". Miért ennyi pénz Latin-Amerikában? Egy szóval: kábítószer. Biztosan nem a banán miatt, bár ez a gyümölcs valóban szerepet játszott a banánfürtök alá rejtett kábítószer-szállítmányok leplezésében.

A bankok pénztárcáját akkoriban irányító plutokrácia ugyanaz, mint azok, akik ma a kábítószer-kereskedelemben vannak benne. Senki sem fogja soha piszkos kézzel rajtakapni az angol nemességet; tiszteletre méltó látszatot keltő homlokzatuk mögött működnek, olyan fedőemberek és szervezetek révén, mint a Frasers Afrikában és a Trinidad Leaseholds Ltd. a Karib-térségben (nagy, Londonban bejegyzett brit vállalatok).

Viktória királynő uralkodása alatt tizenöt angol parlamenti képviselő irányította a hatalmas kereskedelmet Kínában és Latin-Amerikában, köztük Lord Chamberlain, Sir Charles

Barry és Lord Palmerston. Ahogyan a kínai ópiumkereskedelem brit monopólium volt, úgy a karibi, közép- és dél-amerikai, valamint a közel- és távol-keleti kábítószer-kereskedelem is brit monopóliummá vált.

Később, az Amerikai Egyesült Államok kulturális megsemmisítésére irányuló céljaik megvalósítása érdekében, az amerikai „kékvérű" családok közül néhányat beengedték a kereskedelembe; Thomas Handiside Perkins, a Delanók és a Richardsonok példák arra, amire gondolok. A BEIC által jelentősen finanszírozott Kínai Belső Misszió „misszionáriusai" által történő terjesztéssel kezdődően az ópiumot rákényszerítették a kínai lakosságra. A keresletet a BEIC teremtette meg, majd kielégítette.

Szolgájuk, Adam Smith ezt „szabadkereskedelemnek" minősítette. Amikor a kínai kormány megpróbált ellenállni annak, hogy népét ópiumfüggővé tegyék, Nagy-Britannia két nagy háborút vívott, hogy megállítsa azt, amit „a szabadkereskedelembe való beavatkozásnak" nevezett.

Amíg Londonban tanultam, megismerkedtem egy misszionárius család fiával, aki a Kínai Belső Missziónál szolgált. Családja a 19·század óta misszionáriusokból állt. Miután meglehetősen szoros barátság alakult ki köztem és az egyik lány között, aki szintén Kínában szolgált, ő elárulta nekem, hogy mindannyian ópiumot szívtak, és hogy ez generációk óta hagyomány volt a családjukban.

Az indokínai ópiumkereskedelem a nyugat-európai történelem egyik legjobban őrzött titka és egyik leggyalázatosabb fejezete. Nem szabad elfelejtenünk, hogy a brit királyi család Velencéből származik, abból a levantei tőrből, amely Nyugat-Európa szívében szúr. Robert Bruce, aki elragadta a skót trónt, Velencéből jött, és valódi neve nem Bruce volt. Ugyanez mondható el az úgynevezett „Windsor-házról" is, amely valójában a Fekete Guelph-ház.

Mint korábban említettük, az indiai és kínai sikereiket követően a BEIC figyelmét az Egyesült Államokra fordította, ami az egyik oka annak, hogy úgynevezett „különleges kapcsolatunk" van a brit arisztokráciával, és valóban, sok „vezetőnk" rokonságban áll a brit királyi családdal. Franklin D. Roosevelt, George Herbert Walker Bush és Richard Cheney azok a példák, amelyek eszembe jutnak. A Kínában kialakult jövedelmező kábítószer-kereskedelem az egyik legrosszabb példa arra, hogyan lehet hatalmas összegeket keresni az emberi szenvedésen.

A svájci kormány ipari kémkedésről szóló törvényének védelme alatt – amelyet szabadon alkalmaznak – súlyos börtönbüntetések várnak arra, aki bármit is nyilvánosságra hoz e két vállalat, vagy bármely svájci vállalat tevékenységéről. Ne kavarja fel a svájci vizeket, hacsak nem áll készen néhány nagyon kellemetlen következményre! Az olyan emberek retorikáját, mint Thatcher asszony és George Bush, akik hangosan hirdetik, hogy elkötelezettek a kábítószer-háború elleni küzdelem mellett, teljesen figyelmen kívül lehet hagyni.

Az úgynevezett „drogháború" a kormányzat magasabb szintjein teljesen hamis. Nincs folyamatban drogháború, és soha nem is volt. Csak akkor lesz értelme a kikiáltott „háborúnak", ha a brit és az amerikai kormány a kábítószer-kereskedelem csúcsán álló emberek után nyomoz. Ez azt jelenti, hogy le kell tartóztatni olyan embereket, mint a Keswickek, a Jardinek, a Mathesonok, és be kell zárni olyan bankokat, mint a Midland Bank, a National and Westminster Bank, a Barclays és a Royal Bank of Canada.

Nem említem könnyedén ezeket a brit felső tízezerhez tartozó neveket.

Már 1931-ben ezeknek a vállalatoknak és bankoknak a vezetőit a birodalom nemeseivé avatták. Maga az angol királynő biztosított különleges védelmet Anglia öt legnagyobb kábítószer-kereskedelmi vállalatának. Megbízható barátom révén betekintést nyertem a néhai Frederick Wells Williamson, az India Papers kurátorának irataiba. Amit láttam, sokkolt. Az angol és európai „nemesi" családok listája, akik részt vettek a kábítószer-kereskedelemben, felháborodás viharát váltaná ki Nagy-Britanniában és Európában, ha valaha is kiderülne, kik azok a koronás viperák.

A második világháború után a heroináradat azzal fenyegetett, hogy elárasztja a nyugati világot, különös figyelmet fordítva Észak-Amerikára. A kereskedelmet a legfelső körök irányították és finanszírozták. A KGB a néhai Jurij Andropov parancsára és irányítása alatt fegyverként használta a Nyugat ellen. A KGB által ellátva és finanszírozva kokain- és heroinelőállító létesítményeket hoztak létre Kubában, Fidel Castro testvére, Raoul Castro irányítása alatt.

Ezeket a tényeket az Egyesült Államok kormánya is ismeri, amely azonban soha nem tudott semmit tenni a kubai létesítmények felszámolása érdekében, és a politika úgy tűnik, hogy Kubát „érinthetetlennek" hagyja. Galen, a heroin neves szakértőjének műveit mindenkinek el kell olvasnia, aki tisztán meg akarja érteni, mi is az a heroin, és milyen hatással van az emberi testre. Valószínűleg az ópium (amiből a heroin származik) első dokumentált fogyasztói az ókori indiai Mogulok voltak, akiknek dinasztiája 1526-tól 1858-ig tartott, és akiknek civilizációja az ópiumtermeléssel és a brit hatalom növekedésével arányosan omlott össze.

Az India Papers-től, az India House-tól, Londonból szerzett indiai térkép megmutatja azokat a területeket, ahol ópiummákot termesztettek, és ez egybeesik a britek 1785-től kezdődő területfoglalásával, a Gangesz-medence, Bihar és Benáresz mentén. A legjobb minőségű ópium ezeken a területeken termesztett mákból származott. Egyszerűen elképesztő, hogy a brit ópiummágnások, vagyis az angliai uralkodó brit elit mit tudott elérni Indiában.

A királyi család és a hozzájuk tartozó kíséret ezt a fantasztikusan jövedelmező kereskedelmet „a Birodalom zsákmányának" nevezte. Az India House „Miscellaneous Old Records" (Vegyes régi iratok) nevű dokumentumai igazi kincsesbányának bizonyultak számomra. Az iratok bemutatják a brit kormány, a királyi család és az oligarchia legfelsőbb vezetőinek teljes körű részvételét a kínai ópiumkereskedelemben.

Ezek a feljegyzések azt mutatják, hogy a brit „nemesség" és „arisztokrácia" „azonnali vagyonra" tett szert. Azok a kívülállók, mint például William Sullivan, akit bíróság elé állítottak, mert a Brit Kelet-indiai Társaság kárára engedély nélkül „azonnali vagyont" szerzett magának, hamarosan nagy bajba kerültek. A Brit Kelet-indiai Társaság igazgatói a Konzervatív Párt legfőbb tagjai voltak, köztük Lord Palmerston és társai. London legjobb úri klubjainak tagjai voltak. Saját Brit Kelet-indiai Társaság útlevelük volt, amely elengedhetetlen volt, ha valaki Kínába akart utazni.

A Brit Kelet-indiai Társaságot tulajdonló lordok és hölgyek először 1683-ban próbálták bevezetni az ópiumot Angliába, de a szilárd kisbirtokosok és a középosztály nem volt hajlandó drogfüggővé válni. Így a plutokraták és az oligarchia elkezdtek piacot keresni.

Megpróbálták az Arab-félszigetet, de az is kudarcba fulladt, köszönhetően Mohamed próféta tanításainak. Így hát Kínához fordultak, annak nyüzsgő tömegeihez, amely olyan kényelmesen közel volt Bengáliához. Csak 1729-ben próbálkozott a kínai kormány ópiumellenes törvények elfogadásával, ami Kínát ütközőpályára állította Nagy-Britanniával. A brit arisztokráciába és annak oligarchikus struktúrájába nagyon nehéz behatolni. Különleges képzés nélkül ez a feladat lehetetlen. A jelentősebb brit politikai vezetők túlnyomó többsége rokoni kapcsolatban áll egymással, az úgynevezett címeket a család legidősebb tagjának halála után a legidősebb fiú örökli, és gyakorlatilag ezek a családok mind részt vesznek a kábítószer-kereskedelemben, természetesen közvetve.

Talán kissé unalmasnak találja ezt a részletet. Tudom, hogy én is így éreztem, amikor Londonban hegyekben álló dokumentumokat olvastam át, és az információkat a jegyzetfüzeteimbe rögzítettem. Ahol nem engedték, hogy ilyen jegyzeteket készítsek, ott a speciális „kém" kamerám jól jött. Azért adom át ezt az információt, amelynek összegyűjtése rengeteg kutatást igényelt, mert mélyreható hatással van az Amerikai Egyesült Államokra.

Ez része annak a „különleges kapcsolat" fedőakciónak, amely összeköti a kábítószer-kereskedelem saját „nemesi családjait" brit „unokatestvéreikkel". Ez a „különleges kapcsolat" leplezi azt a kellemetlen helyzetet, amelyben a brit arisztokráciába beszivárgott idegen elem az amerikai unokatestvérek örökségévé vált.

Vegyük például Lord Halifax esetét, Nagy-Britannia washingtoni nagykövetét, aki minden tekintetben átvette az irányítást az Egyesült Államok külpolitikája felett a második világháború előtt és alatt, beleértve az összes amerikai hírszerzési tevékenység felügyeletét is. Fia, Charles Wood feleségül vette Miss Primrose-t, a szörnyű és aljas Rothschild-ház vér szerinti rokonát, akinek nevei, mint Lord Swayling és Montague, kapcsolódnak Erzsébet királynőhöz, a Shell Company társ-többségi részvényeséhez. Mindezeket az embereket és intézményeiket a kábítószer-kereskedelemhez kötöm.

Ennek a nemzetségnek az egyik őse Lord Palmerston volt, aki talán az egyik legtekintélyesebb brit miniszterelnök volt minden időkben. Ő volt véletlenül a kínai ópiumkereskedelem fő mozgatórugója is. Ezek a „koronás viperák" megengedték amerikai brit „unokatestvéreiknek", hogy beszálljanak a kereskedelembe, amikor nagy ópiumkészleteket kellett Kína belsejébe szállítaniuk. Un kínai biztos megjegyezte:

> Jelenleg rengeteg ópium van az angol hajókon, amelyek a kikötőben (Makaóban) fekszenek, és ezek soha nem kerülnek vissza az országba, ahonnan jöttek. Az eladást itt, a parton kell lebonyolítani, és nem lepne meg, ha hallanám, hogy amerikai zászló alatt csempészik be (Kínába).

Un biztos nem élt elég sokáig ahhoz, hogy megtudja, mennyire pontos volt az előrejelzése, amely közvetve az Egyesült Államok kábítószer-fertőzéséhez vezetett. Meg kell vizsgálnunk, hogyan blöffölnek velünk, a nyilvánossággal, és hogyan tartanak minket a sötétben azzal kapcsolatban, hogy mi folyik itt.

Egy dologban biztosak lehetünk: mire ezt a művet elolvassák, senkiben sem marad kétség afelől, hogy az Egyesült Államok erőfeszítései a kábítószer-áramlás megfékezésére és a kábítószer-kereskedelem felszámolására végzetesen hibásak, és hogy ezek a hibák és kudarcok szándékosak.

Kormányunk nem akarja, hogy a kábítószer-kereskedelem megszűnjön. A hatalom birtokosai, azok, akik irányítják „képviselőinket" a Kongresszusban, már régen elhatározták, hogy a kábítószer elleni háború csupán látszat háború lesz. Két fontos kormánytag lemondott azért, mert a legfelső szinteken nem voltak hajlandók tenni semmit az úgynevezett kábítószer-ellenes háborúban. Egy igazságügyi minisztert lemondásra kényszerítettek, mert úgy vélték, hogy összejátszik a mexikói kormánnyal, és a legmagasabb szinten védi őket. Egy elnököt kényszerítettek távozásra, mert merte szembeszállni a kábítószer-kereskedelem legfelső vezetőivel. A britek áthelyezték ópiumkereskedelmüket Kantonból Hongkongba, onnan pedig Panamába, ezért volt olyan fontos, hogy Noriega tábornokot végleg eltávolítsák az útból.

A heroin Afganisztánból Pakisztánon keresztül a Maccra elhagyatott partvidékén át a Vörös-tengeren át Dubajba áramlott, ahol aranyra cserélték. Libanonból, a Szíria által ellenőrzött Bekka-völgyből áramlott, ezért tartották meg Szíria fegyveres erői olyan sokáig a libanoni megszállást; áramlott Burma és Thaiföld Arany Háromszögéből, valamint Irán Arany Félholdjából, ezért is fosztották meg először trónjától, majd gyilkolták meg a sahot, amikor rájött, mi folyik, és megpróbálta véget vetni ennek.

Ez az Egyesült Államok ellen folyó, nagyon is valós kábítószer-háború az „Egyetlen Világkormány" összeesküvésének része, amelynek gyökerei a 300-as Bizottságig nyúlnak vissza. A kábítószerek története éppoly régi, mint maga az emberiség története. Az összes létező kormány és vallás megdöntésére irányuló összeesküvés három részből álló erőfeszítés: szellemi, gazdasági és politikai. A kábítószerek a fő fegyverei. A gnoszticizmus a kereszténység ellenerője. Az angol királynő gnosztikus, akárcsak férje, Fülöp herceg. Ebben megtalálható a kábítószerek szabad használata, az anyaimádat, a Föld Istennője, a teozófia és a rózsakeresztesek, akik a „triádok" néven ismert kínai ópiumbandákat irányították. A „triádok" az ópiumkészleteiket a brit hajóraktárakból szerezték be, majd kényszerítették a kínai ingatlantulajdonosokat, hogy ópiumbarlangokat nyissanak.

Alistair Crowley volt a démoni drogos példakép a viktoriánus brit társadalomban. Ebből született a „rock and roll", a Tavistock Intézeten keresztül, amely „rockzenekarokat" gyártott az LSD, a marihuána és később a kokain használatának terjesztésére. Lehet, hogy nem tudjuk, de olyan dekadens csoportok, mint a „The Rolling Stones", a legfelső brit családok és a német oligarchikus Von Thurn und Taxis család támogatását élvezik. A tiszteletreméltó brit nemesi családok már régóta a kábítószer-üzletben vannak a Hong Kong and Shanghai Bankon keresztül, amelyet szeretettel „Hongshang Banknak" neveznek. A Hong Kong and Shanghai Bank üzlete a kábítószer, ennyi és kész. Ezekből a nemesi családokból származott az Abraham Lincoln, majd később John F. Kennedy meggyilkolására irányuló összeesküvés. Az Egyesült Államok feletti uralmuk teljes, intézményeiken és vállalataikon, valamint „kiválasztott" vallási szervezeteiken keresztül működnek. Az angol királyi család a Bronfman szeszesital-birodalom valódi tulajdonosa.

A szesztilalom idején a Bronfmanok voltak a legnagyobb csempészek, akik Kanadából az Egyesült Államokba csempészték a tiltott alkoholt. Az amerikaiaknak soha nem szabad elfelejteniük, hogy ezek a hatalmas emberek és vállalataik felelősek azért a hatalmas kábítószer-áradatért, amelyben Amerika szó szerint fuldoklik. Vezető irányító testületünk a Királyi Nemzetközi Ügyek Intézete (RIIA). A Morgan Guarantee elnöke egyben az RIIA igazgatótanácsának tagja is.

A Morgan igazgatóságának más tagjai is a Hong Kong and Shanghai Bank igazgatóságában ülnek.

Lord Cato a Hongkongi és Sanghaji Bank „londoni bizottságában" is szerepel. A RIIA felelős a világméretű kábítószer-fenyegetésért, vállalatok, intézmények és bankok hálózatán keresztül. A RIIA juttatta hatalomra Mao Ce-tungot Kínában, majd Hongkongot a világ első számú ópium- és aranykereskedelmi központjává tette, amely pozíciót a közelmúltbeli dubai terjeszkedésig meg is tartott. Egy ideje írtam az ausztrál kábítószer-kereskedelemről, és említettem annak módszereit. Kaptam egy levelet egy férfitól, aki azt írta, hogy az egyik legnagyobb pénzmosó szervezet futárja volt, és hogy az adataim nagyon pontosak.

Az ausztrál céget Angliából irányították. Korábban már említettem Csou En-Laj fenyegetését Nasser egyiptomi elnöknek. Mindketten már meghaltak, de érdemes megismételni a kínai vezető szavait:

> Néhányan közülük (az amerikai katonák Vietnamban) kipróbálják az ópiumot. Mi segítünk nekik. Emlékszik, amikor a Nyugat (azaz a britek) ránk kényszerítette az ópiumot? Ópiummal harcoltak ellenünk. Most pedig mi fogunk harcolni ellenük a saját fegyvereikkel. Ennek a

demoralizációnak az Egyesült Államokra gyakorolt hatása sokkal nagyobb lesz, mint bárki is gondolná.

Ezt a beszélgetést 1965 júniusában rögzítette Mohammed Heikel, az egyiptomi napilap, az „Al Ahram" nagy tiszteletnek örvendő volt szerkesztője. A kábítószer-pénzek mosásáról ismert, a Királyi Nemzetközi Ügyek Intézetéhez kapcsolódó offshore bankok szerte a világon megtalálhatók. Íme azoknak az országoknak a listája, ahol ezek működnek:

Szingapúr	14
Bahama-szigetek	23
Antigua	5
Antillák	10
Bermuda	5
Trinidad	6
Kajmán-szigetek	22
Panama	30

Ez a lista nem tartalmazza a kínai ellenőrzés alatt álló RIIA bankokat. Ezek listáját a Polk's Banking Directory-ben találja meg. A prominens személyek névsorának felsorolása több oldalt is kitöltene. Elég annyit mondani, hogy közöttük vannak a brit társadalom legjelentősebb személyiségei, mint például Sir Mark Turner, aki a brit királyi család nagy bankjait irányítja, beleértve a Royal Bank of Canada-t is. Turner elődei voltak azok, akik III. György királlyal összeesküdtek az amerikai gyarmatosok ellen. -i legnagyobb ópium-arany üzletet a British Bank of the Middle East bonyolítja le Dubaiban. A Dubaiban kereskedett arany mennyisége meghaladja a New Yorkban eladott mennyiséget. Ezt a műveletet Sir Humphrey Trevelyn irányítja.

Az arany világpiaci árát minden nap „rögzítik" az N.M. Rothschild irodáiban, a londoni St. Swithins Courtban. Ez kizárólag az ópium uralkodó árán alapul. Azok, akik az N. M. Rothschild irodáiban találkoznak, Harry Oppenheimer dél-afrikai Anglo American Company, a Moccato Metals, a Johnson Matthey Kleinwart Benson, a Sharps, a Pixley Wardley képviselői, valamint a Hong Kong and Shanghai Bank londoni bizottságának tagjai.

Ezek a vállalatok és képviselőik együttesen alkotják az ópium- és heroinkereskedelem irányító testületét, amely dönt a termesztendő mennyiségről, a fizetendő árról és fordítva, az arany áráról; arról, hogy ki kereskedjen; hol; és milyen mennyiségben.

Azokat a „kívülállókat", akik megpróbálnak behatolni, gyorsan jelentik David Rockefeller „Interpol" néven ismert magánrendőrségi hálózatának, ami néha viszonylag kis mennyiségű kábítószer lefoglalásához vezet. Ezeket a világsajtó a hamis kábítószer-háború „jelentős győzelmeiként" üdvözli. A heroin és a kokain nagykereskedelme a következő nagybankokon keresztül zajlik. Eddig egyetlen kormány sem merte felvenni velük a harcot, bár bűnös tevékenységükre utaló bizonyítékok bőven vannak:

USA

- A Bank of Nova Scotia
- Harry Winston gyémántkereskedők

- Mocatto Metals
- N.M.R. Metals
- Loeb Rhodes
- Engelhard Minerals
- Bank of Dadeland
- First Bank of Boston
- Credit Suisse

KANADA

- A Royal Bank of Canada
- Noranda Sales Corporation
- Canadian Imperial Bank
- Bank of Nova Scotia
- Hongkong. Sharp Pixlee Wardley
- Inchcape Company
- Charter Consolidated
- Hong Kong and Shanghai Bank
- Standard and Chartered Bank
- Overseas Chinese Bank
- Jardine Matheson
- Sime, Darby
- Bangkok Bank KÖZEL-KELET
- The British Bank of the Middle East
- Barclays International Bank, Dubai

- Barclays Discount Bank
- Izrael Bank Leumi
- Bank Hapolum of India

PANAMA

- Bancoiberia America
- Banconacional de Panama

ANGLIA

- National Westminster Bank
- Midlands Bank
- Barclays Bank

Panama fontos szerepet játszik a kábítószer-kereskedelemben, mivel kokainkereskedelmi központként jött létre. E célból nagy kereskedelmi bankok nyíltak ott. A hatalomra Omar Torrijos került, de amikor átállt a másik oldalra, „megsemmisítették".

Amikor Noriega tábornok – az USDEA-tól kapottnak vélt megbízás alapján – elkezdte leleplezni Rockefeller kábítószer-banki birodalmát Panamában, G.W.H. Bush elnök parancsára egy 7000 fős katonai kontingens elrabolta és Miamiba vitte, hogy ott „nagy kábítószer-kereskedőként" álljon bíróság elé. Az árát azzal fizette meg, hogy „jogi úton" börtönbüntetésre ítélték, ahonnan soha nem fog kijutni.

Nixon elnök azt hitte, elég nagy ahhoz, hogy szembeszálljon a Franciaországon keresztül érkező heroinkereskedelemmel. Rájött, hogy en tévedett, és elvesztette elnöki posztját merész kísérlete miatt, amellyel meg akarta bontani a Nagy-Britannia és az Egyesült Államok közötti „különleges kapcsolatot".

A „Társaságnak" mindig körülbelül 200 tonna kokainpaszta áll rendelkezésére, miközben közismert tény, hogy fénykorában Pato Pizzaro több száz millió dollárt mozgatott meg panamai bankokon keresztül. Pizzarro a bolíviai „Társaság" vezetője volt, amíg a Medellín-kartell parancsára meg nem gyilkolták, mert megpróbálta „kiszorítani őket". Egy ember, aki mindent tudott arról, mi folyik Panamában, de nem tett jelentést, Alfredo Duncan volt, a DEA ügynöke, aki az amerikai nagykövetséghez tartozott. Alfredo Duncan volt a fő felelős „A Társaság" pénzmosója, Remberto szökéséért, aki a Panamában működő bolíviai hálózat egyik legfontosabb pénzembere volt.

A hálózatot David Rockefeller hozta létre fő kokainbankként, ahogyan a britek Hongkongot a heroinkereskedelem céljára hozták létre. Rembertót Panamába csábították. Ott várt egy állítólagos üzlet lezárására, de amikor Edwin Meese, az akkori igazságügyi miniszter állítólag figyelmeztette a mexikói kormányt a bekövetkező eseményekre, Rembertónak engedélyezték, hogy elmeneküljön, így elkerülve a letartóztatást. A vezető ügynök, Alfredo Duncan, tucatnyi táviratot kapott a washingtoni DEA-tól, amelyekben Remberto elfogására utasították. Amikor nyilvánvalóvá vált, hogy a madár kirepült a fészekből, Alfredo Duncan DEA-ügynök a CIA-t okolta, mondván, hogy ők „elvitték (Rembertót) a Contadora-szigetre". Így meghiúsult az, ami a kábítószer-ellenes háború egyik legnagyobb diadala lehetett volna. Ehelyett a megakadályozott vagy figyelmen kívül hagyott parancsok fiaskójával végződött. Az az általános benyomás marad, hogy Rembertót szándékosan hagyták megszökni.

A nagy hűhóval kísért és rettenetesen költséges „Snowcap-műveletben" a DEA-nak be kellett volna hatolnia a bolíviai dzsungelbe, és szét kellett volna vernie a hatalmas kokainlaboratóriumokat. A „Snowcap-művelet" kezdettől fogva csalárd komédia volt, amelynek célja, úgy tűnik, az volt, hogy becsapja a Kongresszust és az amerikai népet, elhitesse velük, hogy a DEA nagy sikereket ér el ebben a hamis háborúban. Az „Operation Snowcap" olyan volt, mint a vietnami háború. Az Egyesült Államoknak nincs szándéka megnyerni. Nem merjük; a tét túl nagy. Ez a hamis drogháború tele van csalással, hazugságokkal és álszentséggel. Röviden: idő- és adófizetői pénzpazarlás, kegyetlen átverés, teljesen értelmetlen. Ahogyan az amerikai kormány hajlandó volt feláldozni katonáinak életét Vietnamban, miközben végig tudta, hogy nincs érdeke az ellenség legyőzésében, úgy volt hajlandó feláldozni a lelkes fiatal DEA-ügynökök életét is, akik közül többen a „Snowcap-művelet" során haltak meg szolgálat közben.

Oliver North alezredes már régóta gyanús az amerikai szenátus egyik tagjának véleménye szerint. Azok az információk, amelyekkel rendelkezem a kolumbiai kábítószer-akció tönkretételéről, még inkább megerősítenek abban a meggyőződésemben, hogy kormányunknak nem állt szándékában megnyerni a nagy hűhóval hirdetett „kábítószer-háborút".

Számos kábítószerről szóló monográfiámban részletesen írtam a Medellín-kartellről és a kolumbiai kokainbárókról. E tekintetben, a „reklámozás" kockázatát vállalva, azt mondom, hogy én voltam az élen a „Medellín-kartell" név és általában az egész kolumbiai kokainkereskedelem nyilvánosságra hozatalában.

A közhiedelemmel ellentétben a kokain nagy része nem Kolumbiában kerül feldolgozásra, hanem Bolíviából származik. A DEA vámhatóság hivatalos adatai szerint az összes kokain 97 százaléka Bolíviából származik. Az ok, amiért Kolumbia áll a figyelem középpontjában, az, hogy a bolíviaiak nem erőszakos nép, és szinte soha nem hagyják el Bolíviát kereskedelem céljából. Ha valaki kokaint akar vásárolni, Bolíviába kell utaznia.

Az Oliver North-ot érintő ügyben Bobby Seale, a Medellín-kartellbe beépült mélyen beépült ügynök úgy vélte, hogy a Medellín-kartell valójában megvesztegeti Daniel Ortegát, a sandinisták vezetőjét. Átadta az információt a DEA-nak, ők pedig továbbították Northnak. Ez aranyat érő lehetőséget nyújtott Northnak, hogy tetteivel is alátámassza ragyogó szavait. Ehelyett úgy döntött, hogy kételkedik a Seale által szolgáltatott információkban, akiről a történelem majd megmutatja, hogy ő volt a leghatékonyabb titkos DEA-ügynök, aki valaha is Kolumbiában szolgált. North ezután közölte a DEA-val, hogy azt akarja, Seale szállítson készpénzt a Contrasnak.

Soha nem tudtam elképzelni, miért akarta North eltávolítani Seale-t dinamikus szerepéből; itt volt egy ember, aki valóban a mi oldalunkon harcolt a kábítószer-háborúban. Amikor Seale nem volt hajlandó North mellé kerülni, North kiszivárogtatta Seale történetét a sajtónak. Mi lett a vége? Valószínűleg a DEA által valaha végrehajtott legjobb művelet meghiúsult, Seale-t pedig a Medellín-kartell bérgyilkosai meggyilkolták, miután megvonták tőle a védelmet, és egy bírói végzés alapján nyilvánosságra hozták a címét. Nem hisz nekem? Az én leleplezésem óta készült egy egész estés film, amelyben a történetet pontosan úgy ábrázolják, ahogyan én leírtam 4 évvel Seale meggyilkolása előtt. Nem kívánom ítélkezni North alezredes felett, de a Seale-történet kiszivárogtatása az amerikai média sakáljainak ugyanolyan árulásnak minősül, mint ahogyan a New York Times kiszivárogtatta a műholdas kódjainkat a Szovjetuniónak egyik riportere, Richard Burt révén. Northnak legalábbis sok magyarázattal tartozik a (a szennyes zsák) kifejezéssel kapcsolatban. Véleményem szerint North csak egy lépéssel áll a „dirt bag" (szennyes zsák) felett, ami az utcai szlengben a besúgót jelenti. Bobby Seale halála nagyon súlyos veszteséget jelentett. De ha nem lettek volna az iráni-kontra-meghallgatások, ez a sajnálatos esemény valószínűleg nem került volna nyilvánosságra.

Véleményem szerint a North-féle „szivárogtatás" nem volt véletlen, és biztosan nem is egyedi eset. Nem ez az egyetlen alkalom, amikor bizonyítékok merültek fel arra, hogy kormányunk nem folytat teljes körű háborút a kábítószerek ellen. Egy másik kolumbiai ügyben, amely a Medellín-kartellhez kapcsolódott, az egyik legfontosabb bolíviai beszállítója, Roberto Suarez 850 font kokaint és két legfőbb drogkereskedőjét vesztette el, akiket egy miami razziában tartóztattak le. Suarez napi 1 millió dolláros jövedelemmel rendelkezett, és ez a szint állandó jövedelem volt. Ő inkább Bolívia uralkodója volt, mint elnöke.

Latin-Amerika magas rangú kormányzati személyiségei többször is felbukkantak az ügy dokumentációjában. Röviddel két legfőbb Suarez-féle „kábítószer-diplomata" letartóztatása után a DEA és a CIA támogatásával a legfélelmetesebb puccs indult a bolíviai kormány ellen. A puccs sikeres volt, több ezer ember életébe került, és azzal végződött, hogy Bolívia lett Kolumbia fő kokainbeszállítója. Talán ezért ejtették a Miamiban letartóztatott két Suarez-féle „kábítószer-diplomata" ellen felhozott vádakat, és csökkentették rejtélyes módon a harmadik férfi óvadékát, lehetővé téve számukra, hogy még aznap hazarepüljenek.

Ne feledjük: ezek nem azok a kisstílű dílerek voltak, akikről az NBC Nightly News szokott beszámolni. Ezek az emberek a drogkartell legfelső szintjén álltak, így számukra nem jelentett problémát, hogy kifizessék a viszonylag alacsony óvadékot, és elhagyják az Egyesült Államokat. Vajon ez csupán véletlen volt? Akik indokolatlanul bíznak kormányunkban és elnökünkben, talán szívesen elhiszik, hogy ez nem volt más, mint egy baleset, de amikor több száz hasonló eset rosszul sül el, hogyan bízhatnánk kormányunkban? Úgy tűnik, nem vagyok egyedül a gyanúmmal. William von Raab volt vámbiztos egyszer azt mondta, hogy a hivatala jobban érdekelt a papagájcsempészet ügyeinek üldözésében, mint a nagy kábítószer-kereskedők üldözésében.

Von Raab a kongresszus heves támadásainak célpontja lett, amikor az egész mexikói kormányt korruptnak bélyegezte. A tények és a körülmények erősen alátámasztják Von Raab súlyos vádjait. Mexikó rendszeresen úgy reagál azokra a vádakra, miszerint legfőbb tisztviselői nyakig benne vannak a kábítószer-kereskedelemben, hogy azt mondja: „adjanak bizonyítékot, hogy kivizsgálhassuk a vádjaikat". Valahányszor lehetőség nyílik a bizonyítékok bemutatására, rejtélyes erők lépnek közbe a kormányunkon belül, és megakadályozzák a lépést.

Az egyik ilyen eset egy bizonyos Hector Alvareshez, az egykori Salinas de Goltari elnök sajtótestületének tagjához kapcsolódott. Alvares és egy másik fedőember, Pablo

Giron, azt mondták egy kokain nagykereskedőnek álcázott DEA-ügynöknek, hogy elintézhetik a mexikói kormánnyal, hogy a Bolíviából az Egyesült Államokba szánt kokainszállítmányokat Mexikón keresztül szállítsák. Ez a bolíviai kokainalapanyag „vásárlásának" előzetes megbeszélései során történt. Giron azt mondta, hogy közvetlen kapcsolata van Poblana Silvo mexikói tábornokkal, aki az ő (Giron) telefonhívására cselekedne.

Giron elmondta egy DEA-ügynöknek (aki ezt eskü alatt vallotta), hogy nagyon közeli kapcsolatban áll Salinas de Gottarival. Egy vámhivatalnok is eskü alatt vallotta, hogy azt hallotta, Alvarez a titkosszolgálatnál dolgozik, és a megválasztott elnök, Goltari védelmét látja el. Abban a konkrét, javasolt „vásárlásban" tizenhat tonna kokainról volt szó. Ez teljesen független volt a „Snowcap-művelettől". A panamai megbeszélések során Alfredo Duncan, a DEA panamai vezetője, több DEA- -ügynök és vámügynök tudomására hozta, hogy Manuel Noriega tábornok „a DEA embere". Ezt legalább három alkalommal megerősítették John Lawn, a washingtoni DEA vezetőjének levelei.

Alvarez mellett még két másik személy is részt vett az ügyletben: a bolíviai Ramon és Vargas, akiknek Bolíviában volt egy kokainlaboratóriumuk, amely havonta rendszeresen 200 kiló kokaint állított elő. Végül a DEA „vásárló" ügynöke, egy szerződéses pilóta és egy vámtiszt elnyerte a bolíviaiak bizalmát, és meghívták őket, hogy vizsgálják meg a bolíviai dzsungel mélyén található létesítményeiket. Amit ott találtak, az elképedésbe ejtette őket.

Hét, 747-esek fogadására is alkalmas kifutópályát fedeztek fel, amelyek mellett hatalmas földalatti laboratóriumok és kiszolgáló épületek álltak – egy lenyűgöző komplexum, amelyet nehézfegyverzetű katonák őriztek. Az ügylet, amelyben részt vettek, 5000 tonna kokain vásárlását jelentette. Mégis, a „Snowcap" működésének egész évei alatt a DEA még csak a bolíviai létesítmények közelébe sem jutott.

Amikor a beépített ügynök megkérdezte Ramont és Vargast, hogy nem félnek-e az „Operation Snowcap"-tól, ők csak nevettek. Ramonnak és Vargasnak jó okuk volt a vidámságra. Az „Operation Snowcap" egy bürokratikus rémálom volt. Minden rossz felszerelést Bolíviába küldtek, a legtöbbje használhatatlan volt, és még sok más „baklövés" is történt – mondta Vargas. Bolíviában senki sem törődött a „Snowcap-művelettel". A „Snowcap"-nak kiosztott repülőgépek nem rendelkeztek a dzsungeli létesítmények eléréséhez szükséges hatótávolsággal, a kevés helikopter pedig teljesen alkalmatlan volt a feladatra. Ez is csak egy volt a sok „baklövés" közül?

Nem hiszem, hogy ez egyszerűen csak egy bürokratikus baklövés volt. Az általam összegyűjtött információk alapján úgy tűnik, hogy ezek a „hibák" szándékos szabotázsok voltak. Egyrészt a DEA ügynökeinek tűzereje nem remélhette, hogy felveszi a versenyt „a Vállalat" katonai jellegű képességeivel.

1988-ban a DEA százmillió dollárt költött a „Snowcap műveletre". Mit kaptunk érte? Körülbelül tizenötezer kiló kokaint és részben feldolgozott kokaint!

Nos, bár ez soknak tűnhet, a „Vállalat" termelési kapacitásához viszonyítva csupán csepp a tengerben volt. Ne feledjük, hogy a tizenötezer kiló kevesebb volt, mint a bolíviai kokaintermelés három hónapja. Miért nem mentünk ki egyszerűen és vettük meg a kokaint sokkal olcsóbb áron – amit megtehettünk volna –, ahogyan a mélyen beépült ügynök könyörgött mindenkinek Washingtonban, hogy engedjék meg neki?

A válasz az, hogy a DEA nem volt hajlandó kifizetni a pénzt egy olyan vásárlásra, amely nemcsak hatalmas mennyiségű, teljesen feldolgozott kokainhoz juttatta volna őket, hanem a bolíviai „The Corporation" négy legfőbb vezetőjéhez is. Emellett az Egyesült Államok számára bizonyítékot szolgáltatott volna a mexikói kormány legmagasabb szintű részvételéről, ami eddig hiányzott.

- Miért nem volt hajlandó a DEA kifizetni a pénzt?
- Miért nem engedélyezte a san diego-i szövetségi ügyészhelyettes a lehallgatást, amely csapdába ejtette volna Poblano Silva mexikói tábornokot, akit Giron éppen fel akart hívni telefonon, és bevonni egy hatalmas kokainvásárlásba?
- Miért vette fel Edwin Meese igazságügyi miniszter a telefont, hogy felhívja a mexikói igazságügyi minisztert, és figyelmeztesse őt a közelgő DEA-akcióra, amelynek eredményeként Poblano Silva tábornokot belekeverték volna egy nagy bolíviai kokainterjesztési összeesküvésbe?
- William von Raab vámbiztos állítólag undorában lemondott a Meese-féle telefonos figyelmeztetés miatt – És mi a helyzet a kolumbiai „kábítószer-háborúnkkal"?

Hogyan teljesített az USA ott? A válasz az, hogy Kolumbiában sokkal rosszabbul teljesítettünk, mint bárhol máshol a Földön, annak ellenére, hogy csak abban az országban több millió dollárt öltünk a „kábítószer-háborúba". G.H.W. Bush elnök nem tett semmi jelentőset Kolumbiában. 1991. február 25-én Cera Gaviria kolumbiai elnök kijelentette, hogy kormánya béketárgyalásokat fog folytatni a kábítószer-kereskedőkkel és terrorista barátaikkal.

Az úgynevezett „békefolyamatok" nem mások, mint teljes meghátrálás a kolumbiai drogbárók követelései előtt. Nem lenne többé szó az Egyesült Államokba történő kiadatásról. Ez derült ki Gaviria ötnapos washingtoni látogatása során, amelynek során a Bush-kormány jóváhagyta a kokainbáróknak való kiárusítást. Bush „bátor és hősi" tervnek nevezte a kezdeményezést. Azok az évek, amelyeket a kábítószer-bárók elleni kézzelfogható bizonyítékok gyűjtésével töltöttek, most már értéktelenek; olyan módon kompromittálták őket, hogy soha nem lehet őket felhasználni a bíróságon.

Bobby Seale és mások hiába haltak meg. A Bush-kormány jóváhagyásával az M19 gerillák (a FARC és az ELN terroristái, valamint kokainbáróik) teljes ellenőrzésük alá vonták azt a 33 küldöttet, akik Kolumbia új alkotmányának kidolgozásán dolgoztak. Összességében mintegy 77 küldöttet bíztak meg ezzel a feladattal.

A kokainbárók nyíltan nevettek a DEA-n és az amerikai vámhatóságon, és nem is csoda. Mostantól szabadjára engedhetik magukat Kolumbiában, alig kell tartaniuk a tehetetlen kormánytól, és még kevésbé Washingtonból. Az *El Spectator* 1992. február 18-i számának egy példánya szerint, amelyet megkaptam és lefordítottam spanyolról, úgy tűnik, ez az újság az egyetlen, amelynek van elég bátorsága ahhoz, hogy szót emeljen a Gaviria–Bush-féle eladás ellen:

> A zsarolás és a bűnözés nyomása alatt az állam nem gyakorolja az emberi élet védelmére vonatkozó alapvető felelősségét, hanem beleegyezik abba, hogy egyenként eladja azokat a jogi elveket, amelyek az állam létezésének alapját képezik.

Bush állítása, miszerint győzelmet aratott a nem létező „kábítószer-háborúban”, csalárd. Ha nem lenne ilyen komoly ügyről szó, a kormányzat statisztikái rossz viccnek tűnnének. 2004 februárjában a Bush-kormány közzétette a Nemzeti Kábítószer-ellenes Stratégia jelentését, amelyet a Fehér Ház új kábítószer-főnöke, Bob Martinez, Florida volt kormányzója készített. Martinez akkor kapta meg az állást, miután William Bennett elvesztette a háborút Thornburgh főügyésszel. Ez csak egy a baráti kinevezések ezrei közül.

John Ellis Bush (Jeb Bush) volt kormányzó, G.W.H. Bush fia és George W. Bush testvére, Martinez volt kormányzó stábjának tagjaként kereskedelmi miniszterként dolgozott. Jeb Bush valójában komoly bajban volt, ami azonban soha nem derült ki. Az a jelentés, amelyben a nicaraguai kormánynak történő kokaineladással hozták összefüggésbe a nevét, North alezredes nem hitt – és sikeresen elhallgattatta. A súlyosan hibás Bush-dokumentum tele van meghamisított statisztikákkal. A DEA ügynökei magánbeszélgetéseikben „teljes szemétnek” nevezték.

Amikor John Lawn még a DEA vezetője volt, ő és ügynökei sokat nevettek Reagan azon kijelentésén, miszerint a kábítószer-ellenes háború „fordulóponthoz érkezett”. John Lawn már nincs közöttünk, de a kudarc emléke továbbra is él. A Bush-kormány büszkén mutatott rá a kolumbiai „kábítószer-ellenes háború” számára nyújtott 65 millió dolláros sürgősségi segélycsomagra.

Miguel Gomez Padilla, a kolumbiai nemzeti rendőrség dandártábornoka kijelentette, hogy teljesen rossz felszerelést küldtek, és hogy a segélycsomag hagyományos háborúhoz megfelelő, de „az általunk vívott háborúban" teljesen használhatatlan.

Lehet Amerika ennyire ostoba? Nem hiszem. Valószínűbb, hogy a kolumbiai segélycsomaggal történt eset egy szándékosan megtervezett szabotázs volt.

Húsz évnyi tapasztalat után a kolumbiai kábítószer-háborúban elvárható lenne, hogy kormányunk elegendő ismeretet halmozzon fel ahhoz, hogy tudja, milyen felszerelésre van szükség. A Kábítószer-ellenőrzési Stratégiai Jelentések nem adtak információt a kábítószerek elérhetőségéről, sem a megerősített fogyasztók számáról. Nem foglalkoztak a legfontosabb kérdéssel sem: a fogyasztók üldözésével, amit a DEA beépített ügynökei régóta a legsikeresebb taktikaként javasolnak.

Nem csoda, hogy az amerikai kormány alig szól a kábítószer-fogyasztás hatalmas növekedéséről! Mivel a marihuána ma már 37 államban a legjövedelmezőbb termény, hogyan lehetne megállítani ezt a „kereskedelmet"? Érdekes lesz látni, mi történik, amikor az Egyesült Államokban megkezdik a termesztését az néven ismert, kiváló minőségű, mag nélküli marihuánának.

Amíg a kokain ára meghaladja az arany árát (5000 dollár kilónként), és amíg a heroin ára hatszorosa az azonos súlyú aranyénak, addig nem lehet felszámolni a kábítószer-kereskedelmet, legalábbis nem úgy, hogy a korrupció a csúcson átterjed a kábítószer-ellenes ügynökségek egész rangsorára.

A DEA-t belső viszályok jellemzik. A szervezetet 1973-ban Nixon elnök hozta létre a Kábítószer- és Veszélyes Gyógyszerek Hivatala és a Vámhivatal közötti ügynökségek közötti viszályok elkerülése érdekében, ma azonban a Vámhivatal és a DEA között nagyobb a féltékenység és a viszály, mint valaha. A morál nem létezik. Hová tovább innen? Nem mintha a további átszervezések bármit is változtatnának. Amíg a problémát nem oldják meg a legfelső szintekről, addig minden erőfeszítés, amely az Egyesült Államokba áramló kábítószerek visszaszorítására irányul, meghiúsul és kudarcot vall. Az igazi háborúhoz a legfelső vezetőknek kell megütni, és keményen megütni. Fogalmam sincs, ki lesz elég bátor ahhoz, hogy vállalja ezt a feladatot, de biztosan szükségünk van egy félelem nélküli vezetőre.

A kormányzat elvesztette az irányítást; nem ismeri a kábítószer-probléma mértékét az országban. A Kábítószer-visszaélés Figyelmeztető Hálózat jelentése szerint a kábítószer-túladagolások száma nem csökkent, ahogyan azt a Bush-kormány állítja; inkább nagyrészt be nem jelentették őket, mert a kórházi költségvetéseket annyira lecsökkentették, hogy nincs pénz a túladagolási esetek nyomon követéséhez szükséges személyzet felvételére.

És mi a helyzet Panamával, mióta Noriega tábornok elrablása biztonságossá tette a területet a kábítószer-kereskedelem számára? Emlékszem, hogy még 1982-ben arról számoltam be, hogy a Banco Nacional de Panam -i fiókja közel 500 százalékkal növelte dollárforgalmát, az Egyesült Államok Pénzügyminisztériuma által szolgáltatott statisztikák szerint. Csak abban az évben mintegy 6 milliárd dollár be nem jelentett pénz került az Egyesült Államokból Panamába. Forrásaim szerint Noriega tábornok elrablása óta a Banco Nacional de Panama készpénzforgalma minden idők legmagasabb szintjét érte el. Ennek aggodalmat kellett volna keltenie a Bush-kormányzatban, de a Fehér Házból alig, ha egyáltalán voltak aggodalomra utaló jelek.

A panamai bankrendszert Nicolas Ardito Barletta hozta létre. Barletta elfogadható volt, mert korábban a Marine and Midland Bankot vezette, amelyet a kábítószer-bankárok bankja, a Hong Kong and Shanghai Bank vett át. Barletta rendelkezik minden szükséges tapasztalattal a hatalmas mennyiségű kábítószer-pénz kezelésében. Amikor Noriega felbosszantotta Barlettát, a Bush-kormány lépéseket tett a tábornok eltávolítására.

A „szabad kereskedelem" hamis nevében tanúi lehettünk a kábítószer-mennyiség riasztó növekedésének az Egyesült Államokban. A kokain még soha nem volt olyan olcsó, mint most, és még soha nem volt ilyen könnyen hozzáférhető. A „szabad kereskedelem" egyik legfontosabb támogatója a Mont Pelerin Society. Nagyon sajnálatos, hogy ennyi jobboldali hazafi még mindig bedől ennek a szervezetnek.

Nem állítom, hogy tudom, mi a megoldás a kábítószer-kereskedelem rettenetes fenyegetésére. Egy dolgot azonban biztosan tudok: sürgős és drasztikus lépéseket kell tenni, mert még miközben ezt a könyvet írom, hatalmas erők dolgoznak azon, hogy meggyőzzék az amerikai népet arról, hogy a kábítószer-probléma megoldása a kábítószerek legalizálása. Ezt egy percig sem hiszem el. A kábítószer-használat legalizálása Amerikát kábítószerfüggők nemzetévé változtatná, ahogyan a Brit Kelet-indiai Társaság a kínaiakat ópiumfüggők nemzetévé változtatta. Talán ez az egész ötlet lényege; elvégre is a Brit Kelet-indiai Társaság leszármazottai és kékvérű jenkikből álló partnereik irányítják a dolgokat. Ami a „kábítószer-háborút" illeti, az soha nem indult be. Mindig is hamis kábítószer-háború volt, és az is marad.

A Panama under Siege az a legfontosabb, a kábítószer-kereskedelemről szóló leleplezés, amit valaha írtam. Sajnos azonban nem kapta meg a neki járó figyelmet, valószínűleg azért, mert a cím keveset árul el a tartalomról. Ha meg kell győzni arról, hogy a Bush-féle kábítószer-háború hamis háború volt, akkor olvassa el a következő fejezetet. Rájön majd, hogy a kábítószer-ellenes háború Panamában nem létezik, akárcsak itt, az Egyesült Államokban. Az amerikai külügyminisztériumnak saját kábítószer-hírszerző szolgálata van.

Időnként dicsérő jelentéseket ad ki arról, hogyan halad a „kábítószer-ellenes háború". A Külügyminisztérium panamai jelentése tipikus példája a Bush-kormány által tanúsított képmutatásnak. A jelentésében a Külügyminisztérium felsorolja, mely országokat „minősítették" kábítószer-ellenes harcosoknak, és ezek az országok ezután kapnak támogatást az amerikai kormánytól erre a célra. Nemrégiben Panamát „minősítették" kábítószer-ellenes országnak, és így jogosulttá vált az Egyesült Államoktól származó támogatásra. El tudják ezt hinni? Az igazság az, hogy Noriega tábornok kényszerű eltávolítása óta Panama a kábítószer-kereskedők és pénzmosó bankjaik menedéke. A Külügyminisztérium közleménye azonban azt állítja, hogy

> „a Noriega tábornokot eltávolító katonai akciót követő években Panama csatlakozott a kábítószer-ellenes nemzetközi erőfeszítésekhez."

Az Endara-kormány fontos lépéseket tett a pénzmosás ellen, rekordmennyiségű kábítószert foglalt le, és fontos kábítószer-ellenőrzési megállapodásokat kötött az amerikai kormánnyal.

Ez teljes, hamisítatlan, nyílt képtelenség. Ez a súlyosan hibás jelentés éppen azt bizonyítja, hogy a Bush-féle kábítószer-háború értéktelen, és még nyilvánvalóbbá válik a hamissága, ha figyelembe vesszük, hogy évekig semmit sem tettek a szíriai kábítószer-kereskedelem és a libanoni Bekka-völgyben folyó heroinfinomítás megállítására, egészen néhány évvel ezelőttig, amikor Izrael panaszai nyomán – amelyek nem a kábítószer-kereskedelemhez, hanem biztonsági kérdésekhez kapcsolódtak – a szíriai csapatok kivonultak a Bekka-völgyből.

Negyedik fejezet

Panama ostrom alatt

Ahhoz, hogy tisztán megértsük, mi történik Panamában – amely az Amerikai Egyesült Államok nemzetbiztonsága és kereskedelmi érdekei szempontjából kulcsfontosságú terület –, vissza kell térnünk a Hongkongban összpontosuló kábítószer-kereskedelemhez. Amióta a britek Hongkongot a heroin átrakodási és kereskedelmi központjává tették, a város olyan jelentőségre tett szert, amely meghaladja a televíziózásról és a textiliparról kialakult általános képet.

Ha Hongkong csupán egy átlagos kereskedelmi központ lenne, ott nem lenne virágzó aranypiac. Az angol arisztokrata oligarchacsaládok azonban hatalmas vagyonukat a bengáli ópium Kínába történő szállításából szerezte. A fizetés pedig mindig aranyban történt.

A britek és az őket körülvevő, egymással szorosan összefonódó régi amerikai keleti liberális elit családok, valamint a Wall Street-i tekintélyes ügyvédi irodák, bankok, családi brókercégek és befektetési házak hálózata ugyanazt tették az Egyesült Államokkal, amit Kínával, és kisebb mértékben a nyugati világgal is tettek. Ahogy az amerikai kokain-„kereskedelem" kezdte felülmúlni a heroin-kereskedelmet, úgy nőtt ki Panamából a világ vezető, védett banki területe, a beáramló hatalmas készpénzáradatok menedéke.

A hollywoodi társaság a kokaint „szabadidős droggá" tette és népszerűsítette a használatát, ahogyan a „roaring twenties" idején is dicsőítették a csempészett whiskyt, kitalált történetekben arról, milyen divatos volt inni a Bronfman-féle italt, amely Kanadából áramlott az Egyesült Államokba. A múlt alkoholmágnásai a mai drogmágnásokká váltak. Nem sok minden változott, kivéve, hogy a terjesztés és a rejtegetés mechanizmusa sokkal kifinomultabbá vált. Nincsenek többé Thompson géppuskák, nincsenek többé hangos maffiózók olyan díszes ruhákban, amelyek elpirulásra késztetnek minket. Mindez eltűnt – ma már a londoni, new yorki, hongkongi, las vegasi igazgatósági termek és exkluzív klubok, valamint a nizzai, monte-carlói és acapulcói szórakozóhelyek úriemberi képe jellemző. Az oligarchia továbbra is diszkrét távolságot tart udvari szolgáitól; érinthetetlen, nyugodt a palotáiban és hatalmában.

A protokoll még mindig fennáll, akárcsak a gyilkosságok. A kokainmaffia még mindig rutinszerűen „kivégzi", azaz a maga jellegzetes módján meggyilkolja azokat, akikről úgy véli, hogy átverték őket. Az áldozatot levetkőztetik, megkötözik a kezét, bekötik a szemét, és egyszer rálőnek a feje bal oldalára. Ez a kokaingyilkosok „védjegye"; figyelmeztetés másoknak, hogy ne próbáljanak elmenekülni a pénzükkel vagy a droggal, vagy saját üzletbe fogni. Azokat az okosakat, akiknek sikerül elkerülniük a bérgyilkos golyóját, egyszerűen feljelentik a hatóságoknak.

A „kábítószer-rajtaütések" nagy része a legfőbb drogkereskedők által szolgáltatott információkon alapul, amelyek célja az újoncok, a függetlenek kiiktatása az üzletből. A magas szintű védelem nem mindig működik, ha a „főnököket" kirabolják, amint azt Ruben Dario Paredes tábornok 25 éves fia, a panamai Nemzeti Gárda volt vezetője és Manuel Noriega tábornok hangos ellensége is megtapasztalta; végül egy kolumbiai sírban végezte, a kokainbűnözők által „felöltöztetve", egy golyóval a bal halántékában.

Még apja pozíciója sem tudta megvédeni a kokainkartell főnökeinek haragjától. Mivel a kínai kormány erőteljesen nyomást gyakorolt az ópium/heroin-piac nagyobb szeletének megszerzésére, és a jövedelmező hongkongi arany- és ópiumkereskedelem nagyobb ellenőrzését követelte, a brit felsővezetés elkezdte Panamát „alternatívaként" népszerűsíteni banki műveleteihez. Nem mintha Panama valaha is helyettesítené Hongkongot; a valóságban Hongkong ellenőrzi az ópium/heroin-kereskedelmet, míg Panama a kokainkereskedelmet – de a kettő jelentős mértékben átfedi egymást.

Az olvasóknak meg kell érteniük, miről beszélek itt. Nem olyan vállalatokról beszélek, amelyek nem felelnek meg az elvárásoknak, nem olyan vállalatokról beszélek, amelyek néha jelentős veszteségeket könyvelnek el, mint például a „biztonságos", kedves General Motors, amelyek nem mindig felelnek meg az elvárásoknak. Nem, én egy óriási szervezetről beszélek, amely évről évre hatalmas nyereséget termel, és soha nem okoz csalódást a „befektetőinek".

2007-ben az offshore kábítószer-kereskedelem meghaladta az évi 500 milliárd dollárt, és évről évre növekszik. 2005-ben a DEA 200 milliárd dollárra becsülte ezt az összeget, ami nem rossz „növekedési" ütem egy viszonylag kis „befektetés" esetében. Ez a hatalmas mennyiségű készpénz minden ország törvényeinek hatálya alatt marad, mivel büntetlenül halad át a nemzetközi határokon. A kábítószer-üzletet „csempészmódon" folytatják? Sötét kinézetű férfiak utazgatnak 100 dolláros bankjegyekkel tömött bőröndökkel?

Ritkán előfordul ilyen, de a kábítószer-üzlet főként csak a nemzetközi bankok és szövetséges pénzintézeteik tudatos és önkéntes együttműködésével bonyolítható le. Ennyire egyszerű a dolog. Zárják be a kábítószer-bankokat, és a kábítószer-kereskedelem elapadni kezd, miközben a bűnüldöző szervek lecsapnak a kábítószer-bárókra, akiket kényszerűségből kényes és számukra veszélyes alternatív módszerek alkalmazására kényszerülnek. Más szavakkal: zárjuk be a patkánylyukakat, és könnyebb lesz megszabadulni a rágcsálóktól. Bár örömteli, hogy időről időre kábítószer-letartóztatások történnek, és a hatóságok nagy mennyiségű drogot foglalnak le, ez csupán csepp a tengerben a teljes mennyiséghez képest. Ezek a „nem regisztrált" versenytársak feljelentésének eredményeként jönnek létre. Az ilyen „rajtaütések" messze nem jelentenek többet, mint a közmondásos jéghegy csúcsa. A nagy kábítószer-bárók és bankáraik pedig saját hírszerző rendszereikkel – amelyek gyakran sokkal kifinomultabbak, mint a legtöbb kisebb országé – általában több lépéssel a bűnüldöző szervek előtt járnak.

A kábítószer-fenyegetés elleni sikeres küzdelem útja – amely a civilizációra nagyobb veszélyt jelent, mint a középkori fekete halál – a világ márványos előcsarnokain és gyönyörűen díszített bankterméin keresztül vezet. A problémát a legnehezebb szögből közelítjük meg. A finanszírozók helyett a kereskedőket próbáljuk elkapni. A brit bankok évszázadok óta irányítják az offshore kábítószer-banki tevékenységet, ahogyan a gyémánt- és aranykereskedelmet is, amelyek mind szorosan kapcsolódnak a heroin-kereskedelemhez.

Ezért küldte Viktória királynő a világ akkori (1899) legerősebb hadseregét, hogy leverje a két apró búr köztársaságot Dél-Afrikában; egyszerűen azért, hogy megszerezze az irányítást az aranyuk és gyémántjaik felett, amit Lord Palmerston, Sir Alfred Milner és Joseph Chamberlain kiváló módszernek tartottak arra, hogy üzleti tevékenységüket úgy finanszírozzák, hogy a kifizetéseket ne lehessen visszavezetni a forrásukra. Ez ma is az a csatorna, amelyen keresztül a hongkongi heroinkereskedelem nagyrészt finanszírozódik. Végül is az arany és a gyémántok személytelenek.

Ez magyarázza, miért volt Erzsébet királynő többnyire ellentétben Thatcher asszonnyal a politikai kérdésekben. A királynő a dél-afrikai kormány és annak kábítószer-ellenes álláspontjának végét akarta. A királynő oda akart küldeni egy bizonyos Furhop urat, hogy úgy irányítsa a dolgokat, ahogyan ő intézi az ügyeit Rhodesiában (ma Zimbabwe). Furhop az udvari hírnökének valódi neve, akit jobban ismernek „Tiny" Rowland néven, aki a hatalmas LONRHO konglomerátumot vezeti, amelynek ő az első számú részvényese unokatestvére, Angus Ogilvie révén. Bizonyos értelemben Dél-Afrika és Panama is ugyanazokból az okokból került ostrom alá.

A dél-afrikaiak az útjában álltak annak, hogy az oligarchikus arisztokrácia átvegye az arany- és gyémántkincseiket, míg Panamánál Noriega tábornok tépázta szét a drága banki titoktartást. Aligha valószínű, hogy a hatalmon lévők tétlenül fogadják ezeket a kudarcokat! Hogy képet adjunk arról, mi forog kockán Panamában: a DEA becslése szerint naponta közel 350 millió dollár cserél gazdát teletype banki átutalásokon keresztül. Ezt „bankközi pénznek" nevezik. A bankközi pénz mintegy ötven százaléka a kábítószer-kereskedelemből származik, és a Kajmán-szigetekre, a Bahamákra, Andorrába, Panamába, Hongkongba és a svájci bankokba kerül, amelyek kezelik ezt a hatalmas pénzáramot. A kábítószer-kereskedelem mellékhatásaként meg kell küzdenünk a „lebegő árfolyamok" terhével.

Ezt a destabilizáló hatást a hatalmas mennyiségű készpénz okozta, amelynek kezelésére rendszerünket nem tervezték; kizárt, hogy a rögzített árfolyamok képesek lennének kezelni a világszerte egy nap alatt rögzített paritások mellett végbemenő hatalmas és gyors pénzátutalásokat. Az „közgazdászok" hamis ígéreteket adtak nekünk, amikor jóváhagyták a „lebegő" árfolyamok politikáját, és mindenféle gazdasági zsargont találtak ki, hogy elrejtse a valódi okot, nevezetesen a kábítószer-pénz hatalmas áramlását!

Mivel ennek a pénznek egy nagyon nagy része Panamába áramlik, szükség volt egy olyan panamai partnerre, akiben megbízhattak, hogy a legszigorúbb banki titoktartást betartja. A DEA becslése szerint évente 3 milliárd dollár tűnik el csak az Egyesült Államokból, és kerül Panamába. A Coudert Brothers, a keleti liberális establishment „maffiaügyvédei" Sol Linowitz személyében kezdtek munkához, aki az „olimpikonok" megbízható futára volt. Ő teremtette meg Omar Torrijos tábornokot, és „panamai nacionalistaként" tálalta és adta el az amerikai népnek. Az, hogy „David Rockefeller alkotta", gondosan eltitkolták az amerikai nép túlnyomó többsége elől.

A CFR eladott szolgáinak – olyan embereknek, mint Dennis De Concini és Richard Lugar – a szenátusban tanúsított árulásának köszönhetően Panama Torrijos tábornok kezébe került, ami az amerikai adófizetőknek több millió dollárba került. De Torrijos, mint oly sokan közülünk, halandók közül, hamarosan megfeledkezett arról, ki is volt az ő „teremtője", és az olümposzi istenek kénytelenek voltak eltávolítani őt a színről. Torrijost 1981 augusztusában meggyilkolták. Látszólag repülőgép-balesetben halt meg, ami nagyon hasonlít arra a fajta „balesetre", amely Aristoteles Onassis fiát érte.

Ami történt, az az volt, hogy egy vagy több ismeretlen személy megváltoztatta a szárnyfékszárnyak mechanikáját, így amikor leszálláshoz leengedték őket, valójában felfelé repítették a gépet. Torrijost eredetileg Kissinger választotta ki a ma már megszokott módon. Amikor komolyan kezdte venni a panamai „nacionalista" szerepét, ahelyett, hogy bábként viselkedett volna, mennie kellett. Kissinger kinevezte magát az elnök Közép-Amerikával foglalkozó kétpárti bizottságának élére; ez volt Reagan újabb be nem tartott ígérete. Ez megerősítette hatalmát Panamában, vagy legalábbis ő így gondolta.

Panamát a trójai faló szemével kell néznünk, vagyis úgy kell tekintenünk Közép-Amerikára, ahogyan Kissinger Andok-terve látta: több ezer amerikai katona halálának színhelyeként. Kissinger parancsa az volt, hogy újabb „vietnami háborút" indítson a régióban. Panama központi szerepet játszott a tervben. De Torrijosnak más tervei voltak. Csatlakozni akart a Contadora-csoporthoz, amely valódi ipari fejlődésen keresztül akart stabilitást és megoldást hozni a régió szegénységére. Nem vagyok elkötelezett a Contadora-csoport mellett; sok területen eltér a véleményem az övékétől. De nem tagadható, hogy a Contadora-csoport nagyjából elkötelezett a Közép-Amerikára tervezett kábítószer-gazdaság elleni küzdelem mellett, a jamaikai ganja-gazdaság mintájára.

Ezt az úgynevezett „szabadkereskedelmi" elképzelést a

Mont Pelerin Társaság tagjai támogatják, nevezetesen a venezuelai Cisneros és a velencei Cini Alapítvány. Emiatt, valamint azért, mert azzal fenyegetőzött, hogy nyilvánosságra hozza a Rockefeller-család panamai banki hálózatát, Torrijost „véglegesen mozgásképtelenné tették" – ami a titkosszolgálati szakzsargonban gyilkosságot jelent.

Ahogy már korábban is mondtam, nem kisstílű kereskedőkről vagy utcai dílerekről beszélünk, akiket Hollywood szívesen ábrázol a kábítószer-kereskedelem képviselőiként. Nagy bankokról és pénzintézetekről beszélünk; a legfelső vezetőkkel foglalkozunk; olyan nemzetekről beszélünk, amelyek támogatják és menedéket nyújtanak a kábítószer-báróknak, olyan országokról, mint Kuba; és egy olyan erős és hatalmas szervezetről beszélünk, mint az , amely egy egész országot, a Kolumbiai Köztársaságot térdre kényszerítette.

Írni fogok az amerikai külügyminisztérium bűnrészességéről a kábítószer-ellenes háború akadályozásában. Beszélni fogok Nancy Reagan hihetetlenül ostoba „Just Say No" („Csak mondj nemet") válaszáról erre a fenyegetésre. A mai eseményekhez képest a „French Connection" révén áramló heroin mennyisége csupán aprópénz volt. Mégis, soha nem szabad szem elől tévesztenünk azt a tényt, hogy Richard Nixon volt az egyetlen elnök, aki határozottan szembeszállt az Egyesült Államokat fenyegető kábítószer-veszéllyel. A „French Connection" kezdettől fogva Nixon kezdeményezése volt. Azért, mert merészelte a kábítószer-kereskedelmet a csúcsról lefelé támadni, eltávolították hivatalából, megszégyenítették, kigúnyolták és megalázták a Watergate-botránnyal, hogy ez tanulság és figyelmeztetés legyen azok számára, akik esetleg követni szeretnék a példáját. Ehhez képest Reagan elnök „kábítószer-háborúja" csupán egy szélfútta válasz volt! A „Belső Kör”, amely megalapította a Királyi Nemzetközi Ügyek Intézetét, nem változtatott irányvonalán. Érdemes megismételni, hogy a kábítószer-kereskedelmet szilárdan azok az leszármazottak és családok ellenőrzik, akik egymás között házasodtak össze, és akik e belső titkos társaság tagjai, akiknek a származásuk visszavezethető Alfred Milner, Gray, Balfour, Palmerston, Rothschild és mások lordjaira, akik a Debrett’s Peerage és az America’s Social Register élén állnak.

Bankjaik és az amerikai bankok nem kis halak. Valójában a kisebb bankokat már kiszűrték, vagy éppen kiszűrik az amerikai Pénzügyminisztérium tudatos vagy talán tudat alatti segítségével. Ez különösen nyilvánvaló Floridában, ahol 1977-től kezdve olyan nagy bankok, mint a Standard and Chartered Bank és a Bank Hapolum – amelyekről köztudott, hogy részt vettek a piszkos kábítószer-pénz mosásában – beköltöztek Floridába, ahol a „cselekvés” zajlott. A „nagyfiúk” ezután elkezdték feladni azokat a kis bankokat, amelyeket a kis független kokainkereskedők használtak. Ne feledjük, hogy a kábítószer-monopóliumoknak saját, rendkívül hatékony hírszerző hálózatuk van. A Pénzügyminisztérium a kis bankok után ment, de a nagyokat békén hagyta. Amikor a nagy bankokat elkapják – ami néhány alkalommal meg is történt –, velük a legkegyesebb módon bánnak.

Nézzük csak a genfi Credit Suisse és a First Bank of Boston esetét. Ezt a bostoni bankok közül a legtekintélyesebbet tetten érték, amint a Credit Suisse-szel együttműködve kábítószer-pénzt mosott. Körülbelül 1200 külön vádiratot emeltek a First National ellen. Az Igazságügyi Minisztérium a vádakat egyetlen vádpontba egyesítette, és a bank mindössze egy szimbolikus 500 dolláros bírsággal megúszta! A Credit Suisse-t sem az Igazságügyi

Minisztérium, sem a Pénzügyminisztérium nem üldözte! A Credit Suisse továbbra is az American Express után az egyik legnagyobb és leghatékonyabb kábítószer-pénzmosó bank – a bankvilág „érinthetetlenjei” közé tartozik.

A kábítószerrel kapcsolatos jövedelmező piszkos pénzügyi üzletben részt vevő egyéb nagy bankok a National Westminster, a Barclays, a Midlands Bank és a Royal Bank of Canada voltak. A Royal Bank of Canada és a National Westminster Bank voltak a karib-szigeteki drogbárók legfontosabb bankjai David Rockefeller annyira dicsért „Karib-térségi Kezdeményezésében”. Az IMF-en keresztül Kissinger elrendelte Jamaicának, hogy „szabad vállalkozás” keretében termesztsen ganját (marihuánát), amely ma Jamaika devizabevételeinek nagy részét adja. Ugyanez történt Guyanában is, ezért költözött oda Jim Jones – csakhogy Jones nem volt tisztában manipulátorai valódi céljával. A Vacaville-típusú hatalmas agymosási kísérlet részeként Jones soha nem érte el célját. Meghalt, miközben teljes mértékben tudat ban azokról, akik a szálakat mozgatták.

Jamaica csak egyike azoknak az országoknak, amelyeket a kábítószer-pénzből tartanak fenn. Amikor Edward Seaga vezette Jamaicát, elég pimaszul kijelentette az amerikai újságoknak, nevezetesen a Washington Postnak, hogy akár elfogadják, akár nem, „ez az iparág, mint olyan, itt marad. Egyszerűen lehetetlen kiirtani.” A „maradni fog” részével nincs vitám. A rock and roll „zenét” felhasználva a „szabadidős drogok” terjesztésének eszközeként, és a legmagasabb szinteken védve, a kábítószer-kereskedelem valóban úgy tűnik, hogy maradni fog.

Ez nem jelenti azt, hogy nem lehet felszámolni. Egy felszámolási program első lépései véleményem szerint a főbb bankok elleni fellépés és olyan törvények elfogadása lennének, amelyek a rock and roll zene minden formájának – kazetták, lemezek stb. – értékesítését és a rockkoncertek népszerűsítését szigorú börtönbüntetéssel sújtható bűncselekménnyé nyilvánítják.

Az Irán és Irak közötti „húsdaráló háború" egyik mellékhatásaként a diacetyl-morfin előállításához használt heroin értékesítése az egekbe szökött. E kereskedelem bevételeinek nagy része a panamai bankokba került, ami a korábban említett „átfedés" Hongkonggal.

Iránban hivatalosan 2,6 millió heroinfüggő él, közülük 1,5 millió a hadseregben szolgál, ahol a függő katonák kérésre juthatnak hozzá a kábítószerhez. Emlékezzünk csak arra, hogy a brit oligarchia ugyanezt próbálta meg az amerikai polgárháború idején, de nem járt sikerrel. A heroinból származó pénz nemcsak az öbölháborút finanszírozta, hanem a „szabadságharcosok" szervezeteit is, egy kifejezést, amelyet George Shultz használt a gyilkos Afrikai Nemzeti Kongresszus (ANC), a baszk szeparatisták (ETA), az Ír Köztársasági Hadsereg (IRA), a szikh szeparatista mozgalom, a kurdok és mások leírására. Az ópium és a kokain eladásából származó pénzeket a Világ Egyházak Tanácsán keresztül juttatják el ezeknek a terrorista szervezeteknek.

A fentiekből világossá válik, miért olyan fontos Panama a szupranacionális „Egy Világ" erők számára. Panama bankrendszerét David Rockefeller hozta létre, hogy kényelmes banki letéti helyként szolgáljon a kábítószer-kereskedelem pénzének. Panamát a kokain bankközpontjává nyilvánították, míg Hongkong a heroin-ópium központja maradt. Panama bankrendszerét Rockefeller tervei alapján Nicholas Ardito Barletta, a

Világbank volt igazgatója és a Marine Midland Bank igazgatója alakította át, amelyet a kábítószer-bankok királya, a Hong Kong and Shanghai Bank vett át. Barlettát „tiszteletre méltó" imázsa és a hatalmas mennyiségű kábítószer-pénz kezelésében szerzett tapasztalata miatt fogadták el. 1982-ben a Pénzügyminisztérium becslése szerint a Banco Nacional de Panama dollárban kifejezett pénzforgalma 1980 és 1984 között közel 500 százalékkal nőtt. Csak ebben a négyéves időszakban mintegy 6 milliárd dollár be nem jelentett pénz került az Egyesült Államokból Panamába.

Alan Garcia, Peru volt elnöke, aki totális háborút vezetett a kábítószer-bárók ellen, 1998. szeptember 23-án beszédet tartott az ENSZ-ben erről a témáról, és felsorolta Peru sikereit és győzelmeit a kábítószer-ellenes háborúban. Azt mondta:

> Ezért megkérdezhetnénk az amerikai kormányt, hogy ha mi ezt ötven nap alatt meg tudtuk tenni, akkor mit tesz az emberi jogokért azoknak az egyéneknek a érdekében, akik a Grand Central pályaudvaron és oly sok más helyen rogyanak össze, és mikor fog törvényes és keresztény módon harcolni a fogyasztás felszámolásáért?

Nancy Reagan asszony válasza az volt, hogy „Csak mondj nemet!", de ez nem válasz Garcia elnök burkolt vádjára, miszerint az Egyesült Államok messze nem tesz meg mindent a kábítószer-átkának felszámolása érdekében. Mégis oly sok úgynevezett „közgazdász" szorgalmazza továbbra is ennek a gonosz üzletnek a legalizálását a „szabad kereskedelem" nevében.

Köztük találjuk Diego Cisnerost, aki a Mont Pelerin Society tagja, egy úgynevezett konzervatív szervezet, amely a

„szabad kereskedelem" elméletét hirdeti. Omar Torrijos 1961 augusztusában történt meggyilkolása után (azért gyilkolták meg, mert úgy döntött, hogy figyelmen kívül hagyja Henry Kissinger parancsait, és erős jeleket mutatott arra, hogy önállóan fog cselekedni) a hatalmas ember, Rueben Paredes tábornok vette át az irányítást Panamában. De 1981 februárjában rossz útra tért, és azzal fenyegetőzött, hogy kiutasítja az amerikai nagykövetet Panamából, mert beavatkozott az ország belügyeibe. Kissinger erre üzenetet küldött Paredesnek.

Egy megdöbbentő „fordulat" során Paredes tábornok hirtelen elkezdte támogatni Kissinger Andok-tervét, amelynek célja az volt, hogy Közép-Amerikát az amerikai hadsereg számára egy újabb Vietnámmá alakítsa, és felhagyott a Contadora-politikák támogatásával. Bár számos hibája volt, alapvetően a Contadora-csoport tisztában volt a Kissinger-féle „trójai falóval" Közép-Amerikában, és keményen igyekezett megakadályozni, hogy vietnámi stílusú konfliktus alakuljon ki a régióban. Henry Kissinger és az amerikai külügyminisztérium korábban Paredest „panamai nacionalistaként, Amerika elkötelezett antikommunista barátjaként" népszerűsítette.

Egy Kissinger által szponzorált washingtoni látogatás során Paredest személyesen Kissinger kísérte végig. Torrijos meggyilkolása után hat hónappal Paredes tábornok vette át a Nemzeti Gárda parancsnokságát. Ezt követően Paredes nyíltan dicsérte a kolumbiai FARC-terroristákat, és az szabotálta a Contadora-kezdeményezés erőfeszítéseit, amelyek a régió problémáinak békés megoldására irányultak. Emellett nagy erőfeszítéseket tett Anulfo Arias barátságának ápolására, akit a Washington Post, a New York Times és – meglepő módon – Jesse Helms szenátor is Panama vezetésének jogos örököseként tartott számon, akinek pozícióját állítólag Noriega tábornok bitorolta el. Furcsa módon a Panamacsatorna-szerződésről szóló meghallgatások során a média sakáljai egy szót sem ejtettek arról, hogy Torrijos elragadta Anulfo Arias „jogos" pozícióját! Sok badarságot beszéltek arról, hogy Arias „náci", és ezért nem méltó arra, hogy Panamát vezesse. Ez a fajta németellenes propaganda nem érdemel kommentárt.

Annak ellenére, hogy 25 éves fiát és két másik panamai „üzleti partnerét" az Ochoa és Escobar klánoknak dolgozó gyilkosok kíméletlenül, kokainmaffia-stílusban kivégezték, Paredes hűséges maradt a drogbárókhoz és banki hálózatukhoz. A panamai támogatás elvesztése nagy csapást jelentett a Contadoras törekvéseire. Ez azt jelentette, hogy Panama továbbra is „nyitott" központ marad a régióba irányuló fegyvereladások finanszírozásában, amelyeket elsősorban Izrael szállított a helyi vezetők és a néhai Ariel Sharon – Kissinger egykori üzleti partnere – között létrejött megállapodás alapján.

Kissingerről közismert fenyegetésein kívül az IMF is közreműködött Paredes zsarolásában. Forrásaim szerint Kissinger tudatta, hogy az IMF stand-by megállapodása Panama 320 millió dolláros adósságának átstrukturálásáról esetleg nem marad érvényben, ha Paredes összeveszik a gazdájával. Paredes „megértette az üzenetet". Az IMF azonnal harcba kezdett Noriega tábornokkal, aki 1986. március 22-én egy televíziós beszédben közölte a panamai néppel, hogy az IMF fojtogatja Panamát.

Eric Delville elnök sajnos támogatta az IMF megszorító intézkedéseit, amelyek célja az volt, hogy gyengítsék a szakszervezetek Noriega iránti támogatását. A CONATO szakszervezeti szövetség ekkor azzal kezdett fenyegetőzni, hogy szakít Noriega tábornokkal, ha az IMF diktátumait nem hagyják figyelmen kívül.

Manuel Noriega tábornok, még Noriega ezredesként, a panamai kábítószer-ellenes hivatal vezetője volt, és tíz éven át küzdött azért, hogy a panamai nemzetőrséget mentesen tartsa a kábítószer-pénzből fakadó korrupciótól, amely olyan biztosan követi azt, mint az éjszaka a nappalt. Mivel az Ochoa és az Escobar családok gyakorlatilag átvették az irányítást Panamában, ez nem volt kis teljesítmény. Noriega kábítószer-ellenes küzdelmét John C. Lawn, a Kábítószer-ellenes Hivatal (DEA) vezetője is megerősítette. Lawn nem volt híres virágos beszédeiről, sem dicsérő leveleiről. Ezért annál is figyelemreméltóbb volt a Noriega tábornoknak írt levele, amelyben bőkezűen dicsérte őt.

Íme egy kivonat a levélből, amely jól tükrözi a levél hangvételét és stílusát:

> *Szeretném megragadni ezt az alkalmat, hogy ismét kifejezzem mély elismerésemet az Ön által alkalmazott határozott kábítószer-kereskedelem elleni politika iránt, amely tükröződik a vádlott kereskedők Panamából történő számos kiutasításában, a Panamában történt nagy mennyiségű kokain- és prekurzor-lefoglalásokban, valamint a marihuána-termesztés felszámolásában a panamai területeken.*

Sem a *Washington Post*, sem a *New York Times* nem tartotta szükségesnek, hogy újranyomja ezt a dicséretet, amely egy perui újságban jelent meg. Később visszatérek a DEA és John C. Lawn témájára, mivel az rendkívül fontos.

A *Washington Post* az egyetlen dolog, amit tett ennek a kiváló beszámolónak a cáfolatára, az volt, hogy közzétette úgynevezett „hírszerzési szakértője", Seymour Hersh hazugságait, aki egy cikkében azt állította, hogy Noriega tábornok a CIA „kettős ügynöke" volt, és a Kubából kapott információkat továbbította a CIA-nak. Ez egy olyan trükk, amelyet a valódi hírszerzők jól ismernek. Az ilyen „leleplezések" célja az lenne, hogy a kubai DGI titkosszolgálat bérgyilkosai megöljék Noriega tábornokot azzal az ürüggyel, hogy „átverte Kubát". Ez elterelné a figyelmet a Kissinger-bankárok bandájáról, ha a merénylet sikeresnek bizonyulna. Hersh információi és történetei gyakran nem voltak túl pontosak, és a Noriega-val kapcsolatos „leleplezést" annak kell tekinteni, ami valójában volt: egy lehetséges csapda Noriega tábornok elleni merényletkísérlethez.

Noriega minden rendelkezésére álló csekély erőforrással visszavágott. De tudni kell, hogy a kábítószer-kereskedelem elleni bármilyen lépés veszélyekkel jár.

Panama példája annak, milyen ellenintézkedésekre képes egy hatalmas ellenség. A Karib-térségben és Panamában a kábítószer-ellenes erők egy olyan konzorciummal álltak szemben, amelyet a Coudert Brothers ügyvédi iroda képviselt Sol Linowitz személyében. A konzorcium többi tagja között volt Fidel Castro, David Rockefeller, Henry Kissinger és a Nemzetközi Valutaalap (IMF), valamint számos vezető bank és az Egyesült Államok Külügyminisztériuma. Kissinger Andok-tervét Noriega tábornok akadályozta, és drogellenes álláspontja miatt támadások kereszttüzébe került. A panamai kimenetel előre látható volt. Rockefeller Karib-térségi Kezdeményezése gyakorlatilag azt jelentette, hogy Fidel Castrónak átadtak egy legalább évi 35 milliárd dollár értékű kábítószer-birodalmat, amelyet az nem állt szándékában harc nélkül feladni.

Kolumbiában David Rockefeller és Kissinger létrehozott egy „államot az államon belül", ahol Carlos Lederer – letartóztatásáig – az Ochoa és Escobar klánok vezére volt, amelyek gyakorlatilag az egész országot irányították. Bogotá belvárosában a város bíróinak felét kivégezte a drogbárók magán MI9 gerilla hadserege, más néven (FARC).

A támadás nyílt anarchia volt, amely Kolumbiát megdermedt félelemben tartotta. Mi állt ennek a frenetikus tevékenységnek a hátterében, amely valójában forradalom volt? Egyszerűen: a készpénz, a készpénz hullámai, amelyek a karib-tengeri és panamai offshore menedékekbe áramlottak. A DEA becslése szerint 1980 és 2006 között csak Kolumbia 39 milliárd dollár készpénzt helyezett el bankokban. A DEA és a Pénzügyminisztérium úgy vélte, hogy Panama a kokainvilág banki fővárosává vált, és én sem vitatom ezt az értékelést. 1982-ben a Pénzügyminisztérium kijelentette, hogy a Banco National de Panama a kábítószer-dollárok fő elszámolóházává vált, 1980 és 1988 között hatodszorosára növelve pénzforgalmát.

Panama Noriega tábornok hatalomra kerüléséig a kábítószer-kereskedelem nagykutyáinak kedvelt találkozóhelye is volt. Lopez Michelson, aki felajánlotta, hogy a kokainbevételekből kifizeti Kolumbia külső adósságát, ha a kolumbiai kormány „legalizálja" a drogcsaládok helyzetét, meglehetősen szabadon működött Panamából, ahol gyakran találkozott Jorge Ochoával és Pablo Escobárral. Ismert volt, hogy a kolumbiai kábítószer-kartell ezen vezető tagjai megállapodást kötöttek Rodrigo Botera Montoyával, Kolumbia 1974–1976 közötti pénzügyminiszterével, aki „nyitott ablakot" hozott létre a Központi Banknál, ahol a kábítószer-dollárokat szabadon és nyíltan lehetett kereskedni a hatóságok zaklatása nélkül. Ezt az „ablakot" soha nem zárták be! Ez a „ventanilla siniestra", szó szerint „baljós ablak" néven ismertebb. Ezen az „ablakon" keresztül kapott Fidel Castro hatalmas összegű amerikai dollárt.

Tudtak az amerikai hatóságok Botera tevékenységéről? Természetesen tudtak. Botera a tekintélyes Aspen Intézet és a Ford Alapítvány tagja volt, valamint az Inter-American Dialogue korábbi társelnöke. Jól ismerte a szelíd modorú Elliott Richardson, akiről leginkább Richard Nixon elnök üldözése és elárulása miatt emlékszünk a Watergate-botrány után. Kevésbé ismert tény, hogy Elliott Richardson, a bostoni felső tízezer kiemelkedően tekintélyes tagja, a néhai Cyrus Hashemi ügyvédje volt. Hashemi volt a legfőbb fegyverkereskedő a 1979-es Carter–Khomeini fegyverüzletben.

Richardson az angolai marxista kormány bejegyzett képviselője és jogi tanácsadója volt. Emellett aktívan részt vett a 9 elmebeteg rejtélyes halálának botrányos eltussolásában a baljóslatú bridgeporti intézetben, amely ügyet a mai napig sem vizsgálták ki. Richardson kábítószer-kereskedelemhez fűződő kapcsolatait jól láthatjuk a kábítószer-párti lobbin, az Institute for Liberty and Democracy-n keresztül, amelyet 1961-ben segített megalapítani Limában, Peruban.

Mivel a kibontakozó panamai tragédiában oly sok név merül fel, célszerűnek tűnik felsorolni a főbb szereplőket és intézményeket – különösen Noriega ellenségeit, akik, amint az alábbi lista is mutatja, számosak és hatalmasak voltak:

Alvin Weeden Gamboa

Egy panamai ügyvéd és a drogbárók futárja két másik Noriega-ellenséggel, Winston Robles-szel és Roberto Eisenmann-nal együtt megalapította a Népi Akció Pártot (PAPO), egy ellenzéki, emberi jogokat védő pártot. Mindannyian határozottan ellenezték a Panamai Védelmi Erőt, és rendszeresen dicséretet kaptak az amerikai szennylapoktól és a Külügyminisztériumtól, amelyek őket Panama „alternatív demokratikus kormányának" tagjaiként sorolták be.

Cesar Tribaldos

Ő is mélyen belekeveredett a kolumbiai kokainbárók pénzmosásába. A La Prensa újság tulajdonosa és a PAPO tagja, Roberto Eisenmann mellett ő is a Polgári Keresztes Hadjárat mozgalom koordinátora volt. Emellett a Banco Continental igazgatótanácsának tagja is volt.

Ricardo Tribaldos

Cesar testvére, akit azzal vádoltak, hogy hatalmas mennyiségű etil-étert (aceton), a kokain finomításához használt fő vegyi anyagot próbált behozni Panamába. Ricardo 1984-ben szervezte meg a műveletet, arra számítva, hogy a kolumbiai Ochoa és Escobar nagy kokainlaboratóriumot nyitnak Panamában.

Roberto Eisenmann

Roberto Eisenmann a La Prensa újság tulajdonosa volt, és abban az időben az amerikai külügyminisztérium hatalmas támogatója. Kiemelt szerepet játszott a Panamának javasolt „alternatív demokratikus" kormányban. Eisenmann gyűlölte Noriegát, mert tönkretette Jorge Genoa egyik fő műveletét, és bezárta a First Interamerica Bankot, amely megsértette Panama 1985-ös, a pénzmosásról szóló törvényt. Ez Eisenmannt és kollégáit megrázta.

Senki sem számított arra, hogy bármilyen komoly lépést tehetnek vagy fognak tenni a panamai gazdaság 80%-át ellenőrző nemzetközi közösség ellen, amelynek „érdekei" Nicholas Barletta által végrehajtott változások nyomán egy „panamai Svájcot" hoztak létre. Ezért megdöbbentette ezt a kábítószer-kereskedőkből és bankárokból álló elit közösséget, amikor Noriega átadta ezeket az információkat a DEA-nak, ami a jelentős kokainbáró, Jorge Ochoa letartóztatásához vezetett Spanyolországban. A panamai establishmentet megrázta ez a fejlemény.

Eisenmann Noriega heves bírálójává vált, azzal vádolva őt, hogy tönkretette Panama gazdaságát, sőt azzal is, hogy köze van a kokainkereskedelemhez, holott valójában éppen Eisenmann működött szorosan együtt a kolumbiai kokainbárókkal. Eisenmann egy olyan drogbárók, bankárok, ügyvédek és újságszerkesztőkből álló csoport tagja volt, akiknek a demokráciapárti retorikája arra szolgált, hogy eltereljék a figyelmet a nyomokról, amelyek – ha az igazság kiderült volna – egyenesen a kokainból származó piszkos pénzmosáshoz vezettek volna. Eisenmann, aki 12 éven át vezette a Noriega elleni támadást, az amerikai külügyminisztérium első számú választása volt arra a kormányra, amelyet Noriega megbuktatása után hatalomra akartak állítani. Lehetnek olyan olvasók, akik szkeptikusan fogadják ezt az információt, de biztos vagyok benne, hogy az adataim minden próbát kiállnak, mivel szilárd tények támasztják alá őket. 1964-ben kiderült, hogy Eisenmann állt a miami Dadeland Bank felvásárlásának hátterében, amelyen keresztül a Fernandez-szindikátus mosta tisztára a kokainból és marihuánából származó bevételeit – ez elég bizonyíték arra, hogy a bankokat joggal vizsgálhatta volna a DEA. De ez nem történt meg.

A 1984-ben vád alá helyezett Fernandez-szindikátus a kábítószer-kereskedelemből származó hatalmas összegű készpénzt a bankban bérelt széfekben tárolta, mielőtt azt Panamába utalta volna, és a bírósági iratokból kitűnik, hogy a szindikátus birtokolta az Eisenmann Dadeland Bank kibocsátott részvényeinek többségét. Mégis Weeden, Eisenmann és Fernandez vádolta meg kifejezetten Noriegát a kábítószer-bárókkal való üzleteléssel. A nyilvánosságra kerülés után a Fernandez-szindikátus átutalta a piszkos pénzét a Dadeland Bankból a Banco de Iberoamericába, amelyet a vádiratban a szindikátus által használt 15 panamai bank egyikeként neveztek meg. Eisenmann később eskü alatt kijelentette, hogy fogalma sem volt arról, hogy a Dadeland Bankját kábítószer-pénzmosásra használják.

Carlos Rodriguez Milian

Lederer, Escobar és az Ochoa testvérek e figyelemre méltó futárának havi 2 millió dolláros fizetést fizettek egészen addig, amíg a DEA ügynökei letartóztatták őt egy bejelentés alapján, amelyet esküdt ellenségétől, Noriega tábornoktól kaptak. Feladata hatalmas összegű kábítószer-pénz felügyelete és kiszállítása volt többek között a Bank of America, a First Boston és a Citicorp bankokba pénzmosás céljából.

Az 1988. február 11-i szenátusi külügyi albizottsági meghallgatáson, amelynek célja Noriega tábornok hírnevét bemocskolni és befeketetni volt. Milian-t a börtönből hozták el, ahol 43 éves büntetését tölti kábítószerrel kapcsolatos üzleti tevékenységek miatt, hogy tanúskodjon Noriega tábornok ellen. De megzavarta az eljárást és megijesztette a bizottsági tagokat azzal, hogy elárulta, hogy hatalmas mennyiségű kábítószer-pénzt szállított több amerikai bankba. Az eskü alatt tett váratlan, önkéntes vallomásait az amerikai média sakáljai teljesen elhallgatták.

Julian Melo Borbua alezredes

Borbua, akit 1964-ben becsületvesztéssel bocsátottak el a panamai Nemzeti Gárdából, Noriega elleni vád egyik fő tanúja lett. Még a Nemzeti Gárdában szolgált, amikor Kolumbiában találkozott az Ochoa testvérekkel, akik megbízták és 5 millióval fizették meg, hogy kokainlaboratóriumot nyisson Darienben, a panamai dzsungelben; biztosítson biztonságos raktározási és tranzitlétesítményeket, valamint biztonságos tárolóhelyet az eladásra szánt, főként izraeli eredetű fegyverek számára, és különböző bankokkal kössön megállapodásokat, hogy megkönnyítse a készpénz áramlását ezekből az illegális tranzakciókból. A tervben részt vevő honfitársai Ricardo Tribaldos, az a férfi, akit etil-éter Panamába történő behozatalának kísérlete miatt vád alá helyeztek, és egy bizonyos Gabriel Mendez voltak.

Tribaldos és Mendez tudták, hogy bajban vannak, amikor Noriega emberei elkezdték megsemmisíteni az etil-éter-sav nagy szállítmányait, és felkutattak és tönkretettek egy nagy kokainlaboratóriumot. Ismeretlen személyek irányítása alatt Tribaldos, Mendez és Borbua hatalmas tőkeáramlást terveztek Panamából.

A terv a hadsereg elleni támadást és lejárató kampányt

irányzott elő, és ha lehetséges, Noriega meggyilkolását. De mielőtt bármelyik tervet végrehajthatták volna, a Panamai Védelmi Erő (PDF) felfedezte a összeesküvést és letartóztatta a triót. Mendezt és Tribaldost kábítószer-kereskedelemmel vádolták és börtönbe kerültek, de egy panamai bíróság gyanús körülmények között szabadon engedte őket. Borbua-t becsületvesztéssel elbocsátották a PDF-ből. Mindannyian aktív tagjai lettek a Noriega tábornok megbuktatására létrehozott Polgári Keresztes Hadjárat frontnak.

Polgári Keresztes Hadjárat

Ez a front Eisenmann és társai számára kizárólag Noriega tábornok elleni eszköz volt. Támogatói Eisenmann, Barletta, Tribaldos, Castillo és Blandon, Elliott Richardson, Norman Bailey és Sol Linowitz voltak. A Civic Crusade 1987 júniusában alakult meg Washington D.C.-ben, és Lewis Galindót, aki magát „Panama Noriega-ellenes ellenzékének nemzetközi képviselőjeként" jellemezte, alkalmazták a vezetésére.

Galindo kifogástalan referenciákkal rendelkezett a Külügyminisztérium Shultz-frakciója és a keleti liberális establishment körében a Trilaterális Bizottságon és Sol Linowitzon keresztül, aki az „olimpikonok" egyik legmegbízhatóbb szolgája és a tekintélyes Coudert Brothers ügyvédi iroda partnere volt. Ugyanez az ügyvédi iroda árulta el az Egyesült Államokat azzal, hogy átadta az Egyesült Államok szuverén területét Panamában, ami – ami nagyon fontos – az amerikai alkotmány szerint tilos; Galindo szintén kifogástalan referenciákkal rendelkezett a korábbi kolumbiai elnök, Alfonso Lopez Michelson előtt, akit a kábítószer-hírszerző ügynökök általánosan úgy tekintenek, mint az embert, aki 1974 és 1978 közötti hivatali ideje alatt a kolumbiai kokain- és marihuána-kereskedelem felügyelőjeként működött.

A Robles testvérek

Ivan Robles és testvére, Winston, neves ügyvédek Panamában. Hírnevüket a kokainkereskedelem főnökeinek és bankáraiknak köszönhetik. Winston Robles Roberto Eisenmann La Prensa című lapjának társszerkesztője, amelynek bizonyított kapcsolatai vannak a Fernandez-Dadeland Bankkal. Az International Law Directory a jogi iroda helyes nevét Martindale-Hubbell, Robles and Robles-ként adja meg. Eisenmann, a La Prensa tulajdonosa, aki bizonyítottan a Dadeland Bank egyharmadának tulajdonosa is, és akinek a banknak kellemetlen múltbeli kapcsolatai vannak a Fernandez-szindikátussal, George Shultz volt külügyminiszter és a Külügyminisztérium kedvence volt Noriega tábornok utódjaként.

Ezek a „tárgyalások" abból a teljesen hamis kábítószer-kereskedelem vádból fakadtak, amelyet 1988. február 5-én egy miami (Florida) esküdtszék emelt Noriega ellen. Ez a vádirat ismét rávilágít arra, hogy az amerikai népnek sürgősen meg kell szabadulnia a jogrendszerünkhöz tartozó ezen archaikus, feudális „csillagkamra" (esküdtszék) mellékszervtől. A „tárgyalásokkal" kapcsolatos legfrissebb információ George Shultz nyilatkozata:

> Sok megbeszélést folytattunk vele (Noriegával), de még nem jutottunk megállapodásra arról, hogy a Noriega ellen felhozott vádakat ejtik, ha önként lemond.

John Poindexter admirális

A Noriega ellen felhozott hamis vádak Poindexter

sikertelen küldetéséből fakadtak, amelynek célja az volt, hogy rákényszerítse a tábornokot a lemondásra. Poindexter Shultz nevében végzett küldetése hasonló volt Reagan elnök nyers üzenetéhez, amelyben Marcos elnök eltávolítását követelte, és amelyet Paul Laxalt szenátor közvetített, aki sokkal jobban játszotta el a Júdás szerepét, mint Poindexter. Poindexter küldetése elindította a jelenlegi háborút, amelyet a drogbárók, bankárok, ügyvédek és amerikai szövetségeseik folytatnak annak érdekében, hogy megszabadítsák Panamát attól a létüket fenyegető veszélytől, amelyet Noriega tábornok és a PDF által követett, a kokain elleni banki törvények és politikák szigorú végrehajtása jelent. A Mike Wallace-szal készített tévéinterjúban Noriega egyértelművé tette, hogy Poindexter zsarnokként érkezett, és követelte, hogy a panamai hajoljon meg az „olimpikonok" (a 300-as Bizottság) gyarmatosító követelései előtt.

Nem elleneztem, hogy az amerikai haderő bevonuljon Nicaraguába; de egy újabb vietnami típusú háború csak az „Egy Világkormány" és a saját határainkon belüli árulók malmára hajtotta volna a vizet. Poindextert az amerikai média támogatta, amely odáig ment, hogy Noriega erőszakos eltávolítását szorgalmazta. Amikor Noriega határozott elutasítással válaszolt Poindexter fenyegetéseire, tudta, hogy eldőlt a sorsa. Ezután szövetségre lépett a peronistákkal, és támogatásukat kérte. Az argentin Mar del Platában tartott találkozón a peronista vezetők Noriegának és középszintű tisztekből álló küldöttségének megadták a várt biztosítékokat. De nem telt sok idő, és ellenintézkedéseket hoztak, hogy elriasszák az argentinokat. A brit csapatok „gyakorlatokat" tartottak a Malvinas-szigeteken, hogy megmutassák, mi történne, ha Argentína beavatkozna Panama ügyeibe, és John Calvin tábornok, az amerikai hadsereg déli területi parancsnoka találkozóra ment Horacio Juanarena argentin védelmi miniszterrel. A találkozó látszólag a brit fenyegetésekről és a Malvinas-szigetek miatt a két ország között növekvő feszültségekről szólt.

Galvin tábornok szigorú figyelmeztetést intézett Juanarenához, hogy Argentína ne avatkozzon be Panamába. Galvin Buenos Aires-i küldetését joggal lehetett volna összehasonlítani Hauser tábornok teheráni küldetésével abban az időszakban, amikor Jimmy Carter volt elnök elárulta az iráni sahot.

A DEA kábítószer-ellenes művelete, amely a „Pisces művelet" fedőnév alatt végzett hároméves nyomozás nyomán indult, bebizonyította, hogy a kábítószer-bárók és támogatóik hatalmas nyereségre tettek szert. 1985-ig senki sem zavarta őket komolyan. De 1985-ben, amikor korábban csak homályosan tűnt lehetségesnek, hogy a ritkán alkalmazott törvények olyan gondot okozhatnak, amellyel megfélemlítéssel, megvesztegetéssel és korrupcióval kell megbirkózni, Noriega most megmutatta, hogy őt nem lehet megfenyegetni vagy megvenni, és hogy komolyan gondolja a dolgot.

Az „Operáció Pisces" 54 számlát záratott be 18 panamai bankban, és 10 millió dollár, valamint nagy mennyiségű kokain lefoglalását eredményezte. Később kiderült, hogy a bankokat a PDF egyes tagjai figyelmeztették, így azok a razziák előtt nagy mennyiségű készpénzt tudtak elszállítani. Ezt követte további 85 bankszámla befagyasztása olyan bankokban, amelyek betéteiről feltételezték, hogy vérrel és kokainnal szennyezettek, egy akciót, amelyet a Panamai Védelmi Erő (PDF) hajtott végre. Ötvennyolc jelentős kolumbiai, amerikai és néhány kubai-amerikai „futár" letartóztatására került sor, akiket kábítószer-kereskedelem vádjával vád alá helyeztek. Az „Operación Pisces” műveletet a 23. számú panamai törvény elfogadása tette lehetővé, amely előre jelezte a kábítószer-kereskedőknek, mire számíthatnak a jövőben. *A La Prensa* keserűen panaszkodott, hogy a Panamai Védelmi Erő az amerikai kormány nevében kábítószer-ellenes kampányt folytat, amely „tönkre fogja tenni a panamai bankközpontot”.

Jose Blandon

Ekkor lépett színre Jose Blandon, akit a kábítószer-párti konzorcium 180 fokos fordulatot vett. Milyen szerepet szántak Blandonnak a kokainellenes erők ellen folyó háborúban?

Felbérelték, hogy úgynevezett „nemzetközi támogatást” szerezzen az Elliott Richardson–Sol Linowitz frakciónak, amely megpróbálta megbuktatni Noriega tábornokot. Ezzel Blandon leleplezte magát, mint képmutató, megrögzött hazudozót. Blandon Willie Brandt Szocialista Nemzetközi Szervezetének (bizonyos körökben The Partnership néven is ismert) szolgált. Mielőtt Noriega fővádlójának posztját betöltötte volna, Blandon, aki akkor Panama New York-i főkonzulja volt, 1987. augusztus 11-én a panamai tévében Noriega mellett állt ki. Hevesen támadta a Noriega tábornok ellen felvonult erőket – az ellenségeskedést lényegében Jose Blandon felszámolására irányuló kampányként jellemezve.

Vessünk egy közelebbi pillantást a Külügyminisztérium „panamai” szóvivőjére. Röviddel a Noriega mellett tett televíziós szereplése után, valójában kevesebb mint egy hónap múlva, Blandont a keleti liberális establishment – Shultz, Kissinger és Elliot Abrams személyében – magához hívta, és felszólította, hogy ne támogassa a rossz lovat. A hírszerzési jelentések szerint Blandonnak nem hagytak kétséget afelől, hogy mi vár Noriegára a jövőben. Elég nyersen közölték vele, hogy „csatlakozzon a győztes csapathoz", vagy a hidegre kerül, amikor a „új kormány" hatalomra kerül. Blandon, aki mindig is önző ember volt, nem vesztegette az időt, irányt váltott, és felpattant a „Noriega-ellenes" bandwagonra. Nem sokkal az oldalváltás után Blandon bejelentette, hogy „támogatást gyűjt a nemzetközi közösségtől Noriega tábornok ellen".

Ezt követően azonnal elbocsátották konzuli posztjáról. Egyetlen kormány sem engedheti meg magának, hogy képviselői összeesküvjenek „a megdöntését szorgalmazó külföldi erőkkel". Blandont azonnal támogatta a Külügyminisztérium és az amerikai média. Dr. Norman Bailey úgy mutatta be, mint egy tekintélyes, magas rangú panamai tisztviselőt, aki igazán megdöbbentő információkkal rendelkezik Noriega állítólagos „kábítószer-kereskedelméről". Nem lehetek teljesen biztos abban, hogy Blandon nem kapott azonnal pénzügyi támogatást Bailey-től, a Civic Crusade-től és Sol Linowitz-tól, de Washington azt állította, hogy olyan információkhoz jutott, amelyek alátámasztják, hogy Blandon Linowitz, Norman Bailey és a Civic Crusade fizetett bérencje volt. Ray Takiff miami ügyvéd, aki Noriega tábornokot képviselte az Egyesült Államokban, egyszerűen kijelentette, hogy Blandon az amerikai kormány által fizetett hazug.

Blandon egyik irányítója William G. Walker volt, a nemzetközi ügyekért felelős külügyminiszter-helyettes, aki később piszkos szerepet játszott a szerb kormány megbuktatásában. A hozzám eljutott jelentések szerint Walker volt az, aki felkészítette Blandont a Noriega-ellenes, sárdobálással teli Szenátus Külügyi Albizottságának terrorizmus, kábítószer és nemzetközi műveletekkel foglalkozó ülésén való tanúvallomására. Walker később kulcsszerepet játszott a szerb vezető, Milosevic megsemmisítésében, ami az ország bukásához vezetett, és az albániai muszlim kormány hatalomátvételéhez.

Blandon arról volt ismert, hogy egyik témáról a másikra ugrált, nem is beszélve arról, hogy menet közben lovat váltott. Walker biztosra akart menni, hogy Blandon ne tévedjen olyan területekre, amelyek bonyodalmakhoz vezethetnek, miközben a „nyitott és zárt" bizottság előtt tanúskodott, ahogyan Rodriguez Milian kínos leleplezése az amerikai vezető bankokról. Lewis Galindo a Civic Crusade-tól, akit már jól ismerünk, Walker és Dr. Norman Bailey mellett Blandon másik „edzője" volt. Galindo sok időt töltött azzal, hogy Blandonnak azt mondja, maradjon a tárgynál, miközben tanúvallomást tett a „kapjuk el Noriegát" lelkes szenátusi albizottság előtt.

A bizottságnak biztosan ismernie kellett Blandon „ -féle" hajlamát a „tények" eltorzítására, ugyanúgy, ahogyan biztosan tudtak a meglehetősen kétes „magas szintű nemzetközi kapcsolatairól" is. Ennek ellenére a szenátusi albizottság a február 8-tól 11-ig tartó üléseken legtöbbször Blandont mutatta be Noriega elleni sztár tanúként. Ez mélyen fel kell, hogy háborítson minden hazafit, aki értékeli intézményeinket és hagyományainkat.

A Noriega elleni támadás lealacsonyította és megalázta intézményeinket, nem is beszélve arról, hogy súlyos kétségeket vetett fel igazságszolgáltatási rendszerünkkel kapcsolatban. Abban a reményben, hogy a lehető legtöbbet hozhatják ki Blandon vallomásából – noha az a bírósági bizonyítási szabályok és a keresztkérdések alapján soha nem állta volna ki több mint néhány percet –, a bizottsági tagok lelkesen hallgatták Noriega tábornok elleni zavaros, ellentmondásos szidalmazását. Még ilyen nagy szabadságfok mellett is, amikor a bizottsági tagok minden tőlük telhetőt megtettek, hogy figyelmesek legyenek, Blandon ugyanolyan szánalmas képet nyújtott, mint a vád tanúiként megidézett Floyd Carlton és Milian Rodriguez bűnözők.

Az eljárás a „színpadi perekre" emlékeztetett, és az amerikai rendszerben nincs helye. Ha ezt nevezik a politikusaink „nyitott kormányzásnak", akkor Isten segítsen Amerikán. Lehet-e a kisbizottsági meghallgatásokat „pernek" minősíteni? Hajlok arra a véleményre, hogy ez Noriega tábornok pere volt, bár John Kerry, a kisbizottság elnöke kategorikusan elutasította ezt, amikor felvetették neki. Kerry úgy vonultatta fel Blandont a bizottság előtt, ahogyan a kutyakiállításokon a kutyákat a ringben. Amikor Blandon összefüggéstelenül kezdett hablatyolni, Kerry több alkalommal is azt mondta: „Maradj, fiú – ne olyan gyorsan." Ez ugyanaz a John Kerry, aki az Egyesült Államok elnöki posztjáért indult. Hála Istennek, hogy vereséget szenvedett.

Kerry gondoskodott arról, hogy Blandon legutóbbi, Noriegát támogató televíziós beszédét ne hozzák szóba. Abban a beszédben Blandon azt mondta, hogy a PDF parancsnoka ellen felhozott vádak „koholmányok", és hevesen tagadta, hogy bármelyik PDF-tiszt is részt vett volna kábítószer-kereskedelemben. Lehet, hogy ez jó politika, de az igazságszolgáltatás szempontjából rossz. Végül, képtelen követni saját zavaros beszédét, Blandon ellentmondott önmagának, és olyan egymástól eltérő beszámolókat adott ugyanazon eseményekről, hogy még a média sakáljai, nevezetesen *a Time Magazine* is kénytelenek voltak vonakodva elismerni, hogy Blandon hitelessége nem létezik! De nem John Kerry számára, aki nem engedhette meg magának, hogy elveszítse a titkos bírósági tanúját.

Honnan származtak Blandon „tényei" Noriega kábítószer-kereskedelemben való részvételéről? A terület szakértői által készített alapos elemzések feltűnő hasonlóságot mutattak ki Norman Bailey, Lopez Michelson, Roberto Eisenmann és Lewis Galindo által használt kifejezések és szavak, valamint Blandon által használt szavak és kifejezések között. Úgy tűnik tehát, hogy ezek az emberek szavakat adtak Blandon szájába. A milliomos Galindót, aki állítólag ingatlanokból szerezte vagyonát, és *a La Prensa*-tól származó Eisenmannt már megismertük, de hasznos és szükséges megemlíteni, hogy Galindo élvezi a Trilaterális Bizottság Sol Linowitzának és közeli munkatársának, Dr. Norman Bailey-nek a bizalmát.

Lopez Michelson

Lopez Michelson 1974 és 1978 között volt Kolumbia elnöke, és ebben az időszakban nagyon jó barátságba került Fidel Castróval, aki új otthont adott Carlos Lederernek, miután a DEA ügynökei kényszerítették őt a Bahamákról való menekülésre. Michelson pénzügyminisztere, Rodrigo Bolero Montoya volt az, aki megkönnyítette a kokainbárók számára a kábítószer-dollárok letétbe helyezését azzal, hogy megnyitotta a kolumbiai nemzeti bank „sötét ablakát" Michelson felügyeleti tevékenysége részeként Ochoa, Lederer és Escobar kokainbárók nevében. Lopez Michelson még azt is megpróbálta, hogy legalizálja a kábítószer-bárókat cserébe azért, hogy azok kifizessék Kolumbia külső adósságait!

Nicolas Ardito Barletta

A Külügyminisztérium másik bérelt csatlósa Nicolas Ardito Barletta volt. Norman Bailey, a Nemzetbiztonsági Tanács tagja és az NSC-CIA „bankári ágának" vezetője barátja és bizalmasa, Sol Linowitz és William Colby közeli ismerőse, Barletta nyilvánvalóan a „kapjuk el Noriegát" frakció fontos szövetségese volt. Már említettem, hogy Panama a kábítószer-kereskedők és pénzmosó bankjaik menedékévé vált röviddel azután, hogy Blandon szigorú banki titoktartási törvényeket hozott: éppen időben a kokainkereskedelem „boomjához". Banki titoktartási törvényét soha nem kifogásolták – egészen addig, amíg Noriega tábornok nem vállalta magára ezt a hatalmas felelősséget. Nem csoda, hogy Blandon szövetségre lépett ellenségeivel. Blandont Washingtonban Panama „bankárjának" tartották.

Steven Sarnos

Kábítószer-kereskedőként azonosított Sarnos meglepően könnyű hozzáférést élvezett olyan kormányzati tisztviselőkhöz, mint Poindexter admirális, és olyan neves személyiségekhez, mint Barletta. Sarnos tagja volt annak a csoportnak, amelyet Eisenmann, Galindo és mások alkottak, és amely megindította a Noriega elleni rágalmazási kampányt. Úgy tűnik, Sarnos Jose Blandon számos „tanácsadója" egyike volt.

Sarnos a szövetségi tanúvédelmi program védelme alatt utazik, hogy találkozzon magas rangú amerikai kapcsolataival. Talán Sarnos által szolgáltatott bizonyítékok miatt ítélték börtönbüntetésre marihuána-kereskedelemért egykori kollégáját és üzlettársát,

Fernandezt. Talán soha nem fogjuk megtudni, de biztosan ez az oka annak, hogy Sarnos utazhat az Egyesült Államokba, míg egy olyan embert, mint Waldheim elnök, az ENSZ volt főtitkárát, feketelistára tették.

Úgy tűnt, hogy a John Kerry vezette szenátusi bizottság mindent megtett, hogy ellensúlyozza Blandon rendkívül kiszámíthatatlan viselkedését. Amikor a sajtó Blandon megváltozott vallomásáról, pontatlanságairól és ellentmondásairól kérdezte, D'Amato szenátor, a bizottság egyik tagja, azt mondta: „A sajtó emberei mindent megpróbálnának, hogy hiteltelenné tegyék Blandon úr vallomását." Végül azonban kiderült, hogy Blandon vallomása nem más, mint túlfűtött fantáziájának szüleménye. Az állítása, miszerint látott olyan dokumentumokat, amelyek megerősítették, hogy a CIA kémkedett bizonyos amerikai szenátorok magánélete után – egy vád, amelyet a CIA hevesen tagadott, de Blandon megerősített –, nagy felfordulást okozott. Blandon CIA-val kapcsolatos „szenzációs" bejelentése szinte annyira felkavarta a bizottságot, mint Milian azon kijelentése, hogy az Egyesült Államok vezető bankjai részt vettek kábítószer-pénzmosásban.

A „Noriega-ellenes" összeesküvést támogató „befolyásos nemzetközi személyiségek" között volt Ted Turner, a CNN tulajdonosa is. Turnerről úgy tartják, hogy a Trilaterális Bizottság tagja, akit David Rockefeller személyesen „átállított". Úgy tűnik, hogy a nevét felvették Noriega ellenségeinek listájára. Roberto Eisenmann La Prensa című lapja megkönnyebbülten sóhajtott fel a szenátusi albizottsági meghallgatások kimenetele láttán. Nyilvánvaló volt, hogy a kábítószer-bankár panamai politikája ezentúl az Egyesült Államok hivatalos politikája lesz. Az Egyesült Államok által a PDF ellen indított kampány egyenesen a La

Prensa lapjairól származott, ahol a lap dühöngő kiáltásokkal tiltakozott az „elnyomás" ellen. A kokainbárók és bankáraik írták a szövegét annak a gyűlöletdalnak, amelyet a Reagan-kormány énekelt a világ akkori legjobb kábítószer-kereskedelem elleni harcosával, Manuel Noriega tábornokkal szemben.

Az a tény, hogy Noriegát bemocskolták, elárulja, mennyire hatékony volt a kábítószer-ellenes háborúban. Ha jelentéktelen alak lenne, senkit sem zavarna Washingtonban vagy Panamában. A nemzetközi gyűlölet- és rágalmazási kampány gyorsan csúcspontjára ért, és Noriega elűzésével végződött. A legmegbízhatóbb információk alapján meggyőződésem, hogy még kényszerű távozása után is Noriega továbbra is súlyos veszélyben volt. Ez az információ helyesnek bizonyult, amikor Noriegát elrabolták és egy floridai börtönbe szállították, majd egy olyan álbírósági tárgyalás következett, amelyhez hasonló nem található egyetlen nyugati ország joggyakorlatában sem. A drogbárók és bankáraik nem fognak megbocsátani és felejteni. Noriegát megsemmisítésre jelölték ki, ugyanúgy, ahogy a nicaraguai Somoza tábornokot is meggyilkolásra ítélték.

A kisbizottsági meghallgatásokból azért származott némi jó is. Paul German tábornok tagadta, hogy talált volna bármilyen bizonyítékot Noriega törvénytelenségeire, amint azt Blandon és Norman Bailey állította. Azt mondta, nincs kézzelfogható bizonyíték arra, hogy Noriega kapcsolatban állt volna a kokainbárókkal. Voltak pletykák, mondta German, de soha nem találtak valódi bizonyítékot. A bizottság sem tudott előállni egyetlen hiteles bizonyítékkal sem Noriega ellen felhozott hamis vádak alátámasztására, bármennyire is dühöngött és fújta Kerry, mégis bűnösnek találták és életfogytiglani börtönbüntetésre ítélték, amelyből soha nem fog szabadulni.

Blandon, Barletta, Linowitz, Elliot Abrams, Elliott Richardson, Lewis Galindo és Roberto Eisenmann, többek között, a kábítószer-kereskedelem legalizálását szeretnék elérni. Richardson megközelítése ebben a kérdésben rendkívül ravasz volt. A kábítószerek legalizálását szorgalmazta anélkül, hogy ténylegesen úgy tűnt volna, mintha ezt tenné. Az álláspontja az volt, hogy „túl késő" megkísérelni a kábítószer-fenyegetés elleni harcot, és hogy bármennyire is igyekeznek visszaszorítani, az alkoholhoz hasonlóan a legjobb megoldás a kábítószerek legalizálása. Ez Richardson és keleti liberális bankárcsoportja szerint hosszú távon sokkal hatékonyabb és olcsóbb lesz – pontosan ezt a vonalat követte Edward Kennedy szenátor is számos kábítószer-legalizálási kísérletében.

Edward Kennedy megmenekült testvérei sorsától, mert hasznos a szenátusban az establishment törvényjavaslatainak előmozdításában – ez az egyetlen oka politikai karrierje folytatásának. Ha Kennedy egyszer merne a kábítószer-párti törvényjavaslat ellen szavazni, eltávolítanák. Mi tudjuk ezt, és ő is tudja. Ennyire egyértelmű a helyzet. A Sol Linowitz 1986-os Inter-American Dialogue jelentéséből átvett cikkében Richardson gyakorlatilag idézi a *La Prensa* és Carlos Lederer által előterjesztett érveket a kokain és a marihuána használatának legalizálása mellett, ugyanúgy, ahogyan az Egyesült Államokat végül kénytelenek voltak legalizálni az alkoholt. Az Inter-American Dialogue a keleti liberális establishment és a latin-amerikai véleményalkotás találkozási pontja, amely a 300-as Bizottság égisze alatt követi a régióra vonatkozó Trilaterális Bizottság döntéseit.

Röviden: azért van, hogy jóváhagyja a Trilaterális Bizottság döntéseit. A tagok listájából gyorsan meg lehet állapítani, hogy ez a testület milyen mértékben jött létre a CFR utasításainak végrehajtására. Ahol felbukkannak McGeorge Bundy, Linowitz, Kissinger, John R. Petty, Robert S. McNamara, Barletta és Montoya nevei, ott biztosak lehetünk abban, hogy piszkos munka folyik az kereszteződésén.

A kolumbiai kokainbárók futárja, Samper Pizano szerint a Nyugatnak új és friss megközelítést kell fontolóra vennie a kábítószer-problémával kapcsolatban. Pizano, aki nem tagadja kapcsolatait a kolumbiai kokainbárókkal, egyszer egy igen tetemes összegű csekket nyújtott át Lopez Michelsonnak „hozzájárulásként" elnöki kampányához. Michelson elfogadta a pénzt, annak ellenére, hogy tudta, hogy Carlos Lederertől származik.

A szelektív legalizálásról szóló elcsépelt érvet Richardson is előhozta. Úgy tűnik, az Egyesült Államokban élő 65 millió drogfüggő nem elégséges szám. Richardson utal rá, hogy a drog elleni háború nem nyerhető meg, ami egy másik régi és veszélyes érv, amely figyelmen kívül hagyja azokat a csapásokat, amelyeket Garcia elnök mindössze ötven nap alatt tudott mérni a kokainmaffiára, ráadásul szigorúan korlátozott erőforrásokkal! A döntő érv a következő kijelentés:... a kábítószerek illegális jellege nagyobb kárt okoz mind a függőknek, mind az amerikai kontinens társadalmainak. Bírósági tisztviselőként Richardsont meg kellett volna vizsgálnia az Amerikai Ügyvédi Kamarának, kábítószer-kereskedelem ösztönzésével vádolva, és ilyen vádak alapján bíróság elé állítva. Az Inter-American Dialogue-nak van egy kábítószer-bankárokból álló klubja, amely támogatja a kábítószer legalizálására irányuló kísérleteket. Nem lenne nehéz bizonyítani, hogy bizonyított kapcsolat van a First

Bank of Boston, a Credit Suisse és a kolumbiai kokainbárók között; ez sokkal kevésbé nehéz, mint megpróbálni hitelesnek és elfogadhatónak beállítani Jose Blandon eltorzított tanúvallomását.

Miért nem a Credit Suisse, a First Bank of Boston, az American Express és a Bank of America után ment a Noriegát becsmérlő szenátusi albizottság, ha tényleg azt akarta, hogy a hitelesnek tűnjön a kábítószer-kereskedelem elleni küzdelemben? Mi volt John Kerry szerepe mindebben? Mikor kezdett a Külügyminisztérium valóban félni Noriegától?

Úgy becsülöm, hogy közvetlenül a DEA és Panama közös, „Operations Pisces" kódnevű kábítószer-ellenes akciójának sikere után, amelyet a DEA 1987. május 6-án hozott nyilvánosságra, és amelyet „a szövetségi kábítószer-ellenes bűnüldözés történetének legnagyobb és legsikeresebb titkos nyomozásaként" jellemezte. A Külügyminisztérium azonnal megkezdte az ellenakciókat a cikkben megnevezettekkel együttműködve, hogy aláássa az „Operation Pisces" sikerét, és eltávolítsa Noriega tábornokot a panamai védelmi erők parancsnoki posztjáról. A Külügyminisztériumnak és a kábítószer-párti lobbiban lévő szövetségeseinek jó okuk volt félni Noriegától, amint azt a DEA vezetője, John C. Lawn 1987. május 27-én Noriegához írt levelének alábbi kivonata egyértelműen világossá tette:

> Mint tudja, a nemrég lezárult Pisces-művelet hatalmas sikert aratott: több millió dollárt és több ezer fontnyi kábítószert foglaltak le a kábítószer-kereskedőktől és a nemzetközi pénzmosóktól. Az Ön személyes (kiemelés tőlem) elkötelezettsége a Pisces művelet iránt, valamint a Panamai Köztársaság más tisztviselőinek hozzáértő,

professzionális és fáradhatatlan erőfeszítései elengedhetetlenek voltak a nyomozás végső pozitív kimeneteléhez. A kábítószer-kereskedők világszerte tudomásul vették, hogy illegális vállalkozásaikból származó bevételeik és nyereségeik nem kívánatosak Panamában.

VALÓBAN!

Ezekben az utolsó néhány sorban találjuk meg a kulcsot ahhoz, hogy miért fordult a Külügyminisztérium Noriega tábornok ellen, és miért indítottak ország -szintű rágalmazási és becsületsértési kampányt a világ akkori leghatékonyabb kábítószer-kereskedelem elleni harcosával szemben. John C. Lawn levelei éles kontrasztot alkotnak azzal a szánalmas látványossággal, ahogyan Jose Blandon és az elítélt kábítószer-kereskedő Milian igyekeztek bemocskolni azt az embert, akit a kolumbiai kábítószer-bárók, panamai bankáraik és keleti liberális establishment szövetségeseik – akik közé a *New York Times* és a *Washington Post* is tartozik – a legjobban gyűlöltek és féltek.

A szenátusi albizottság meghallgatásai szörnyű és sajnálatos kárt okoztak az amerikai népnek azzal, hogy támogatták a kábítószer-bárókat és bankáraikat, és gyakorlatilag eltemették a kábítószer-ellenes háború programjának maradékát, amelyet Reagan elnök állítólag George H. W. Bush kezébe hagyott. A kábítószer-fenyegetéssel szemben álló nemzetünk meggyengült önbecsüléséből csak Nancy Reagan szánalmas „Just Say No” (Csak mondj nemet) szlogenje maradt meg. A szavak valóban olcsók, különösen ha összehasonlítjuk őket Noriega tábornok és Alan Garcia elnök bátor tetteivel.

Az amerikai mainstream média, azok a sakálok, akik a falkavezér David Rockefeller utasításait követik, felelősek voltak az Amerikai Egyesült Államokban zajló gonosz Noriega-ellenes kampány megszervezéséért, amely oda vezetett, hogy a miami esküdtszék vádat emelt az ellen a férfi ellen, akit a DEA vezetője oly dicsérő szavakkal méltatott. Ki téved itt? Talán John C. Lawn? Az általa dicsért Noriega valóban ugyanaz az ember, akit a kokainmaffia sajtója, ügyvédei, bankárai, fizetett hazugai és politikai döntéshozó szervezetei a kábítószer-kereskedők barátjaként és védelmezőjeként ábrázolnak?

Első pillantásra úgy tűnik, van némi zavar. Vagy Noriega nyilvánvalóan nem az az ember, akit John C. Lawn dicsért, vagy a vagy a szenátusi albizottság tanúi hazudtak. Rátok bízzuk, hogy levonjátok a saját következtetéseiteket. Térjünk vissza a „Noriega ellenségei" listához, és fedjük fel ennek a modern idők legkegyetlenebb bűncselekményének fő elkövetőit, amelyet a kábítószer-kereskedők legjobb ellenfelével szemben követtek el.

Ruben Darios Paredes tábornok

A nyugalmazott panamai nemzetőrség parancsnoka Noriega tábornok legharciasabb és legveszélyesebb ellensége volt. Annak ellenére, hogy fiát brutálisan, maffia-stílusban kivégezték, Paredes hűséges maradt az Ochoa testvérekhez, még akkor is, miután kiderült, hogy hazudtak neki, amikor telefonon érdeklődött eltűnt fia sorsa után. Paredes elhitte az Ochoák szavát, miszerint fia biztonságban van, még akkor is, amikor a kolumbiai sajtó már hangoztatta, hogy Rueben Jr. már halott, „los grandes mafioses" áldozata. Paredes régóta szoros kapcsolatban állt Fidel Castróval és annak önjelölt „különleges barátjával", Roberto Diaz Herrera ezredessel. Ezeket a tényeket figyelembe véve nem meglepő, hogy Paredes otthonában fogadta Carlos Ledher magánterrorista hadseregének, az M19-nek a tagjait, és védelmet nyújtott nekik, miután az M19 egy egységét Panamában állították fel a darieni kokainlaboratórium és az izraeli fegyverraktárak védelmére.

Paredes volt Kissinger, Linowitz és a Külügyminisztérium választása Noriega tábornok helyettesítésére, miután őt nyílt fenyegetésekkel vagy az Igazságügyi Minisztérium vádemeléseivel kényszerítették távozásra. Ez volt az alapja a Noriega tábornokkal folytatott úgynevezett „tárgyalásoknak". 1987 júliusában Paredes azzal fenyegetőzött, hogy háború tör ki Panamán, ha Noriega tábornok nem mond le. A Kissinger és Linowitz által Paredesnek kijelölt szerep az volt, hogy megakadályozza, hogy bármely személy vagy politikai párt elég erős legyen Panamán ahhoz, hogy fenyegesse a kábítószer-bárók és banki hálózatuk érdekeltségeit. Mint korábban említettük, amikor Torrijos ilyen jeleket mutatott, halálos repülőgép-„baleset" érte. Van-e olyan valódi bizonyíték, amelyet a szenátusi albizottság olyan buzgón keresett, és amelyet Noriega tábornok esetében nem talált meg, és amely összekapcsolhatta volna Paredest a kokainbárókkal és azok piszkos bankáraival? Nyilvános tény, hogy az Ochoák drága ajándékokkal halmozták el Paredest, köztük drága telivér sétalovakkal, de ez önmagában nem elégséges bizonyíték. Aztán ott van még a Paredes helyettese, Julian Melo Barbua alezredes – akivel már találkoztunk – és Ricardo Tribaldos, Jaime Castillo, Mendez, valamint más Ochoa-kereskedők, például Stephen Samos közötti szoros kapcsolat, amely vitathatatlan volt, és amelyet Paredes tábornok előtt semmiképpen sem lehetett eltitkolni.

Amikor Lopez Michelson 1984-ben Panamában találkozott

a kolumbiai kokainbárókkal, Melo Borbua gondoskodott arról, hogy ne zavarják őket. Stephen Samosról azért említettem, mert Alma Robles felesége volt, aki a Robles testvérek egyikének nővére, akiknek ügyvédi irodáját a drogbárók használják. Samos a Fernandez-szindikátus futára volt – amíg el nem kapták. Az én információim szerint Melo Borbua jól ismerte őt, és tevékenysége nem kerülhette el egy olyan ember figyelmét, mint Paredes tábornok.

Paredes, annak ellenére, hogy ismert volt a kábítószer-kapcsolatai miatt, nagyon keresett volt az amerikai média sakáljai körében. Teljesen kedvező sajtóvisszhangot kapott, sötét múltját láthatóan biztonságosan eltitkolták, nagyjából ugyanúgy, ahogyan az amerikai sajtó imádja Pitovranov tábornokot, az Egyesült Államok Kereskedelmi és Gazdasági Missziójának (USTEC) vezetőjét, annak ellenére, hogy ismert a múltja, mint a KGB világméretű emberrabló és gyilkos osztagának vezetője.

Dr. Norman Bailey

Bailey múltja a Nemzetbiztonsági Tanácshoz kötődik, ahol szolgált, mielőtt csatlakozott Sol Linowitzhez a hírhedt panamai csatorna-átadás ügyében. A Nemzetbiztonsági Tanács tagjaként Bailey-t a kábítószer-pénzek mozgásának tanulmányozásával bízták meg, ami első kézből származó tapasztalatot adott neki Panamáról. Tanulmányai közvetlen eredményeként Bailey barátságot kötött Nicholas Ardito Barlettával. Úgy vélik, hogy Bailey gyűlöletet táplált Noriega iránt, mert őt okolta Barletta elnöki posztjának elvesztéséért. Bailey a következőket nyilatkozta:

> Akkor kezdtem meg háborúmat Panamával, amikor barátom, Nicky Barletta lemondott a panamai elnöki

posztról.

Bailey sokat tanult Panama banki titoktartási törvényeiről attól az embertől, aki felelős volt azért, hogy az ország a kábítószer-kereskedők és a pénzmosó bankok menedékévé vált, és akinek most ő lett a védelmezője.

Miért is neheztelt volna Bailey Barletta elbocsátására? Mert Barletta volt a „helyszíni ember”, aki a brit és amerikai felsővezetés olyan tagjait képviselte, akik – természetesen biztonságos távolságból – nyakig benne voltak a kábítószer-kereskedelemben. Ő volt az a Nemzetközi Valutaalap (IMF) képviselője is, aki Panamán a helyszínen felügyelte, hogy az IMF utasításait kérdés nélkül betartják, és George Shultz kedvence volt. Amikor Noriega tábornok ellenállt az IMF megszorító, vagyonelkobzási csomagjainak, frontális ütközésbe került Ardito Barlettával, és közvetve a washingtoni elitista establishmenttel is. Bailey tudta nélkül Noriega tábornok egyeztetett Alan Garciával, akinek a taktikája sikeresen megvédte Perut az IMF kifosztásaitól, és amelyet Noriega később Panamánál is alkalmazott.

Ennek eredményeként Bailey-t eltávolították, amikor megpróbált az IMF végrehajtója lenni. Ekkor George Shultz Norman Bailey és üzlettársa, William Colby tanácsára hozta meg a döntést, hogy totális háborút indít Noriega és a Nemzeti Gárda ellen, akiket a pánikba esett panamai és amerikai kábítószer-pénzmosó bankárok tanácsoltak. Attól a pillanattól kezdve Noriega tábornokot soha többé nem nevezték másnak, mint „diktátornak”.

Bailey állítja, hogy nem érdekelte Noriega eltávolítása. Szerinte ennél is fontosabb volt a hadsereg felszámolása, mert Bailey szerint „Panama a nyugati féltekén a legerősebben militarizált ország". Ezt a figyelemre méltó kijelentést össze kell vetni azzal a közismert ténnyel, hogy Bailey volt az, aki megfogalmazta a Blandon, Eisenmann és Weedon által Noriega ellen emelt vádakat. Bailey tagja volt annak a polgári akciócsoportnak, amely keményen dolgozott Noriega eltávolításán és helyére egy olyan „polgári junta" beiktatásán, amely – Bailey szavaival élve – hatalomra kerülése után egy éven belül szabad választásokat tart.

Bailey jelentősen hozzájárult ahhoz, hogy a *New York Times* és *a Washington Post* rágalmazta Noriegát, amit ő „98%-ban ténynek" nevez. Ha csak 2%-a sem felel meg a valóságnak, akkor cikkei biztosan teljesen megkérdőjelezhetők, nem? Bailey révén a Noriega tábornok elleni összeesküvés teljes kört írt le a kolumbiai kokainbáróktól a washingtoni, londoni és new yorki elitistákig. Bailey révén jött létre a kapcsolat az alacsony rangú, gyilkos kokainmaffia és a washingtoni, bostoni, londoni és new yorki társadalmi és politikai élet érinthetetlen, tekintélyes személyiségei között, akiket Elliott Richardson és George Shultz testesít meg.

A tét a még mindig illegális kábítószer-kereskedők által generált hatalmas mennyiségű készpénz, amely azonban már nem sokáig maradhat illegális, tekintettel a törvényhozókra nehezedő nyomásra, hogy „lazítsanak" az olyan drogok „társadalmi használatán", mint a marihuána és a kokain. A dohányzás elleni nyomás mögött a kábítószer-lobbinak a veszélyes, függőséget okozó drogok „könnyű használatának" legalizálására irányuló kampánya állt. Az egészségügyi főtisztviselő szerint a nikotin ugyanolyan függőséget okoz, mint a kokain és a heroin. A következmények nyilvánvalóak. Adjuk fel az antiszociális dohányzást, amelynek rákkeltő kockázata bizonyított, és váltsunk át a nem rákkeltő kokainra vagy marihuánára. A kábítószer-eladások, amelyek jelenleg messze meghaladják a benzineladásokat, hamarosan a cigarettaeladásokat is meghaladhatják.

A kokain „piaca" egyelőre viszonylag kiaknázatlan. Ha még több millió embert alakítanak kábítószer-függő zombivá, akkor mi van, ahogy Bertrand Russell mondaná, ha ma élne. Amikor Noriegát letartóztatta George Bush idősebb és 7000 fős amerikai katonai hadserege, a Szovjetunió lett a győztes, a partnerség és Castro Kubája révén. Képes volt kiterjeszteni befolyását egész Latin-Amerikára. A kereskedelem második előnye az volt, hogy lehetővé tette a kokain és a marihuána termelésének növekedését. Az Egyesült Államok megérezte a hatást, mivel a kábítószerek olcsóbbá váltak, és nagyobb mennyiségben váltak elérhetővé az „új" felhasználók számára, akik nem feltétlenül válnak függővé – legalábbis így hangzik az érvelés. Ebben a kábítószer-bárók biztosak lehettek a *New York Times* és a *Washington Post* teljes támogatásában, amelyek a brit érdekeket képviselték. Mindkét újság az elmúlt években számos cikket tett közzé a marihuána és a kokain használatának legalizálása mellett.

A szenátus háborút hirdetett Panamára, ahogyan Dél-Afrikára is. Az amerikai nép hazafiságát azzal ébresztették fel, hogy a panamai katonaságot a csatorna biztonságát fenyegető veszélyként állították be. De Concini volt az a haszontalan csalogató a jobboldal számára, aki aláírta az eladási dokumentumot, „fenntartásokkal", amelyekkel Panama nem értett egyet, amiért bölcs és körültekintő emberként emelték ki, amiért követelte a kiegészítést, amikor az nem volt más, mint menekülési út a patkányok számára, akik eladták az amerikai csatornát Panamában. A közép-amerikai helyzet veszélyt jelentett az amerikai nemzetbiztonsági érdekekre. Panamára rákényszerítettek egy Fülöp-szigeteki stílusú „demokráciát". A Panamacsatorna-szerződés jóváhagyásának érdekében a szenátus kijelentette, hogy Noriega tábornoknak le kell mondania. Ha nem hajlandó engedelmeskedni, akkor eltávolítják. Ez volt a konszenzus a hat tagú szenátusi küldöttség körében, amely 1987. november 12–16. között látogatott Panamába.

A küldöttség nem tett említést a kábítószer-kereskedők és kubai kapcsolataik által jelentett rettenetes fenyegetésről, nem is beszélve arról a veszélyről, amelyet gazdaságunkra jelentett az amerikai dollárok panamai pénzmosó bankokba történő elszivárgása. A demokrácia nevében Panamát elvették Noriegától, és átadták a nemzetközi kábítószer-kereskedőknek, és a csatornaszerződés felforgatta Panamát. Nincs kifejezetten megfogalmazva, de egyértelműen benne van a fenyegetés, hogy az amerikai hadsereget küldik Panamába, ha „zavarok" veszélyeztetik a csatorna biztonságát. Éppen ilyen zavarok keltése érdekében küldték Panamába a veterán bajkeverőt, John Maistót.

John Maisto

Ki az a John Maisto? Ő volt a második ember az amerikai nagykövetségen Panamában, amikor a „átadás" zajlott. Ezt megelőzően Dél-Koreába, a Fülöp-szigetekre és Haitire küldték, hogy zavargásokat keltsen az utcákon, és „tüntetéseket" vezessen a hatóságok ellen. Nagyon aktív volt a panamai utcákon, és szégyen, hogy Maisto provokátornak megengedték, hogy megússza botrányos viselkedését. A szenátus szándékosan és előre megfontolt szándékkal segített a panamai helyzet romlásában azzal, hogy továbbra is ragaszkodott ahhoz, hogy Noriega „diktátor" bűncselekményekben vett részt, és hogy a panamai szerződés alapját képező amerikai védelmi jogok elfogadásának megtagadása veszélybe sodorta az egész szerződést.

A „védelmi jogok" ebben az esetben azt jelentették, hogy amerikai csapatokat állomásoztattak volna olyan területeken, ahol Maisto zavargásokat szított, ami szándékos provokáció volt, mivel a hadsereg teljes mértékben tisztában van a polgári zavargásokkal sújtott területeken történő csapatállomásoztatás velejáró veszélyeivel. Ha a hadsereg egyáltalán tanult valamit Irakból, akkor tudnia kellene, hogy helytelen az amerikai katonai személyzetet tarthatatlan és ingatag helyzet közepébe állítani.

Egy másik hazugság, amelyet leleplezni kell, az a történet, miszerint Noriega tábornok segítséget kapott Líbiától. Ez egy kitaláció, amelynek célja Noriega hiteltelenítése. Forrásaim három hónapig vizsgálták a vádakat, és megállapították, hogy azoknak semmi alapja nincs.

A Külügyminisztérium a CNN-es Ted Turner segítségével dezinformációs kampányt folytatott, nagyjából ugyanúgy, ahogy a BBC az iráni sah ellen folytatott dezinformációs kampányt. De mindezek ellenére a dezinformációs kampány és John Maisto aljas tevékenységei által Panamára tervezett vérfürdő nem valósult meg. Paredes tábornok, aki – mint már említettük – a kokainbárók, bankáraik és politikai támogatóik szószólója volt, csatlakozott a Noriega tábornok elleni rágalmazási kampányhoz, és szörnyű következményeket jósolt Panamának, ha Noriega nem mond le azonnal. Reagan elnök, akinek fogalma sem volt arról, kik is voltak valójában a „rosszfiúk", 1988 áprilisát tűzte ki határidőnek Noriega lemondására. Mintha Panama az Egyesült Államok része lenne!

Amikor Noriega nem tett eleget a kérésnek, a határidőt május közepéig meghosszabbították. Egy washingtoni forrás szerint Reagan azt akarta, hogy Noriega időben eltűnjön az útból a Gorbacsovval tartandó „csúcstalálkozója" előtt. Norman Bailey fokozta követeléseit, hogy a panamai Nemzeti Gárdát oszlassák fel, mivel az „veszélyt" jelentett az egész térségre.

A washingtoni George Washington Egyetemen tartott fórumon Bailey kijelentette, hogy Noriega csak akkor mozdul el a helyéről, ha a panamai emberek kimennek az utcákra, és ott lelővik és megverik őket. Ha a televíziós kamerák nem lesznek a helyszínen, hogy rögzítsék az eseményeket, akkor az erőfeszítés hiábavaló lesz. Semmi sem fog történni Panamában, nem fogtok megszabadulni Noriegától és a PDF intézményeitől, ha az emberek nem vonulnak utcára – mondta Bailey. Ezért volt Maisto Panamában, ahol gyakorlatba ültette a Dél-Koreában, a Fülöp-szigeteken és Haitin szerzett, tömegeket lázító tapasztalatait.

Maisto és Bailey egy panamai „Sharpeville"-t akartak – azt a külügyminisztérium által kiváltott zavargást, amely végigsöpört a dél-afrikai Sharpeville fekete településén, és 70 fekete lázadó halálát okozta –, amelyet a kamerák kényelmesen rögzíthettek. Sharpeville azóta is átokként nehezedik Dél-Afrikára. Az utolsó csepp, amely Noriega nyakát törte meg, a miami nagyesküdtszék által kihirdetett vádirat volt. Összefoglalva, mi történt már Panamában:

A kábítószer-kereskedők és bankáraik összefogtak a washingtoni politikai elittel, hogy megszabaduljanak

Noriega tábornoktól, és helyére egy Washingtonból irányított bábkormányt állítsanak. Mi volt ennek az akciónak az oka? Először is, Noriega tönkretette a jövedelmező, virágzó kokain- és marihuána-kereskedelmet Panamában, másodszor pedig nem volt hajlandó együttműködni Kissinger Andok-tervével, amelynek célja az volt, hogy Közép-Amerikát az amerikai erők számára vietnami stílusú harctérré alakítsa.

Ezeket elegendő oknak tartották ahhoz, hogy Panamát ostromállapotba helyezzék. Mi lett az eredménye? Noriega tábornok nem volt hajlandó lemondani. Ezután mesterséges helyzeteket hoztak létre, többek között zavargásokat, gazdasági nehézségeket és munkaügyi nyugtalanságot, hogy Panamát kormányozhatatlanná tegyék. Ekkor lépett közbe az amerikai hadsereg, látszólag a csatorna biztonságának érdekében, de valójában azért, hogy elrabolják Noriegát és Floridába szállítsák tárgyalásra. Így folyt az amerikai külpolitika Panamát illetően. Alkalmasak vagyunk-e arra, hogy a Nyugatot irányítsuk? A következtetéseket rátok bízom!

Vajon Noriega tábornoknak volt-e bármilyen felelőssége a panamai zavargásokban? Valóban az a kábítószer-kereskedő volt-e ő bármilyen formában is, aminek a nagy esküdtszék és a szenátus vádolta? Miért fordítottak hirtelen ennyi figyelmet Panamára; még annál is nagyobb figyelmet, mint amennyit akkor kaptak, amikor a csatornánkat átadtuk az „anti- a kommunista" Omar Torrijos tábornoknak?

Ha valakinek a pénztárcájába nyúlunk, biztosak lehetünk benne, hogy fájni fog. És pontosan ez volt Noriega tábornok bűne. A drogbárók zsebébe nyúlt. A piszkos drogpénzt mosó bankoktól elvette a tisztességtelenül szerzett nyereségük nagy részét. Rossz hírbe hozta a bankárokat. Felforgatta a status quo-t; szigorította a panamai banki törvényeket. Ráadásul Henry Kissinger útjába állt, és megzavarta az izraeli fegyvereladásokat Közép-Amerikában. A hatalmasok lábára lépett. Nem csoda, hogy Noriega tábornokot a gazember szerepébe szorították. A Carter-elnökség alatt robbanásszerűen megnőtt a kokainkereskedelem. Hat hónappal azután, hogy Carter beköltözött a Fehér Házba, a valutaháztartásunk zűrzavarba került. A Federal Reserve nem számított a dollár iránti rohamra, és nehezen tudta kielégíteni a floridai bankok igényét. A valutarendszer rendezetlen állapotba került. Hat hónappal Jimmy Carter elnökké válása után a floridai bankok 514 milliárd dollárnyi kokainbevételt forgalmaztak.

Carlos Ledher, a kolumbiai drogkartell tagja, szimpatikus és segítőkész barátra lelt Dr. Peter Bourne személyében, aki Jimmy Carter drogügyi tanácsadója volt a Fehér Házban. Az Allman Brothers kábítószerrel átitatott zenekarát szívesen fogadták a Fehér Házban, annak ellenére, hogy tagjai „kokósok" voltak. Ledher ápolta „Carter-kapcsolatát", és kétségtelenül örült, amikor Bourne elkezdett függőséget okozó gyógyszereket felírni barátainak és kollégáinak – amiért, mellesleg, elkerülte a megfelelő büntetést.

Az ilyen „boom" körülmények csodálatos lehetőséget teremtettek a drogbárók számára, különösen Panamában. Torrijost egyáltalán nem érdekelték ezek az események. A csatornaövezet feletti ellenőrzés megszerzése és egy életképes panamai gazdaság felépítése volt az, ami leginkább érdekelte. Ha a kokain és a marihuána eszköz volt ehhez a célhoz, hát legyen! A hozzáállása az volt, hogy „élj és hagyd élni!"

A Carter-kormány támogatta az IMF követeléseit, miszerint Latin-Amerikának „pénzt hozó növényeket" (marihuánát és kokaint) kell termesztenie, hogy teljesíthesse nemzetközi adósságkötelezettségeit. Az IMF hivatalosan is ösztönözte több országot, köztük Jamaicát és Guyanát, hogy „kábítószer-növényeket" termesztsenek. Az IMF álláspontja nyilvános. John Holdson, a Világbank egyik magas rangú tisztviselője kijelentette, hogy a kokainipar rendkívül előnyös a termelők számára, és hozzátette: „Az ő szemszögükből egyszerűen nem találhattak volna jobb terméket." Az IMF kolumbiai irodája nyíltan kijelentette, hogy az IMF szempontjából a marihuána és a kokain csak olyan termények, mint bármely más termény, amelyek a latin-amerikai országok gazdaságába hoznak annyira szükséges devizát! Nem csak a Világbank és az IMF „jóváhagyta" a kábítószer-kereskedelmet.

A Midland and Marine Bankot a világ vezető kábítószer-bankja, a Hong Kong and Shanghai Bank vette át, Paul Volcker, a Pénzügyminisztérium akkori vezetőjének kifejezett engedélyével, annak ellenére, hogy ő pontosan tudta, hogy a felvásárlás célja az volt, hogy a Hongshang Bank megvetesse a lábát a jövedelmező panamai kokain-banki kereskedelemben. Valójában a Midland Hongshang általi felvásárlása rendkívül szabálytalan volt, szinte már bűncselekménynek minősült. A Midland Marine Bank egy szempontból figyelemre méltó volt: Panama kábítószer-bankjainak elszámoló bankjaként működött!

Tehát nem pusztán véletlen volt, hogy a Hong Kong and Shanghai Bank ráállt! Nicolas Ardito Barletta a Midland Bank igazgatótanácsának tagja volt, akárcsak Sol Linowitz. Furcsa, hogy ezek a nevek folyamatosan felbukkannak! Nyilvánvalóan Linowitz nem tartotta összeférhetetlenségnek, amikor eljött az idő, hogy

„tárgyaljon" Torrijosszal.

Mi a helyzet a First Bostonnal, amely a Credit Suisse-szel együtt nyakig benne van a piszkos kábítószer-pénz mosásában? A First Boston nem akármilyen bank. Eredeti tulajdonosai a régi keleti liberális establishmenthez tartozó Perkins család voltak, akik szoros kapcsolatban álltak a svájci White Weld birodalommal. Mellesleg Perkins volt a J.P. Morgan és számos más, az Egyesült Államokban működő brit ház ügynöke. Az, hogy az Amerikai Egyesült Államok ilyen rendkívüli erőfeszítéseket tett egy kis ország „diktátorának" eltávolítására, elgondolkodtató. Kíváncsivá kell tennie bennünket, hogy kiderítsük, mi állt a bankárok, politikusok és a sajtó sakáljainak összehangolt erőfeszítései mögött, hogy Noriega tábornokot eltávolítsák az útjukból. Remélem, hogy az általam nyújtott információk segítségével most már megértik, miért van Panama még mindig ostrom alatt!

Mivel 1986/87-ben először jelezték, hogy valami nem stimmel a kábítószer-bankárok terveivel, amelyek szerint Manuel Noriega tábornokot akarták felhasználni eszközként, a Rockefeller- és a Wall Street-i bankok elkezdtek összeesküvést szőni, hogy eltávolítsák őt hivatalából. Amikor azonban minden kísérlet kudarcot vallott, drasztikusabb intézkedéseket fontolgattak. 1988-ra egyértelműen kiderült, hogy Noriega komoly akadályt jelent a panamai kábítószer-kereskedelem számára. Most megvizsgáljuk azokat a rendkívüli erőfeszítéseket, amelyeket Rockefeller tett annak érdekében, hogy eltávolítsa őt a panamai Ibero-American Bank elleni támadásai miatt, valamint az ebből következő következményeket.

Miért volt szükséges G.H.W. Bush elnöknek

bűncselekményhez folyamodnia, nevezetesen Panamának a megszállásához és államfőjének elrablásához? Számos okot hoztak fel erre a valóban törvénytelen cselekményre, és ezek közül néhányat megvizsgálunk. Ha az amerikai nép nem lett volna állandó ködben, hatalmas felháborodás következett volna be az amerikai hadsereg panamai inváziója miatt.

Noriega a Központi Hírszerző Ügynökség (CIA) alkalmazásában állt? Alfredo Duncan, a panamai DEA-ügynök ezt hitte? Ha igen, ez segíthetne megmagyarázni furcsa viselkedését. Egy titkos DEA-ügynök, aki kilépett a szolgálatból, beszámolója szerint úgy vélte, hogy Duncan „kiemelkedő kapcsolatban állt a CIA-val".

Ez volt a hír a panamai Marriott Hotel környékén is, amelyet a kábítószer-kereskedők „DEA-szállodaként" ismertek. Ugyanez az ügynök panaszkodott, hogy soha nem tudta rávenni Duncant, hogy „bármit is tegyen" a panamai kábítószer-ellenes műveletekkel kapcsolatban, amelyekhez szükség volt a segítségére. Amikor parancsot kaptak egy Remberto nevű férfi letartóztatására, aki a panamai kábítószer-pénzmosás egyik vezére volt, Duncan látszólag semmit sem tett, és amikor a hanyagságáról kérdezték, azt mondta, hogy Rembertót a CIA elvitte, mielőtt ő lépéseket tehetett volna.

Később azt állították, hogy Rembertónak kapcsolatai voltak Noriegával, de soha nem mutattak be bizonyítékot az állítás alátámasztására. 1986-ban Noriega bezárta a First Inter America Bankot, amikor egyértelműen bebizonyosodott, hogy a Cali-kartell tulajdonában állt.

Mi volt a Cali-kartell? Valószínűleg az egyik legnagyobb

kolumbiai drogkartell, amely állítólag az amerikai kormányügynökségekkel együttműködve a Medellín-kartell ellen dolgozott. A *Washington Post* ezt elismerte. A Cali egyik hivatalos lobbistája Michael Abbell volt, aki 17 évig a Igazságügyi Minisztérium alkalmazottja volt. 1989. október 28-án és 29-én Bush elnök és szövetségesei csúcstalálkozót tartottak San Joséban, Costa Ricában, amelyen Közép- és Dél-Amerika politikai vezetői vettek részt. A találkozót követő sajtótájékoztatón Bush elnök a következőket mondta az újságíróknak: „Annak a zsarnoknak, a diktátornak (Noriega) a napjai lejártak."

Ez azt a jelzést küldte a sajtónak, hogy a Noriega-ügy „sürgős" kérdése most már – többek között Venezuelával és Nicaraguával folytatott közös egyeztetések eredményeként – megoldódott, noha Bush hivatalosan igyekezett távolságot tartani Daniel Ortega nicaraguai elnöktől. Bármennyire is igyekezett Bush elnök úgy tenni, mintha egyhangú ítélet született volna a panamai vezető ellen, a tény, hogy a zsűri többsége – Bolívia, Guatemala és a Dominikai Köztársaság – meg sem jelent a „tárgyaláson", állítólag felbosszantotta Busht és főtanácsadóját, James Baker III-t. Carlos Salinas Gortari elnöknek állítólag kulcsszerepe volt a lincselés ügyében. Talán Gortari úgy döntött, hogy a diszkréció a bátorság legjobb része, miután szűken elkerülte egy nagy kábítószer-botrányt, amelyben egyik legfőbb tábornokát megmentették attól, hogy kábítószer-üzlet közben elfogják, köszönhetően az akkori főügyész, Edwin Meese időben érkező figyelmeztető telefonhívásának, amelyben előre jelezte, mi fog történni. A venezuelai elnök, Carlos Andreas Perez – aki maga sem volt éppen fehér lovon érkező lovag – volt az, akiről a hírszerzési források azt állították, hogy 1989. október 3-án egy „közös erő" leple alatt puccsot szervez Noriega ellen, de a kísérlet kudarcba fulladt. Ugyanígy kudarcot vallott az a kísérlet is, amelynek célja az volt, hogy nyomást gyakoroljon a latin-amerikai országokra, hogy szakítsák meg diplomáciai kapcsolataikat Panamával. Bush elnök közölte az államfőkkel, hogy jobb, ha támogatják a Noriegával való konfrontációra irányuló terveit – különben... De a konferencia végül anélkül ért véget, hogy bármilyen végleges megállapodás született volna.

Ez sokat elárul arról, mennyire félt Bush Noriegától, és milyen mélyre süllyedt a kormánya a saját céljainak elérése érdekében. Bush találkozott a panamai „ellenzéki erőkkel", az úgynevezett Panamai Demokrata Ellenzéki Polgári Szövetséggel, amely olyan közszereplőkből állt, akikről köztudott, hogy kapcsolatban állnak a kábítószer-pénzt mosó panamai és floridai bankokkal. Vezetője, Guillermo Endara a televízióban nyíltan felszólította Noriega meggyilkolására.

Panamába való visszatérése után Endara tagadta, hogy valaha is ilyen cselekvésre szólított volna fel. Noriega ezután úgy válaszolt a costa ricai összeesküvőknek, hogy rávette Rodriguez elnököt, küldjön nyílt levelet Latin-Amerika elnökeinek, amely tartalmazta az ENSZ-nek tett ajánlat másolatát, miszerint Panamát egy multinacionális kábítószer-ellenes erő főhadiszállásává tennék, egy tényt, amelyet Bush elnök elmulasztott kiemelni.

Az 1989. október 3-i az ENSZ-nek címzett levél egy olyan erő létrehozását szorgalmazta, amelyet egy nemzetközi szerződés alapján hoznának létre, és amely garantálná a teljes hatalmat Panamában, de sem a Bush-kormány, sem az ENSZ nem reagált rá. A levél emellett szidalmazta Venezuelát és más „Bush-partnereket" azért, hogy „demokráciát" követeltek Panamában, anélkül, hogy megemlítették volna azt az illegális és ocsmány bojkottot, amelyet Bush elnök indok nélkül és érvényes ok nélkül vezetett be. 1989 októberében és novemberében az Egyesült Államok panamai erői folyamatosan zaklatták a Panamai Védelmi Erőket (PDF), abban a reményben, hogy olyan incidenst provokálnak, amely igazolná az amerikai katonai beavatkozást, de a PDF nem tett eleget ennek. Később kiderült (1989 májusában), hogy a Bush-kormány megváltoztatta a panamai amerikai erők bevetési szabályait.

Ettől kezdve a katonaságnak parancsba adták, hogy mindenáron keressen konfrontációt a PDF-fel. A Pentagon titokban arra készült, hogy provokálja Noriega katonáit azzal, hogy konvojokat indít Panamaváros külvárosán keresztül, ami a Panamával kötött szerződés megsértését jelentette. Az alapfeltevés az volt, hogy Noriega dühbe gurul, és parancsot ad a PDF-nek, hogy szálljon szembe az amerikai konvojokkal, ezzel megteremtve a feltételeket egy nagyszabású amerikai beavatkozáshoz.

1989. július 8-án Cisneros tábornok, az amerikai hadsereg dél-panamai parancsnoka elutasította az Amerikai Államok Szervezete (OAS) kísérleteit a válság tárgyalásos rendezésére. Cisneros tábornok kijelentette, hogy az OAS

> „...nem fog elég határozottan fellépni Noriega eltávolítására. Személyes véleményem szerint ez a megfelelő pillanat egy katonai beavatkozásra Panamában."

Mióta tesz az amerikai hadsereg politikai nyilatkozatokat? Ez a lépés egyfajta próbatétel volt arra nézve, hogy Bush mit tervezett Irakkal kapcsolatban. 1989. december 20-án, miután minden más módszer kudarcot vallott a népszerű Noriega eltávolításában, Bush zöld utat adott egy erőszakos agressziónak a panamai nép ellen, amely 7000 panamai halálát és Chorrillo teljes területének megsemmisülését eredményezte az amerikai csapatok és repülőgépek által végrehajtott folyamatos bombázás következtében. Ez az amerikai katonaság által végrehajtott akció nyílt agresszió volt egy békés nemzet ellen, és súlyosan megsértette az amerikai alkotmányt, valamint a Hágai és a Genfi Egyezményeket, amelyeknek az Egyesült Államok aláírója.

Vizsgáljuk meg, mi volt az igazi oka annak, hogy Bush elnök – anélkül, hogy előbb háborús nyilatkozatot kért volna a Kongresszustól – háborút indított a kis panamai nemzet ellen, és mint egy desperado, elrendelte az államfő elrablását? Miért kellett Bush elnöknek ilyen kétségbeesett eszközökhöz folyamodnia, hogy megszabaduljon Noriegától? Miért folyamodott Bush ilyen gengszter módszerekhez? Bizonyos jelentések szerint az egyik fő ok az volt, hogy figyelmeztesse a latin-amerikai nemzeteket: ha ezentúl nem teljesítik Washington akaratát, ők is szembesülni fognak az amerikai katonai fellépés fenyegetésével.

Nincs ok azt hinni, hogy a Panamát és Noriegát érintő illegális amerikai katonai akciót övező hatalmas propagandakampány – amelyről az elnök azt akarta elhitetni a világgal, hogy véget vet a panamai kábítószer-kereskedelemnek, és amelynek irányításával Noriegát vádolta – akár csak részben is sikeres lett volna. Az amerikai alkotmányban és a nemzetközi jogban nincs olyan precedens, amely megengedte volna a Panamát ért, provokáció nélküli támadást.

Milyen érdemi bizonyítékot nyújtott Bush elnök vádjainak alátámasztására? Egyetlen bizonyítékot sem mutattak be. Csak el kellett hinnünk az elnök szavát. Mi volt tehát a megszállás célja? Az első cél a Panamai Védelmi Erő (PDF) megsemmisítése volt, az egyetlen erő, amely képes volt fenntartani a rendet az országban. Miután ezt a célt elérték, a következő lépés az volt, hogy a lehető legkevésbé demokratikus eszközökkel olyan bábkormányt állítsanak fel, amely a kábítószer-pénzmosó bankokkal legszorosabb kapcsolatban álló személyekből áll, és amelynek tagjai régóta ismert támogatói a Bush családnak.

A PDF megsemmisítésének volt egy másik, másodlagos célja is, amely a Panamacsatorna-szerződésekhez kapcsolódott, amelyek értelmében az Egyesült Államoknak és Panamának közösen kellett biztosítania a csatorna védelmét. Ezt 1999-ben kellett volna fokozatosan megszüntetni, addigra a PDF elég erős lett volna ahhoz, hogy átvegye a csatorna rendfenntartásának teljes felelősségét, és az amerikai katonai erőknek el kellett volna hagyniuk az országot. A szerződések egyik kulcsfontosságú rendelkezése kimondta, hogy amennyiben Panama nem teljesíti az ilyen biztonsági erő biztosítására vonatkozó kötelezettségeit, „az Egyesült Államok katonai jelenlétét Panamában fenn kell tartani". Ezt „jó" rendelkezésnek tartották, amikor Sol Linowitz, a szerződések megfogalmazója beillesztette. Az volt a célja, hogy megakadályozza a jövőbeli panamai vezetők „szabályszegését", bár Omar Torrijos esetében nem számítottak problémákra.

Amikor Torrijos elkezdett visszalépni David Rockefellerrel kötött személyes megállapodásaitól a kábítószer-pénzmosó bankok védelméről, abban a szakaszban még nem volt lehetséges a PDF felszámolása, bár számos kísérlet történt egy lázadás kirobbantására, amely megosztotta volna a hadtestet, de ezek mind kudarcot vallottak. Torrijost ezért a CIA módszereivel „likvidálták". A „likvidálás" kifejezés a

CIA nyelvévé vált Alan Dulles vezetői kinevezését követően. Ezt megelőzően egyetlen amerikai hírszerző ügynökség sem használta ezt a szót. Ez szigorúan sztálini kifejezés volt.

Miért lenne kívánatos az amerikai erők állandó jelenléte Panamában? A kulcsot az öbölháború és az amerikai erők második iraki inváziója adja meg. Az Egyesült Államok gyorsreagálású erőket akart állomásoztatni Panamában, hogy azokat bármely engedetlen latin-amerikai és karibi ország ellen bevethesse, ugyanúgy, ahogyan gyorsreagálású erők állandóan állomásoznak majd Irakban, hogy elbánjanak azokkal a muszlim országokkal, amelyek talán azt kívánják, bárcsak soha ne kötöttek volna barátságot az Egyesült Államokkal.

Ez az úgynevezett „félgömb-kiterjesztési doktrína", amelyet a Pentagon tervezői dolgoztak ki. Hasonló állandó támaszpontokat fogunk látni a világ számos részén, többek között Pakisztánban, Dél-Koreában, Szomáliában, Iránban és Afganisztánban, miközben az Egyesült Államok egyre inkább betölti a „nagy bot" szerepét a globális rendfenntartóként, akit Új Világrend néven ismerünk. Eddig azonban a Szenátusban egyetlen tiltakozó hang sem emelkedett fel ez ellen., szerényen hozzátenném, hogy ezeket az eseményeket előre jeleztem *a One World Order, Socialist Dictatorship* (Egy világrend, szocialista diktatúra) című könyvemben.[1]

Panama fontos bázissá vált az Egyesült Államok latin-

---

[1] *Egy világkormány – szocialista diktatúra,* John Coleman, Omnia Veritas Ltd, www.omnia-veritas.com.

amerikai országok elleni műveletei számára, amelyek a jövőben felkelhetnek a „adószedő", az IMF ellen, amint látják, hogy népük és országuk eltűnik a nemzetközi pénzváltók által teremtett mocsárban. Nyilvánvaló, hogy az IMF „nemzetközi rendőrségének", az Amerikai Egyesült Államoknak azonnali fellépésre lenne szüksége, amennyiben bármely ország megkísérelné kiutasítani az IMF-et. Így a Fort Clayton-i támaszpontok új jelentőségre tettek szert. Latin-Amerikát megfélemlítette és megrémítette az Egyesült Államok panamai katonai akcióinak könyörtelensége. Őszintén szólva, ezeknek a nemzeteknek a vezetői nem számítottak rá, és amikor bekövetkezett, a kegyetlenség megrémítette őket, ami pontosan az volt, amit elvártak tőle.

Nyilvánvalóan a latin-amerikai vezetők többsége úgy hitte, hogy a Skull and Bones rend egyfajta jótékonysági szervezet, „mint a Shriners", amely „kedvesebb, szelídebb Amerikát" teremt, ahogy egy tisztviselő fogalmazott.

Nem tudtak semmit a brit korona beavatkozásáról az amerikai ügyekbe, sem annak régóta fennálló kapcsolatairól a kábítószer-kereskedelemmel. A fenti információkat alátámasztotta az erőszakkal, antidemokratikusan hatalomra juttatott Endara ajánlata, miszerint 2000 után minden panamai támaszpontot az amerikai hadsereg rendelkezésére bocsátanak.

Bush panamai inváziójának második célja az volt, hogy olyan új kormányt hozzon létre, amely kiválasztott bábokból áll, akik régóta szoros kapcsolatban állnak a bankokkal, és akiknek fő tevékenységük a kábítószer-pénz mosása a legjelentősebb kokainkartellek számára. Ebben Bushnak azt a parancsot kapta, hogy védje meg a Rockefeller-bankok érdekeit Panamában, amelyeket

Noriega tábornok kezdett feltárni és tönkretenni. Valóban, ezt a célt Bush elérte.

A panamai invázió harmadik célja az volt, hogy az amerikai nép előtt úgy tüntessék fel, mintha ez az elnök kábítószer-ellenes háborújának jelentős eszkalációja lenne, annak a mitikus, nem létező akciónak, amely soha nem vezet sehova. Bush tudta, hogy a panamai invázióval „kábítószer-háborúja" nagy lökést kap, különösen a Capitol Hillen, ahol a törvényhozók egyre nyugtalanabbak lettek a haladás hiánya miatt, és folyamatos nyomás alatt álltak a kábítószerek legalizálása érdekében. A következő lépés egy „terrorizmus elleni háború" indítása lett volna, amely globális hatókörű és határozatlan időtartamú lett volna.

1990 februárjára nagyon furcsa dolgok kezdtek történni. Az amerikai média, amely mindig is Bush és autokratikus uralmának hűséges védelmezője volt, szokatlan hangokat kezdett hallatni. Vegyük például a New York Times február 7-i számában szereplő riportot. Még ha figyelembe vesszük is, hogy az újság a brit titkosszolgálat előőrsének számít, amelynek élén amerikai vezetők állnak, akkor sem érthető, miért kellett volna a lapnak közzétennie az igazságot.

A korábbi cikkekre hivatkozva figyelemre méltó, hogy a *New York Times* (NYT) pontosan azokat a személyeket nevezte meg, akiket én is bírálat alá vontam azért, mert túl közel álltak a korrupt, kábítószer-pénzmosó bankokhoz. A „Panama ellenáll az Egyesült Államok nyomásának, hogy módosítsa a nem megfelelő banki törvényeket" cím alatt a cikk a következőket állította:

> A panamai banki nyilvántartások és bírósági dokumentumok átfogó vizsgálata azt mutatja, hogy a kormány számos magas rangú vezetője (akiket az Egyesült

> Államok nevezett ki), bár soha nem vádolták őket pénzmosással, szoros kapcsolatban áll korrupt bankokkal. Több bankot is vád alá helyeztek pénzmosás miatt, vagy bezártak az Egyesült Államok nyomására.

A cikk nem említette, hogy ezeket a bankokat Noriega intézkedései zárták be, és hogy az Egyesült Államok nem nyújtott támogatást Noriegának. A tények áttekintése után a kirakós darabjai kezdtek a helyükre kerülni. Természetesen a *New York Times* azt akarta bemutatni, hogy az Egyesült Államok volt a bankbezárások kezdeményezője, holott ez egyáltalán nem volt így, sőt, azáltal, hogy a „ellenállás" felelősségét a Washingtonból állítólagosan kiinduló változásokra hárította, úgy tűnhetett, mintha az Egyesült Államok valóban kábítószer-háborút folytatna, de az új kormány nem működne együtt, ami – amint az olvasó is elismeri – igen ravasz trükk volt.

A cikk így folytatta:

> Guillermo Endara elnök évek óta egy panamai bank igazgatója, amelyet a kolumbiai Medellín-kartell széles körben használ.

Örömmel fogadtam, hogy megerősítést nyert az a információ, amelyet sok évvel korábban a Panamáról szóló monográfiáimban közöltem, méghozzá egy ilyen váratlan forrásból. A Banco Interoceanico de Panama, az FBI által kábítószer-pénzmosással vádolt két tucat panamai bank egyike, az a bank, amelyre a New York Times utalt. A cikk így folytatta:

> Endara úr elnökké válása előtt vállalati ügyvéd volt, és közeli barátja Carlos Eleta-nak, egy panamai üzletembernek, akit áprilisban (1989) Atlantában

letartóztattak egy nagy kokaincsempész-hálózat felállítására irányuló összeesküvés vádjával. Óvadék ellenében szabadlábra helyezték, és jelenleg a tárgyalására vár.

Természetesen a *New York Times* nem ment el egészen a végsőkig, de amit nem mondott el, az itt megtalálható, nevezetesen, hogy nem csak Endara volt nyakig benne a pénzmosó banki üzletben, hanem a Bush-kormány által nagyon kedvelt barátai is.

A Bush-kormány „panamai kabinetjének" további prominens tagjai a következők:

Rogelio Cruz

Cruz Panama főügyésze. Korábban az Első Interamerikai Fejlesztési Bank igazgatója volt. Ez a bank Gilberto Rodriguez Orejuela tulajdonában volt, aki a korábban már említett kolumbiai Cali-kartell egyik vezetője volt.

Guillermo Billy Ford

Ő a második alelnök és a bankbizottság elnöke. Véletlenül ő a Bank of Dadeland társtulajdonosa is, amelyet monográfiáimban kifejezetten kábítószer-pénzmosó bankként említettem. A bank egyben Gonzalo Mores, a Medellín-kartell fő pénzmosójának kábítószer-pénzmosó központja is volt.

Ricardo Calderon

Calderon Panama első alelnöke, és a nyilvántartások szerint családja szorosan kapcsolódott gyanús bankokhoz.

Mario Galindo

Galindo és családja, akárcsak Calderon, gyanús, kábítószer-pénzmosással foglalkozó bankokkal állt kapcsolatban, amelyek közül az egyik a Banco del Istmos volt, amelynek elnöke, Samuel Lews Galindo, Mario Galindo rokonának számított.

A fentiek mindegyike jól ismert volt Ivan Robles számára, aki a Dadeland Banknál dolgozott, valamint Antonio Fernandez számára, aki tonnányi marihuánát csempészett az Egyesült Államokba. 1976-ban a Fernandez-hálózat elkezdett részvényeket vásárolni a Dadeland Bankban, amelynek társtulajdonosai Ford, Eisenmann és Rodriguez voltak. Bush elnök melegen üdvözölte Rodriguezt, mint „Porky" Endara amerikai nagykövetét. Azzal, hogy ezeket az embereket vezető szerepekbe helyezte a panamai kormányban, a Bush-adminisztráció úgy tűnik, sikerrel járt a második célkitűzésében, hogy megkönnyítse, ne pedig megnehezítse a kábítószer-kereskedelem működését Panamában, ami, mint korábban említettem, a panamai invázió második célja volt.

Miután felmerült a panamai titoktartási törvények hatályon kívül helyezésének igénye, Ford álláspontját védve kijelentette, hogy nincs szükség a törvény módosítására: „A titoktartást nem fogják illegális célokra felhasználni." Mások, például a számvevőszék elnöke is kijelentette, hogy Panama nem fogja módosítani a törvényeket.

> „Nem kell a kábítószer miatt megváltoztatnunk az egész jogrendszerünket. Nem változtathatjuk meg az egész jogrendszerünket egyetlen dolog, a kábítószer miatt"

– mondta Ruben Diaro Carlos. Senki sem merte

megemlíteni, hogy pontosan ezt tette Noriega, és ez volt a fő oka annak, hogy erőszakkal kellett eltávolítani.

1989. december 31-én a tekintélyes brazil újság, *a Jornal do Brasil* – az ország legnagyobb napilapja – címlapon hozott egy cikket „Veszélyes kapcsolatok a kábítószer-kereskedőkkel" címmel, amelyben megemlítette a panamai Bush-kormány „belső köréhez" tartozó néhány tag nevét. Ezek azok az emberek, akik még a miami Noriega-per ítéletének kihirdetése előtt kijelentették

> „... ha Noriega tábornokot Miamiban felmentik, akkor gyilkossággal vádoljuk meg."

Lefordítottam a cikket, amely lényegében azt állította, hogy Guillermo Endara különösen sebezhető lenne Carlos Eletaval való kapcsolata miatt, akit „600 kiló kokain és kábítószer-pénz mosásával vádoltak az Egyesült Államokban". A cikk emellett megemlítette Calderon alelnök testvérének, Jaime Calderonnak a nevét is, akinek kapcsolatai voltak a First Inter Americas Bankkal, amelynek tulajdonosa Gilberto Orejula volt, akit 1985-ben azzal vádoltak, hogy 46 millió dollárt, a kábítószer-eladásokból származó bevételt utalt át a Banco Cafetero panamai fiókjának New York-i irodájába. A cikk szerint Billy Fordot a washingtoni nagykövet, Carlos Rodriguez és Bobby Eisenmann is belekeverték a kábítószer-pénzeknek a floridai Dadeland National Bankon keresztül történő tisztára mosásába.

Egy alcímben Guillermo Endarát „az amerikaiak játékának nyomorult bérmunkásaként" írták le. A cikk szerint „Endarát Pan Dulce-nak (édeskenyérnek) hívják, kövér és puha". A cikk továbbá azt írta, hogy Endara az egyik szegény fehér oligarchacsalád tagja volt, amelyek 1904 óta jelen vannak a színtéren:

> Endara politikai pályafutását egy ismeretlen ügyvédként kezdte Panamavárosban, Galileo Soliz ügyvédi irodájában, aki az egyik Anulfo Arias-kormány külügyminisztere volt... Endarának soha nem voltak saját ötletei, hűséges volt, mint egy kiskutya, és azt ismételgette, amit Arias mondott, ami valószínűleg az oka annak, hogy Bush őt választotta „igen-emberének".

Ilyen embereket akart Bush Panamát irányítani? Úgy tűnik, igen, de bár rengeteg dolog utal a panamai „Bush-kormányra", a bíróságon soha nem merült fel egyetlen dolog sem, ami Manuel Noriegát terhelte volna. Nem ezt kellett volna már régen kivizsgálnia az amerikai nagyesküdtszéknek? Ez az egyik oka annak, hogy Noriegát olyan sokáig tartották elzárva a külvilágtól? A Igazságügyi Minisztérium attól tartott, hogy Noriega mit mondhatna a tanúk padján?

A panamai fejlemények jól mutatják, milyen hamis volt valójában a Bush-féle drogháború. Nincs túl sok olyan ember, aki ne hinné ezt, és természetesen ez a legnagyobb érv a kábítószer-legalizálás támogatói mellett. A hozzáállásuk az, hogy „nézzék, még az Egyesült Államok hatalmas erőforrásai sem elegendőek a kábítószer-kereskedelem megállításához.

Miért próbálnánk harcolni a elkerülhetetlen ellen? Miért ne hoznánk olyan törvényeket, amelyek központosítják az ellenőrzést, és kivonják a kábítószert a bűnözői elemek kezéből?" Vannak olyanok, akik lobbiznak a Kongresszusnál, és polgárháborúval fenyegetőznek, ha ezt nem hajtják végre hamarosan. Az esti híradókban folyamatosan bemutatott, állítólag főként a szegények ellen irányuló „rendőri brutalitás" a nagy amerikai városokban a kívánt hatást éri el. Nem szabad azt gondolnunk, hogy az ilyen riportok „hírek". A nagy hálózatok „híradóinak" célja és tárgya abban az időszakban az volt, hogy a szegények fejébe véssék, hogy ők a rendőri brutalitás áldozatai, míg a „nagyfiúk", általában fehérek, megússzák. A fekete vezetői azt követelték, hogy vagy vegyék le a nyomást a fekete lakosságról, vagy legalizálják a kábítószert.

A panamai invázió támaszt nyújtott a kábítószer-lobbinak. „Ha ez sem állította meg a kábítószer-áramlást, hogyan várhatjuk el a rendőrségtől, hogy megbirkózzon vele?" – kérdezték. Az egyik kábítószer-legalizáláspárti vezető, Andrew Weill, a Drug Policy Foundation konferenciáján kijelentette, hogy a kábítószer-rajtaütések során a városi feketékkel szemben tanúsított rendőri brutalitás miatt bármikor polgárháború törhet ki. Az Amerikai Polgári Jogi Unió ügyvezető igazgatója, Ira Glasser a közönségnek elmondta, hogy a kábítószer-legalizálás jobboldali kérdéssé vált, amelyet olyan neves személyiségek támogatnak, mint George Schultz, William F. Buckley és Milton Friedman. Glasser sürgette, hogy az ország „lépjen túl a negatívumokon, és kezdje megnyerni a rendőrséget, a törvényhozókat és a közvéleményt" a kábítószer-legalizálás gondolatának.

Kevin Zeese, a Kábítószer-politikai Alapítvány alelnöke és főtanácsadója így fogalmazott:

> A kábítószer-háború károsabb, mint maguk a kábítószerek. Nagyjából ez a lényeg. Veszélyesebb-e a kábítószer-háború a társadalmunkra nézve, mint maguk a kábítószerek? Kezelhetjük-e a kábítószer-problémát a társadalmunk számára kevésbé költséges módon – nem csak gazdasági, hanem emberi szempontból is?

Zeese hozzátette, hogy a heroin a szenvedés elől való menekülés egyik módja, amit ő ugyan nem támogat, de meg tud érteni. Most, hogy az elrabolt Noriega tábornok egy miami szövetségi börtönben sínylődik, mit szándékozik vele tenni a Bush-kormány igazságügyi minisztériuma?

Az egyik rejtélyes dolog, amit megemlítenék, az a fülsiketítő csend, ami az országban és szerte a világon a polgári szabadságjogokat védő szervezetek részéről tapasztalható az amerikai kormány által ellene elkövetett bűncselekmények kapcsán. Az ember azt gondolná, hogy egy államfő elrablása heves tiltakozást váltana ki ezekből a szabadság őrzőiből. Mégis, semmi ilyesmi nem történt. Képzeljük el, mi lett volna az eredménye, ha Nelson Mandelát elrabolták volna Dél-Afrikában, és mondjuk Olaszországba vitték volna tárgyalásra. Végtelen zűrzavar és felháborodás lett volna, amíg Mandelát szabadon nem engedték volna. Noriega elrablása és illegális bebörtönzése rávilágít arra a tényre, hogy ebben az országban szánalmas kettős mérce van érvényben, amit az amerikai nép látszólag nem tart olyan rossznak, vagy talán a sajtó agymosásnak vetette alá őket?

Miért halasztották el olyan sokáig Noriega tábornok tárgyalását? Végül is minden lehetséges jogsértést már elkövettek ellene, például lehallgatták a telefonbeszélgetéseit az ügyvédjével, és befagyasztották a vagyonát, hogy kénytelen legyen elfogadni egy kirendelt védőt. Ráadásul, mivel az Egyesült Államok teljes és korlátlan ellenőrzése alatt állt Panama, elképzelhető, hogy az Igazságügyi Minisztériumnak megvoltak a szükséges dokumentumok ahhoz, hogy sikeresen vádat emeljen ellene. Miért volt ez a hosszú, illendőtlen késedelem? A késleltetett igazságszolgáltatás nem egyenlő-e az igazságszolgáltatás megtagadásával?

1990. november 16-án Noriega nyilatkozatot tett William Hoevler bíró előtt, amelyet érdemes megismételni, mivel jól mutatja, milyen mértékben prostituálták az igazságszolgáltatást a Noriega-ügyben:

> Most egy teljesen tisztességtelen, igazságtalan rendszer kegyében vagyok, amely kiválasztja az ügyészeimet, és most a védőügyvédemet is. Amikor az Egyesült Államokba hoztak, tévesen azt hittem, hogy tisztességes tárgyalásban részesülök. Ahhoz, hogy ez valóra váljon, azt is hittem, hogy a pénzemet felhasználva olyan ügyvédeket fogok tudni felvenni, akiket én választok. Fájdalmasan nyilvánvaló, hogy az Egyesült Államok kormánya nem akarja, hogy megvédhessem magam, és mindent megtett, hogy megfosszon a tisztességes tárgyalástól és a jogszerű eljárástól.
>
> Elvették a pénzemet, megfosztottak az ügyvédeimtől, videóra vették a cellámban, lehallgatták a telefonbeszélgetéseimet az ügyvédeimmel, és azokat még az endarai kormánynak és a sajtónak is átadták. Az Egyesült Államok kormánya figyelmen kívül hagyta a hadifogoly státuszomat, és megsértette a Genfi Egyezményt.
>
> A legrosszabb az egészben, hogy nem jártak el emberségesen. A Nemzetközi Vöröskereszt ismételt kérései ellenére megsértették az emberi jogaimat azzal, hogy megtagadták a feleségem és a gyermekeim számára a vízumot, hogy meglátogathassák a férjemet és apjukat, ami a nemzetközi jog szégyenletes megsértése.
>
> Nyilvánvalóan az Egyesült Államok kormányának érdeke, hogy ne tudjak védekezni, mert attól tartanak, hogy tudom, miről van szó. Ez nem egy kábítószer-ügy. Tisztában vagyok azzal, hogy ez az ügy az Egyesült Államok kormányának legmagasabb szintjeire, beleértve a Fehér

> Házat is, hatással van.
>
> Soha nem áltattam magam azzal, hogy ez az ügy méltányos feltételek mellett fog lezajlani, de azt sem vártam, hogy egy egész hadseregnyi ügyész és nyomozó álljon fel egy ilyen egyenlőtlen harctéren, ahol csak olyan ügyvédek léphetnek pályára, akik semmiféle díjazásban nem részesülnek, és csupán pisztolyokkal rendelkezhetnek, miközben az ügyészség nukleáris fegyverekkel van felszerelve. Ezt nevezik ők tisztességes küzdelemnek; az előttem álló csata nagyon hasonlít ahhoz, amikor az Egyesült Államok megszállta az én hazámat. Az egyoldalú és tisztességtelen volt, és ez a csata is az.

A helyzet, amelyben Noriega találta magát, az a helyzet, amellyel minden amerikai szembesülhet egy nap egy korrupt és brutális kormány miatt. Noriega sorsa nevetségessé tette a július 4-ét. Nevetségessé teszi az Egyesült Államok Alkotmányát. Eközben egyetlen hang sem hallatszik Noriega védelmében, és számomra ez az egyik legszégyenletesebb dolog egy amúgy is szégyenletes helyzetben. Ez nem olyan helyzet, amelyet figyelmen kívül lehet hagyni, mert ami Noriegával történt, az minden amerikai felelőssége. Amit a média nagyrészt figyelmen kívül hagyott, az az a tény, hogy Panamának a megszállásával és Noriega tábornok elrablásával az Egyesült Államok nemcsak az amerikai alkotmányt sértette meg, hanem az Amerikai Államok Szervezete (OAS) alapokmányát is, amelynek aláírója, különösen annak 18., 15., 20. és 51. cikkét.

A 18. cikk kimondja:

> Egyetlen államnak vagy államcsoportnak sincs joga semmilyen okból sem közvetlenül, sem közvetve beavatkozni más állam bel- vagy külügyeibe.

A 20. cikk kimondja:

> Egy állam területe sérthetetlen; az nem lehet, még ideiglenesen sem, más állam által végrehajtott katonai megszállás vagy egyéb erőszakos intézkedések tárgya.

Korábban utaltam arra, hogy Bush nem kért háborús nyilatkozatot a Kongresszustól, mielőtt megszállta Panamát. Ehelyett Bush úgy döntött, hogy megkerüli az Alkotmányt azzal, hogy tájékoztatta a Kongresszust, hogy hivatkozik a Nemzeti Vészhelyzeti Törvényre, mivel

> „a Panamai Köztársaság által az Egyesült Államok nemzetbiztonságára és külpolitikájára jelentett szokatlan és rendkívüli fenyegetés".

Ez az úgynevezett törvény teljes képtelenség, egy „table raza", egy értéktelen papírfecni, amelynek egyetlen célja az amerikai alkotmány aláásása.

Az elnök hazudott az amerikai közvéleménynek, amikor 1989. december 20-án kijelentette:

> Múlt pénteken Noriega tábornok kijelentette, hogy katonai diktatúrája háborúban áll az Egyesült Államokkal.

Valójában egyetlen bizonyíték sem támasztotta alá ezt a nevetséges vádat.

Röviden: ez egy nyílt hazugság volt. Az elnök tettei és szavai ellenére nem sikerült elérnie, hogy hadat üzenjenek Panamának, amit később megismételt, amikor háborúba küldte ezt a nemzetet Irak ellen, és ami valószínűleg az amerikai alkotmány halálának kezdetét jelenti.

Az elnök másik hazugsága az volt, amikor december 20-án azt állította, hogy

> „Noriega tábornok meggondolatlan fenyegetései és a panamai amerikaiak elleni támadásai közvetlen veszélyt jelentettek a Panamában tartózkodó 35 000 amerikai állampolgárra."

Az igazság az, hogy csak egy támadás történt amerikai katonák ellen, amely Cisneros tábornok által elrendelt szándékos konfrontációs tervből fakadt. Ez az egyetlen tragédia akkor történt, amikor három amerikai tengerészgyalogos áthajtott három különböző PDF-ellenőrzőponton. Miután a negyediknél megállították őket, szóváltás alakult ki a PDF és a nem egyenruhás tengerészgyalogosok között.

A tengerészgyalogosok ezután elhajtottak, és miután többször felszólították őket, hogy álljanak meg, lövéseket adtak le, amelyek közül az egyik halálos kimenetelű volt. Bush elnök a felelős ennek a katonának a haláláért. Ezen az egyetlen tragédián alapozta Bush azt az abszurd állítását, hogy Noriega tábornok hadat üzent az Egyesült Államoknak, és „veszélyeztette a Panamacsatorna-szerződések integritását". Cheney miniszter az amerikai közvéleménynek azt mondta, hogy a Bush-kormány már 1989 márciusában elkészítette a megszállási terveket.

Cheney miniszter maga is megerősítette ezt, amikor december 20-án azt mondta:

> Vasárnap késő este kiadták a parancsot a már egy ideje létező terv végrehajtására. Ez volt az egyik első dolog, amiről tájékoztattak, amikor tavaly tavasszal védelmi miniszter lettem.

Cheney megrögzött bajkeverő, a megtévesztés mestere volt, és az Egyesült Államok sorsa, hogy ennek az embernek a kétszínűsége miatt hatalmas kincseket és fiait veszítse el. Meg kellene tiltani, hogy a jövőben bármilyen közhivatalt betöltse. Egy másik kormányzati hazugság volt Marlin Fitzwater 1989. december 20-i, az elnök nevében tett bejelentése. Fitzwater azt mondta a nemzetnek, hogy „a Panamacsatorna-szerződések integritása veszélyben van". Ugyanezen a napon James Baker III a sajtónak azt mondta, hogy az amerikai invázió egyik célja az volt, hogy „megvédjék az Egyesült Államok jogainak integritását a Panamacsatorna-szerződések IV. cikke alapján". De amikor arra kérték, hogy sorolja fel pontosan, milyen fenyegetéseket tett Noriega a szerződések integritása ellen, Baker egyetlen egyet sem tudott megnevezni. Válasza a következő volt:

> Nos, ez nagyon spekulatív, kivéve – úgy értem, hadd mondjam el tisztelettel, hogy már korábban is elmondtuk, hogy problémákra számítottunk a csatornával kapcsolatban, ha Noriega továbbra is jogtalanul marad hatalmon. Ami az elmúlt két-három évben jogaink sértetlenségét érintő kihívásokat illeti, egyszerűen csak utalnék az – az elmúlt egy évben vagy úgy – talán vissza kellene lépnem egy kicsit, de az elmúlt egy évben vagy úgy, utalnék az amerikaiakkal szemben folytatódó zaklatásokra, amelyeket ott tapasztaltunk, miközben szerződéses jogainkat gyakoroltuk.

Ez a botladozó, tántorgó, ügyetlen és sietve összeállított „bizonyíték", miszerint Noriega fenyegette az Egyesült Államok csatorna jogait, volt a legjobb, amit Baker elő tudott állítani. Micsoda szánalmas hazudozó volt! Mégis, teljesen alaptalan, megalapozatlan bizonyítékok alapján, amelyeket Bush elnök, Cheney miniszter és Baker miniszter állítottak elő, ez a nemzet súlyosan illegális inváziót hajtott végre egy szuverén állam ellen, amellyel szerződése volt, és megsértette a nemzetközi és alkotmányos jogot.

Noriega tábornok elrablásával kormányunk a barbár partvidéki kalózok szintjére süllyedt, és ezzel megsértette az amerikai alkotmányt és a nemzetközi jogot. Akár tetszik, akár nem, akár keménynek és ítélkezőnek tűnnek ezek a szavak, a tények azok, amik, és nem lehet tagadni őket. Nemzetként mindannyian ugyanolyan felelősek vagyunk Bush elnökkel együtt kormányának törvénytelen magatartásáért, mert tétlenül néztük, és anélkül engedtük, hogy ez megtörténjen, hogy akár egy szót is szóltunk volna tiltakozásképpen.

Bush elnök a tévében azt mondta az amerikaiaknak, hogy az egyik oka annak, hogy elrendelte a panamai inváziót, a „demokrácia védelme" volt.

Bár egyikünk sem vette észre, ez az egyik ürügy lett volna az iraki háborúhoz. A demokráciát meg kellett menteni Irakban, nem számítva, hogy korábban soha nem volt még csak egy szikrája sem annak a diktatúrában. Ráadásul az USA nem demokrácia, hanem köztársaság. És nem vagyunk a világ rendőrsége sem.

Az iraki népirtó háborúnk óta már nem vagyunk jogállam! Panamában a demokrácia élt és működött. Annak ellenére, hogy két éven át durván, gyakran nyers és nyílt módon beavatkoztak Panama belügyeibe, súlyosan megsértve az OAS-szerződést, amelynek az Egyesült Államok is aláírója, és annak ellenére, hogy 1989 májusában legalább két bűncselekményes kísérlet történt Noriega tábornok meggyilkolására, országos választásokat tartottak.

Mi volt Bush elnök reakciója? A média sakáljainak erős támogatásával a Bush-kormány több mint 11 millió dollárt költött Endara, Billy Ford és Calderon kábítószerrel erősen összefonódó ellenzéki programjának támogatására.

A Fülöp-szigeteki választásokon szerzett tapasztalatokra támaszkodva – amelyekben az amerikai kormány minden ága, beleértve a titkosszolgálatainkat is, részt vett – Bush elrendelte a „Marcos-forgatókönyv" alkalmazását a panamai nép ellen. A Bush által finanszírozott Endara-banda zavargások hullámát robbantotta ki, ellopta a szavazóurnákat, hogy a szavazatokat ne lehessen megszámolni, miközben hangosan azt kiabálta, hogy a szavazatokat „meghamisították". Ez a Fülöp-szigeteki választások kísérteties ismétlése volt, fizetett „nemzetközi megfigyelőkkel" és a szokásos média-sakálok seregével, akik mind hangosan üvöltötték támogatásukat ezeknek a hazugságoknak, és baljós előjelet jelentettek az Egyesült Államokban bekövetkező eseményekre nézve.

A Bush által teremtett káosz közepette, mivel nem tudták megszámolni a szavazatokat, a panamai kormány azt tette, amit minden más kormány is tett volna: érvénytelenítette a választásokat. Nem tehetett mást, tekintve a Bush-adminisztráció által végrehajtott hatalmas és mindenre kiterjedő zavaró műveleteket. Mindenesetre ez volt az, amire Bush remélt. Még akkor is a panamai kormány alig várta, hogy bebizonyítsa a világnak, hogy igyekszik helyesen cselekedni. Felajánlotta az ellenzéki, kábítószerrel összefonódó Endara-bandának a lehetőséget, hogy részt vegyen egy koalíciós kormányban.

Washington tanácsára ezt a nagylelkű ajánlatot elutasította a „szegény fehér parasztok" Endara. Ahogyan azt az iraki „tárgyalások" során is láthattuk, Bush elszántan törekedett a PDF megsemmisítésére, Noriega elrablására és Panama megszállására, és semmilyen jó szándékú, igazságos emberek által felajánlott jóindulat nem állhatott az útjába. Valóban, a Bush-kormány alatt Amerika a világ leggonoszabb nemzete lett, igazi zsarnok és erőszakoskodó.

Karrierje egyik legmegdöbbentőbb és legpofátlanabb cselekedeteként Bush elnök a kábítószerrel összefonódó Endara-bandát nyilvánította „Panama hivatalos kormányának". Ezeket az embereket, akik olyan szorosan kapcsolódtak a kábítószer-pénzmosó bankokhoz, egy amerikai katonai bázison „eskették fel". Ha valaha is létezett a dzsungel törvénye, akkor ez volt az. Majd 45 perccel később az Egyesült Államok megszállta a szuverén Panamát, a század egyik legpofátlanabb agressziós cselekedetével. Ha ez volt a demokrácia működése, akkor Isten segítsen Amerikán, mert ami Panamában történt, az biztosan megismétlődik itthon és valójában mindenhol, ahogy a Republikánus Párt az Birodalomépítő Párt lesz.

Hallgatásunkkal hagytuk, hogy a gonosz diadalmaskodjon. Nem törődtünk más nemzetek szenvedéseivel, amelyeket az Egyesült Államok okozott, így amikor eljön a mi sorunk, csak magunkat okolhatjuk. Az, hogy nem tiltakoztunk, sőt, hogy jóváhagytuk a dzsungel törvényének érvényesülését Panamában és Irakban, arra késztet minket, hogy megérdemeljük a Mindenható Isten büntetését, amely biztosan lesújt majd erre a nemzetre, mert toleráljuk a gonosz cselekedeteket. Bárhová utazom, plakátokat és óriásplakátokat látok: „Isten áldja Amerikát", és meg kell kérdeznem magamtól, miért áldaná Isten Amerikát, amikor annyi gonoszság történik a nevében?

Bush elnök egy másik kifogása a panamai invázióra az volt, hogy „a kábítószer-kereskedelem ellen" vonulunk be Panamába. Ezt merte mondani Bush 1989. december 20-án, miközben „karácsonyi beszédét" készítette elő a panamai és az amerikai népnek. A DEA aktáinak átvizsgálása gyorsan feltárja, hogy John Lawn, a DEA volt vezetője, gyakran emlegette dicsérő szavakkal azt a teljes együttműködést, amelyet Noriega tábornoktól, a PDF-től és a panamai kormánytól kapott. Noriega tábornok vezetése alatt a kábítószer-probléma jelentősen enyhült.

1989. május 27-én John Lawn levelet írt Noriegának, amelyben gratulált neki a kábítószer-csempészek bankszámláinak sikeres lefoglalásához nyújtott nagy segítségéhez, amelyet Lawn „a szövetségi bűnüldözés történetének legsikeresebb titkos műveletének" nevezett.

Lawn a következőket írta:

> Az Egyesült Államok DEA-ja és a Panamai Köztársaság bűnüldöző hatóságai ismét összefogtak, hogy hatékony csapást mérjenek a kábítószer-kereskedőkre...

Az Ön személyes elkötelezettsége az OPERATION PISCES és az iránt, valamint a Panamai Köztársaság más tisztviselőinek hozzáértő, professzionális és fáradhatatlan munkája elengedhetetlen volt a nyomozás végső, pozitív kimeneteléhez.

A kábítószer-kereskedők világszerte mostantól tudják, hogy illegális vállalkozásaikból származó bevételeik és nyereségeik nem kívánatosak Panamában.

Nem csoda, hogy az angol lordok és hölgyek, valamint a Wall Street-i bankok öltönyös lakói aggódni kezdtek. Nem csoda, hogy Rockefeller utasította Busht, hogy haladéktalanul szabaduljon meg Noriegától és a panamai kormánytól. Noriega valóban komolyan és elszántan vette a kábítószer-ellenes háborút! Annak ellenére, hogy kijelentette, Noriega kábítószer-kereskedő volt, Bush elnök soha nem nyújtott be egy szikrányi bizonyítékot sem állításai alátámasztására.

Valójában Adam Murphy, a Nemzeti Kábítószer-határellenőrzési Rendszer (NNBIS) keretében működő floridai munkacsoport vezetője a következőket nyilatkozta kategorikusan:

> Az NNBIS-nél és a Dél-Floridai Munkacsoportnál töltött teljes szolgálati időm alatt soha nem láttam olyan hírszerzési információt, amely arra utalt volna, hogy Noriega tábornok részt vett volna a kábítószer-kereskedelemben. Valójában mindig Panamát tartottuk példaként az Egyesült Államokkal való együttműködés terén a kábítószer-ellenes háborúban. Ne feledjük, hogy ebben az országban a nagy esküdtszéki vádemelés nem egyenlő az elítéléssel. Ha a Noriega-ügy valaha is tárgyalásra kerül, megvizsgálom a bizonyítékokat és az esküdtszék megállapításait, de addig nincs semmiféle első kézből származó bizonyítékom a tábornok részvételéről. Tapasztalataim éppen az ellenkezőjét mutatták.

Mégis, annak ellenére, hogy John Lawn 1987. május 27-i levelében dicsérő ajánlásokat fogalmazott meg Noriega tábornok és a panamai kormány támogatására, alig egy hónappal később Bush megrendezte a panamai törvényes kormány elleni felkelést. Carlos Eleta és üzlettársai, köztük Endara, a paraszti származású, azonnal megkapták a panamai amerikai katonaság támogatását. Ugyanezt a módszert láthattuk Iránban is, amikor az amerikai Hauser tábornok vizsgálata során aljas módon eltávolították

Mossadegh miniszterelnököt.

Az OAS-szerződés undorító megsértése senkitől sem váltott ki tiltakozást ebben az országban. Pat Robertson, a televíziós evangélista, és minden szabadságszerető társa némán állt az amerikai kormány bizonyítható törvénytelensége előtt. Ezért megérdemeljük azt, ami ránk vár, amikor a kormány törvénytelen politikáját befelé fordítja, és azt belsőleg, saját polgáraival szemben alkalmazza. A Noriega-féle panamai kormány sikere a kábítószer-maffia kiirtásában, amelyet abból a téves meggyőződésből hajtott végre, hogy az Egyesült Államok valóban háborút folytat a kábítószer ellen, valamint abból a őszinte vágyból, hogy teljesítse az OAS-szerződés szerinti kötelezettségeit az USA felé, éppen ez okozta a panamai kormány és Noriega tábornok bukását. Ha hagyjuk, hogy Bush elnök megsértse az amerikai alkotmányt, az a mi általunk ismert Egyesült Államok vesztét is jelenti majd.

Noriega és kormánya bűne az volt, hogy túlságosan jól végezték a munkájukat, és ezzel erősen a Dope International Limited és az igazgatótanácsában ülő urak, hölgyek és urak lábára léptek. Legyen ez tanulság mindenkinek a világon, aki elhiszi, hogy a Bush-kormány valóban háborút folytat a kábítószer ellen. Ez egy álháború, se több, se kevesebb, és ahogy több DEA-ügynök is elmondta, akik mélyen beépültek a terepre – egyikük a The Corporation, Bolívia hatalmas kokainkartellje és mexikói partnerei után nyomozott –, saját bőrükön tapasztalták, hogy ha valaki túl közel kerül a kábítószer-kereskedelem csúcsához, akkor inkább „nyugdíjazták”, mint dicséretben részesítették, vagy egy zsarnok kezében szenvedett, és sorsát egy álbíróság döntötte el.

A 2009-es panamai helyzet az, hogy a kábítószerek

szabadabban áramlanak, mint valaha, és a kábítószer-pénzmosó bankok is szabadabban működnek. Az ország gazdasága romokban hever, és több millió dolláros amerikai tőkeinjekcióra vár, de mindez valójában nem számít. Ami számít, az az, hogy a „demokrácia" diadalmaskodott az országban. Legyen ez tanulság minden latin-amerikai ország számára! Legyen ez tanulság minden nemzet számára, hogy ha ez így folytatódik, a világon egyetlen nemzet sem lesz biztonságban. Ha az Egyesült Államok barátjává válsz, könnyen elveszítheted az országodat.

Ötödik fejezet

Pakisztán szerepe a kábítószer-háborúban

A Muszlim Liga Muhammad Ali Jinnah és Liaquat Ali Khan vezetésével alakította meg Pakisztán első kormányát.

A pakisztáni politikában a Muszlim Liga vezető szerepe jelentősen csökkent más politikai pártok felemelkedésével, köztük a Nyugat-Pakisztánban működő Pakisztáni Néppárt (PPP) és a Kelet-Pakisztánban működő Awami Liga megjelenésével, ami végül Banglades létrejöttéhez vezetett. Pakisztán első alkotmányát 1956-ban fogadták el, de 1958-ban Ayub Khan felfüggesztette. Az 1973-as alkotmányt, amelyet 1977-ben Zia-ul-Haq felfüggesztett, 1991-ben újra hatályba helyezték, és ez az ország legfontosabb dokumentuma, amely lefekteti a kormányzás alapjait.

Pakisztán szövetségi demokratikus köztársaság, amelynek államvallása az iszlám. A félelnöki rendszerben kétkamarás törvényhozás működik, amely egy 100 tagú szenátusból és egy 342 tagú nemzetgyűlésből áll.

Az elnök az államfő és a fegyveres erők főparancsnoka, akit egy választási kollégium választ meg.

A miniszterelnök általában a Nemzetgyűlésben a legnagyobb párt jának vezetője. Minden tartományban hasonló kormányzati rendszer működik, közvetlenül választott tartományi közgyűléssel, amelyben a legnagyobb párt vagy szövetség vezetője lesz a miniszterelnök. A tartományi kormányzókat az elnök nevezi ki.

A pakisztáni hadsereg Pakisztán történelme során meghatározó szerepet játszott a mainstream politikában: katonai elnökök uralkodtak 1958–1971, 1977–1988 és 1999 óta. A Zulfikar Ali Bhutto vezette baloldali PPP az 1970-es években jelent meg a politikai színtéren. Muhammad Zia-ul-Haq katonai uralma alatt Pakisztánban jelentős elmozdulás indult el a brit korszak szekuláris politikájától és irányelveitől a saría és más, az iszlámon alapuló törvények bevezetése felé.

Az 1980-as években a feudalizmusellenes, muhajir-párti Muttahida Qaumi Mozgalom (MQM) alakult meg a szindhi, és különösen a karacsi, nem ortodox és képzett városi lakosok kezdeményezésére. Az 1990-es éveket a PPP és a megújult Muszlim Liga által dominált koalíciós politika jellemezte.

A 2002. októberi általános választásokon a Pakisztáni Muszlim Liga (PML-Q) szerezte meg a Nemzetgyűlés mandátumainak többségét, a második legnagyobb frakció pedig a PPP egyik alpartija, a Pakisztáni Néppárt Parlamenti Képviselői (PPPP) lett. A PML-Q-ból Zafarullah Khan Jamali lett a miniszterelnök, de 2004. június 26-án lemondott, és helyére a PML-Q vezetője, Chaudhry Shujaat Hussain lépett ideiglenes miniszterelnökként. 2004. augusztus 28-án a Nemzetgyűlés 191 szavazattal 151 ellenében megválasztotta pénzügyminiszternek és miniszterelnöknek Shaukat Azizt, a Citibank korábbi alelnökét. A Muttahida Majlis-e-Amal, az iszlám vallási pártok koalíciója megnyerte a választásokat az Északnyugati Határvidéki Tartományban, és növelte képviseletét a Nemzetgyűlésben.

Pakisztán az Egyesült Nemzetek Szervezetének (ENSZ) és az Iszlám Konferencia Szervezetének (OIC) aktív tagja, utóbbit Pakisztán a „felvilágosult mérséklés" fórumaként használja, amely a muszlim világ reneszánszát és felvilágosodását hivatott előmozdítani. Pakisztán tagja a Dél-ázsiai Regionális Együttműködési Szövetség (SAARC) és a Gazdasági Együttműködési Szervezet (ECO) főbb regionális szervezeteinek is. A múltban Pakisztán vegyes kapcsolatokat ápolt az Egyesült Államokkal, különösen az 1950-es évek elején, amikor Pakisztán az Egyesült Államok „legfőbb szövetségese Ázsiában" volt, és tagja volt mind a Központi Szerződés Szervezetének (CENTO), mind a Délkelet-ázsiai Szerződés Szervezetének (SEATO).

Az 1980-as évek szovjet–afgán háborúja alatt Pakisztán az Egyesült Államok kulcsfontosságú szövetségese volt, de a kapcsolatok megromlottak az 1990-es években, amikor az Egyesült Államok szankciókat vezetett be Pakisztán nukleáris tevékenységeivel kapcsolatos gyanú miatt. A szeptember 11-i támadások és az azt követő terrorizmus elleni háború javította az Egyesült Államok és Pakisztán közötti kapcsolatokat, különösen miután Pakisztán megszüntette a kabuli tálib rezsim támogatását. Ezt bizonyította az amerikai katonai segély drasztikus növekedése, amelynek eredményeként Pakisztán a 9/11-es támadások utáni három évben 4 milliárd dollárral többet kapott, mint az azt megelőző három évben.

Pakisztán régóta feszült kapcsolatban áll szomszédjával, Indiával. A Kasmírért folyó vita 1947-ben és 1965-ben teljes körű háborúhoz vezetett. Az 1971-es polgárháború egyidejűleg a bangladesi függetlenségi háborúvá és az

1971-es indiai–pakisztáni háborúvá fajult. Pakisztán 1998-ban nukleáris fegyverkísérleteket hajtott végre, hogy ellensúlyozza India 1974-es „Smiling Buddha" és 1998-as Pokhran-II nevű nukleáris robbantási kísérleteit, és ezzel az egyetlen muszlim nukleáris fegyverrel rendelkező állam lett. A 2002-es békefolyamatot követően a kapcsolatok Indiával folyamatosan javultak. Pakisztán szoros gazdasági, katonai és politikai kapcsolatokat ápol a Kínai Népköztársasággal.

Pakisztánnak emellett a szövetségi fennhatóság alá tartozó törzsi területeken is instabilitással kell szembenéznie, ahol egyes törzsi vezetők támogatják a tálibokat. Pakisztánnak hadsereget kellett bevetnie ezeken a területeken, hogy elfojtsa a helyi zavargásokat Wazirisztánban. A vazirisztáni konfliktus a törzsi vezetők és a pakisztáni kormány között nemrég kihirdetett békeszerződéssel ért véget, amely várhatóan visszaállítja a stabilitást a régióban. Ezenkívül az ország régóta szembesül instabilitással Beludzsisztánban, amely területét tekintve a legnagyobb, de népességét tekintve a legkisebb tartománya.

A hadsereget 1973 és 1976 között vetették be a tartományban dúló súlyos felkelés leverésére. A társadalmi stabilitás 1977-ben állt helyre, miután Rahimuddin Khant nevezték ki a hadiállapot felügyelőjévé. Az 1980-as és 1990-es évek viszonylagos békéje után néhány befolyásos beludzs törzsi vezető újraindította a szeparatista mozgalmat, amikor Pervez Musharraf 1999-ben átvette a hatalmat. 2006 augusztusában Nawab Akbar Bugti, a beludzs lázadás vezetőjét pakisztáni katonai erők megölték. 2007. november 3-án Musharraf elnök rendkívüli állapotot hirdetett ki Pakisztán egész területén, és állítólag felfüggesztette az alkotmányt, hadiállapotot rendelve el.

Iszlámábádban a csapatok nyilvánvalóan behatoltak a Legfelsőbb Bíróságra, és körbevették a bírák otthonait, míg az ellenzéki vezetők, köztük Benazir Bhutto és Imran Khan, házi őrizetbe kerültek. Abdul Hameed Dogar bírót nevezték ki Pakisztán új legfelsőbb bírójává, miután Iftikhar Muhammad Chaudhry megtagadta a rendkívüli állapotról szóló rendelet jóváhagyását, alkotmányellenesnek nyilvánítva azt, noha ő maga 1999-ben a PCO alapján tett esküt. Válaszul Pakisztánt 2007. november 22-én felfüggesztették a Nemzetek Közösségének tanácsaiból.

Az elmúlt években a radikális pap, Maulana Fazlullah vezette Tehreek-e-Nafaz-e — Shariat-e-Mohammadi (TNSM) szervezet militáns iszlamistái lázadtak fel a pakisztáni kormány ellen a Északnyugati Határvidék tartományban fekvő Swatban. 59 faluban a militánsok „párhuzamos kormányt" hoztak létre, iszlám bíróságokkal, amelyek a saría törvényeket alkalmazzák.

Miután 2007 szeptember végén véget ért a négyhónapos fegyverszünet, a harcok újrakezdődtek. A paramilitáris Határrendőrséget vezényelték a térségbe az erőszak leverésére, de tehetetlennek tűnt.

2007. november 16-án jelentették, hogy a militánsok elfoglalták az Alpuri körzet központját a szomszédos Shangla területén. A helyi rendőrség ellenállás nélkül menekült a közeledő militáns erők elől, amelyek a helyi militánsok mellett üzbég, tádzsik és csecsen önkénteseket is magukban foglaltak.

A militáns mozgalom visszaszorítása és a rend helyreállítása érdekében a pakisztáni kormány a pakisztáni reguláris hadseregből küldött erőket, amelyeknek sikerült visszafoglalniuk az elvesztett területeket, és az iszlamistákat hegyi rejtekhelyeikre szorítani, de az öngyilkos merénylők támadásai a hadsereg ellen folytatódtak.

Úgy tűnik, hogy az Egyesült Államok Különleges Műveleti Parancsnoksága alternatívákat fontolgatott, hogy hatékony segítséget nyújtson Pakisztánnak ezzel és más, az al-Kaidához kapcsolódó felkelésekkel kapcsolatban a pakisztáni törzsi területeken, de a kilátások továbbra is bizonytalanok, még a 2008-ban elvégzett speciális tanulmány után is.

A néhai Benazir Bhutto volt az első nő, akit egy posztkoloniális muszlim állam élére választottak. Kétszer választották meg Pakisztán miniszterelnökének. Első alkalommal 1988-ban tette le a hivatali esküt, de 20 hónappal később az akkori elnök, Ghulam Ishaq Khan utasítására állítólagos korrupció vádjával eltávolították hivatalából.

1993-ban Bhuttót újraválasztották, de 1996-ban hasonló vádak alapján ismét eltávolították tisztségéből. Bhutto 1998-ban önkéntes száműzetésbe vonult Dubaiba, ahol 2007. október 18-án Pakisztánba való visszatéréséig maradt, miután Musharraf tábornok elfogadott egy külön törvényt, amely felmentette őt minden korrupciós vád alól, aminek köszönhetően amnesztiát kapott, és minden korrupciós vádat visszavontak ellene. Zulfikar Ali Bhutto volt miniszterelnök – egy szindhi származású pakisztáni – és Begum („Lady") Nusrat Bhutto, egy iráni-kurd származású pakisztáni – legidősebb gyermekeként unokahúga, Fatima Bhutto súlyos korrupcióval vádolta meg, és azzal, hogy férjével, Asif Zardarival együtt felelős volt bátyja, Murtaza Bhutto 1996-os meggyilkolásáért.

Két év tanulmányok után a Rawalpindi Presentation Conventben Bhuttót a murree-i Jesus and Mary Conventbe küldték. 15 évesen tette le az érettségit, míg a szokásos életkor 17 év. Miután befejezte alapfokú tanulmányait Pakisztánban, a Harvard Egyetemre járt, ahol cum laude diplomát szerzett összehasonlító kormányzásból.

Tanulmányainak következő szakaszát az Egyesült Királyságban folytatta. 1973 és 1977 között Bhutto filozófiát, politikát és közgazdaságtant tanult az oxfordi Lady Margaret Hallban. Oxfordi tanulmányai alatt elvégezte a nemzetközi jog és diplomácia tanfolyamot. 1976 decemberében az Oxford Union elnökévé választották, így ő lett az első ázsiai nő, aki a rangos vitakör élére állt. 1987. december 18-án Karacsiban feleségül ment Asif Ali Zardarihoz. A házasságból három gyermek született. Benazir Bhutto apja, Zulfikar Ali Bhutto volt miniszterelnököt 1975-ben menesztették miniszterelnöki tisztségéből, hasonló korrupciós vádak alapján, mint amilyenekkel később Benazir Bhutto is szembesült.

Egy 1977-es perben, amelyben a disszidens politikus, Ahmed Raza Kasuri apjának meggyilkolására irányuló összeesküvéssel vádolták, Zulfikar Ali Bhuttót halálra ítélték. Annak ellenére, hogy a vádat „a közvélemény széles körben kétségbe vonta", és annak ellenére, hogy számos külföldi vezető, köztük a pápa is kegyelmi kérvényt nyújtott be, Bhuttót 1979. április 4-én felakasztották. A kegyelmi kérelmeket Muhammad Zia-ul-Haq tábornok, az akkori elnök elutasította. Benazir Bhuttót és édesanyját apja kivégzését követően május végéig egy „rendőrségi táborban" tartották fogva.

1980-ban testvére, Shahnawaz gyanús körülmények között meghalt Franciaországban. Egy másik testvére, Mir

Murtaza 1996-os meggyilkolása hozzájárult második miniszterelnöki ciklusának destabilizálódásához. Bhutto, aki tanulmányai befejezése után visszatért Pakisztánba, apja bebörtönzése és az azt követő kivégzése nyomán házi őrizetbe került. Miután 1984-ben engedélyt kapott a visszatérésre Nagy-Britanniába, apja pártjának, a PPP-nek a száműzetésben élő vezetője lett, bár Pakisztánban csak Muhammad Zia-ul-Haq tábornok halála után tudta érvényesíteni politikai jelenlétét. Anyját követte a Pakisztáni Néppárt és a Zia-ul-Haq-rezsim elleni demokráciapárti ellenzék vezetőjeként.

1988. november 16-án, több mint egy évtized óta az első nyílt választáson Benazir PPP-je szerezte meg a legtöbb mandátumot a Nemzetgyűlésben. Bhutto 1998. december 2-án esküt tett a koalíciós kormány miniszterelnökeként, és 35 évesen a legfiatalabb személy – és az első nő – lett, aki a modern időkben egy muszlim többségű állam kormányát vezette.

Kormányát azonban 1990-ben korrupciós vádak miatt feloszlatták, amelyek miatt soha nem állították bíróság elé. Ezt követően Zia pártfogoltja, Nawaz Sharif került hatalomra. Bhuttót 1993-ban újraválasztották, de három évvel később, korrupciós botrányok sorozatának közepette Farooq Leghari akkori elnök feloszlatta kormányát, kihasználva a nyolcadik alkotmánymódosításban foglalt diszkrecionális jogkörét. A Legfelsőbb Bíróság 6-1 arányú döntéssel helyben hagyta Leghari elnök feloszlatási határozatát.

2006-ban az Interpol elfogatóparancsot adott ki Benazir és férje ellen. A Benazir elleni kritika főként a pandzsábi elit és a hatalmas földbirtokos családok részéről érkezett, akik ellenezték Bhuttót, mivel ő nacionalista reformokat hajtott végre Pakisztánban, a feudális urak érdekei ellenére, akiket ő tett felelőssé országának destabilizálódásáért. Miután a pakisztáni elnök korrupció vádjával felmentette, pártja elvesztette az októberi választásokat. Ő az ellenzék vezetője lett, míg Nawaz Sharif lett a miniszterelnök a következő három évre. 1993 októberében újra választásokat tartottak, és a PPP koalíciója győzedelmeskedett, így Bhutto visszatért hivatalába. 1996-ban kormányát ismét korrupció vádjával felmentették.

Francia, lengyel, spanyol és svájci dokumentumok további korrupciós vádakat eredményeztek Benazar és férje ellen, és mindketten számos jogi eljárással szembesültek, beleértve a svájci bankokon keresztül történő pénzmosás vádját. Férje, Asif Ali Zardari, hasonló korrupciós vádak miatt nyolc évet töltött börtönben. Zardari, akit 2004-ben engedtek szabadon, azt állította, hogy börtönben töltött ideje alatt kínzásoknak volt kitéve.

A *New York Times* 1998-as oknyomozó riportja szerint a pakisztáni hatóságok rendelkeztek olyan dokumentumokkal, amelyek feltárták egy bankszámlahálózatot, amelynek minden eleme a család svájci ügyvédjéhez kapcsolódott, és amelynek fő részvényese Asif Zardari volt. A cikk szerint a francia hatóságok által nyilvánosságra hozott dokumentumok arra utaltak, hogy Zardari kizárólagos jogokat ajánlott fel a Dassault francia repülőgépgyártónak Pakisztán elöregedő légierő-harci repülőgépeinek cseréjére, cserébe egy Zardari által ellenőrzött svájci vállalatnak fizetendő 5%-os jutalékért. A cikk azt is közölte, hogy egy dubai vállalat kizárólagos engedélyt kapott arany importjára Pakisztánba, amiért Asif Zardari több mint 10 millió dollár kifizetést kapott dubai Citibank-számláira. A vállalat tulajdonosa tagadta, hogy kifizetéseket teljesített volna Zardarinak, és azt állítja, hogy a dokumentumok hamisítványok.

Bhutto állítja, hogy az ellene és férje ellen felhozott vádak pusztán politikai jellegűek. „A dokumentumok többsége hamis” – mondta –, „és a köréjük szőtt történetek teljesen tévesek.” A pakisztáni főellenőr (AGP) jelentése alátámasztotta Bhutto állítását. A jelentés olyan információkat tartalmazott, amelyek arra utalnak, hogy Benazir Bhuttót 1990-ben az akkori elnök, Ghulam Ishaq Khan által jóváhagyott boszorkányüldözés eredményeként távolították el a hatalomtól. Az AGP jelentése szerint Khan 28 millió rúpia jogtalan kifizetést hajtott végre, hogy 1990 és 1993 között 19 korrupciós ügyet indítson Bhutto és férje ellen.

Bhutto és férje vagyonát a ügyészek alaposan átvizsgálták, akik azt állították, hogy a Bhuttók svájci bankszámláin 840 millió dollár volt. Zardari emellett egy több mint 4 millió font értékű neo-Tudor stílusú kastélyt és birtokot vásárolt Surreyben, Angliában. A pakisztáni nyomozók további külföldi ingatlanokat is Zardari családjához kötöttek. Ezek között volt egy 2,5 millió dollár értékű kastély Normandiában, amely Zardari szüleinek tulajdonában állt, akik házasságkötésük idején szerény vagyonnal rendelkeztek. Bhutto tagadta, hogy jelentős külföldi vagyonnal rendelkezne.

Bhutto és férje egészen a közelmúltig továbbra is széles körű hivatali korrupciós vádakkal szembesültek, amelyek több száz millió dollárnyi „jutalékhoz” kapcsolódtak kormányzati szerződések és pályázatok keretében. De a 2007 októberében Bhutto és Musharraf között kötött hatalom megosztási megállapodásnak köszönhetően Benazir és férje amnesztiát kapott. Ha ez így marad, a fejlemény arra késztetheti számos svájci bankot, hogy

„feloldja" az 1990-es évek végén befagyasztott számlákat. A végrehajtási rendeletet elvileg a bíróság megtámadhatja, bár a bíróság jövője bizonytalan a közelmúltbeli fejlemények miatt. 1998. július 23-án a svájci kormány átadott a pakisztáni kormánynak olyan dokumentumokat, amelyek Benazir Bhutto és férje ellen felhozott korrupciós vádakhoz kapcsolódtak. A dokumentumok között szerepelt a svájci hatóságok által Zardari ellen emelt hivatalos pénzmosási vád is.

A pakisztáni kormány széles körű vizsgálatot folytatott annak érdekében, hogy elszámoljon a svájci hatóságok által 1997-ben befagyasztott több mint 13,7 millió dollárral, amelyet állítólag Bhutto és férje rejtett el bankokban. A pakisztáni kormány nemrégiben büntetőeljárást indított Bhutto ellen annak érdekében, hogy felkutassa azt a becslések szerint 1,5 milliárd dollárt, amelyet ő és férje állítólag különböző bűncselekményekből szereztek. A dokumentumok arra utalnak, hogy a pénz, amelyet Benazir Zardari állítólag mosott, Benazir Bhutto számára hozzáférhető volt, és egy több mint 175 000 dollár értékű gyémánt nyaklánc vásárlására használták fel.

A PPP határozottan tagadta a vádakat, és azt állította, hogy a svájci hatóságokat Iszlámábád által szolgáltatott hamis bizonyítékok vezették félre. 2003. augusztus 6-án a svájci bírók Benazirt és férjét pénzmosásban bűnösnek találták. Hat hónapos felfüggesztett börtönbüntetést kaptak, fejenként 50 000 dolláros bírságot szabtak ki rájuk, és elrendelték, hogy 11 millió dollárt fizessenek a pakisztáni kormánynak.

A hatéves tárgyalássorozat végén megállapították, hogy Benazir és Zardari 10 millió dollárt helyeztek el svájci bankszámlákon, amelyet egy svájci vállalat adott nekik egy pakisztáni szerződésért cserébe. A házaspár fellebbezést jelentett be. A pakisztáni nyomozók szerint Zardari 1995-ben nyitott egy Citibank-számlát Genfben, amelyen keresztül állítólag a Pakisztánban üzleti tevékenységet folytató külföldi vállalatoktól kapott 100 millió dolláros kenőpénzéből mintegy 40 milliót utalt át.

2007 októberében Daniel Zappelli, Genf kanton főügyésze közölte, hogy hétfőn megkapta a Benazir Bhutto volt pakisztáni miniszterelnök ellen folytatott pénzmosási nyomozás következtetéseit, de nem volt egyértelmű, hogy Svájcban további jogi lépéseket tesznek-e ellene:

> A lengyel kormány 500 oldalnyi dokumentumot adott át Pakisztánnak Benazir Bhutto és férje ellen felhozott korrupciós vádakkal kapcsolatban. Ezek a vádak egy 1997-es, 8000 traktor vásárlására vonatkozó üzlethez kapcsolódnak. Pakisztáni tisztviselők szerint a lengyel dokumentumok részletesen leírják azokat az illegális jutalékokat, amelyeket a traktorgyártó cég fizetett a szerződés megkötéséért cserébe. Állítólag az megállapodás keretében 103 millió rúpia (2 millió dollár) kenőpénzt „szedtek le".

A Lengyelországból érkezett dokumentumok megerősítik azt a kenőpénz-rendszert, amelyet Asif Zardari és Benazir Bhutto az Awami traktorprogram elindításának nevében hoztak létre.

Benazir Bhutto és Asif Ali Zardari állítólag 7,15 százalékos jutalékot kapott ezekre a vásárlásokra a Dargal S.A. cégnél dolgozó beépített embereiken, Jens Schlegelmilchen és Didier Plantinon keresztül, akik emellett körülbelül 1,969 millió dollárt kaptak 5900 Ursus traktor szállításáért.

A nyomozók által feltárt legnagyobb egyszeri kifizetés során egy közel-keleti aranykereskedő állítólag legalább 10 millió dollárt utalt át Zardari egyik számlájára, miután a Bhutto-kormány neki adta az aranyimportra vonatkozó monopóliumot, amely Pakisztán ékszeriparát és kábítószer-kereskedelmét táplálta. A pénzt állítólag Zardari dubaii Citibank-számlájára utalták. Pakisztán Arab-tengeri partvidéke, amely Karachitól az iráni határig terjed, régóta az aranycsempészek menedéke.

Bhutto második hivatali idejének kezdetéig az évi több száz millió dolláros kereskedelem szabályozatlan volt: a „biscuits" néven ismert aranyrudakat és a nagyobb súlyú aranytömböket repülőgépeken és hajókon szállították a Perzsa-öböl és a nagyrészt őrizetlen pakisztáni partvidék között. A kihalt Maccra-part az afgán heroin- és ópiumszállítmányok kirakodási pontja is, és a dubai székhelyű British Bank of the Middle East-tel folytatott aranykereskedelem fő támaszpontja.

Röviddel azután, hogy Bhutto 1993-ban visszatért miniszterelnöki posztjára, egy dubaii pakisztáni aranykereskedő, Abdul Razzak Yaqub üzletet javasolt. Az aranyimport kizárólagos jogáért cserébe Razzak segítene a kormánynak a kereskedelem szabályozásában. 1994 novemberében a pakisztáni kereskedelmi minisztérium levelet írt Razzaknak, amelyben tájékoztatta, hogy engedélyt kapott, amely legalább a következő két évre Pakisztán egyetlen hivatalos aranyimportőrévé tette.

Egy dubai irodájában készített interjúban Razzak elismerte, hogy az engedélyt felhasználva több mint 500 millió dollár értékű aranyat importált Pakisztánba, és hogy több alkalommal is Islamabadba utazott, hogy találkozzon Bhuttóval és Zardarival. De tagadta, hogy bármiféle korrupció vagy titkos megállapodás történt volna. „Egyetlen centet sem fizettem Zardarinak" – mondta.

Razzak azt állítja, hogy Pakisztánban valaki, aki tönkre akarta tenni a hírnevét, úgy intézte, hogy a cégét tévesen a betétesként azonosítsák. „Valaki a bankból együttműködött az ellenségeimmel, hogy hamis dokumentumokat készítsen" – mondta.

A hatalmas heroin- és ópiumkereskedelemről egyetlen szó sem esett, pedig ez képezi a dubai aranykereskedelem alapját. Az afgánisztáni Helmand tartományban az ópiummákot termesztő parasztok nem fogadnak el papírpénzt terményükért, hanem mindig aranyban fizetnek nekik. 2004 szeptembere óta Bhutto az Egyesült Arab Emírségekbeli Dubajban élt, ahol gondoskodott gyermekeiről és Alzheimer-kórban szenvedő édesanyjáról, előadásokat tartott, és kapcsolatot tartott a Pakisztáni Néppárt támogatóival. Ez természetesen felveti a kérdést: miért éppen Dubaj?

A válasz nyilvánvaló. Bhutto azért maradt Dubaiban, hogy felügyelje a a Dubai Bankon keresztül lebonyolított hatalmas aranykereskedelmet. Ő és három gyermeke 2004 decemberében, több mint öt év után újra egyesült férjével és apjukkal.

2007. január 27-én az Egyesült Államok meghívta, hogy beszéljen Bush elnökkel, valamint kongresszusi és külügyminisztériumi tisztviselőkkel. Bhutto 2007 márciusában panelistaként szerepelt a BBC Question Time című műsorában az Egyesült Királyságban. Több alkalommal szerepelt a BBC News Night című aktuális ügyekkel foglalkozó műsorában is. Elutasította Muhammad

Ijaz-ul-Haq 2007 májusában Salman Rushdie lovagi címével kapcsolatban tett megjegyzéseit, arra hivatkozva, hogy az illető külföldi állampolgárok meggyilkolására szólított fel.

Bhutto 2007-ben bejelentette, hogy visszatér Pakisztánba, amit meg is tett, annak ellenére, hogy Musharraf 2007 májusában kijelentette, nem engedi visszatérni az ország 2007 végén vagy 2008 elején esedékes általános választásai előtt, mert meggyilkolhatják. Más források is figyelmeztették, hogy nagyon nagy a valószínűsége annak, hogy merényletet kísérelnek meg ellene. A kábítószer-kereskedelem nagyon veszélyes üzlet, és azok, akik elkövetik azt a hibát, hogy szembe szállnak a jövedelmező üzletágban uralkodó nagycsaládokkal, nagy kockázatot vállalnak.

Arthur Herman amerikai történész egy 2007. június 14-én a *Wall Street Journalban* megjelent, vitát kiváltó levélben, válaszul Bhutto elnököt és politikáját élesen bíráló cikkére, úgy jellemezte őt, mint „...Dél-Ázsia történelmének egyik leginkompetensebb vezetőjeként”, és azt állította, hogy ő és más pakisztáni elit tagok azért gyűlölték Musharrafot, mert ő muhajir, azaz az 1947-es felosztás során Pakisztánba menekült több millió indiai muszlim egyikének fia. Herman azt is állította:

> „Bár eredetileg a muhajirok voltak azok, akik Pakisztán megalakulásáért küzdöttek, sok őshonos pakisztáni megvetéssel tekint rájuk, és harmadrangú állampolgárokként kezeli őket.”

Ennek ellenére 2007 közepén úgy tűnt, hogy az Egyesült Államok olyan megállapodásra törekszik, amelynek értelmében Musharraf elnöki tisztségét megtartaná, de a hadsereg éléről lemondana, és Bhutto vagy az általa kijelölt személy lenne a miniszterelnök.

A belső viszályok ellenére a kábítószer-kereskedelem tovább folytatódott, látszólag nem törődve a folyó politikai harcokkal. Senki sem volt elég bátor ahhoz, hogy előálljon és elzárja az Afganisztánból Maccra partjai felé vezető útvonalat, ami megakadályozta volna a hatalmas ópiumkereskedelmet. Túl sok volt a tét ahhoz, hogy bárki is megkísérelje egy ilyen monumentális feladatot. 2007-ben a DEA bejelentette, hogy az afgán ópiumtermelés az év során rekordszintű, 6000 tonnás szintet ért el, annak ellenére, hogy az ópiummák fő termesztési területét, Helmandot, folyamatosan főként brit és amerikai csapatok őrizték a NATO parancsnoksága alatt.

A kábítószer-bárók ismét megmutatták a világnak, hogy függetlenül attól, hogy milyen kormány irányítja az országot (bármelyik országot, Oroszország kivételével), innovatív módszerekkel, a tempó és az irány megváltoztatásával továbbra is folytathatják üzleti tevékenységüket. Nagyon kétlem, hogy az új amerikai elnök, Barack Obama, végrehajthatja-e azokat a lépéseket, amelyeket esetleg meg kívánna valósítani. Az idő eldönti. Addig is a többmilliárd dolláros üzlet tovább forog. A kábítószer-kartell új „üzleti terve" magában foglalja a kokain forgalmazásának áthelyezését Mexikóból, a Karib-térségből és Panamából a távoli Afrikába.

Ezen felül a vezetők 50 százalékkal csökkentették a kokain nagykereskedelmi árát, így egy „adag" kokain ára 5 dollár alá csökkent, ami az utcai vásárlók számára könnyen elérhető. A terv szépsége a kartell szempontjából az, hogy az afrikai importáló országok könnyen kezelhetők, és egy-két figyelemre méltó kivételtől eltekintve a bűnüldözés rendkívül laza, és nagyon fogékony a megvesztegetésre.

A kokain európai piacra való bejutásának másik országa „Kosova”, Richard Holbrook, az úgynevezett Szerbia-rombolás megalkotójának agyszüleménye, amelyet egyszerűen ingyen ajándékba adtak a dekadens, fehér rabszolga- és kábítószer-kereskedelemmel foglalkozó Albániának. Igen, hiszi vagy sem, Albánia bruttó nemzeti terméke a kábítószer-kereskedelemből és a fehér rabszolga-kereskedelemből származó bevételekből áll.

Ezentúl a kokainkereskedelem Koszovóban is virágozni fog, ahogyan az már száz éve Albániában is így van. A DEA ügynökeinek bármilyen kísérletét, hogy ezt megakadályozzák, megfélemlítéssel és az ügynökök meggyilkolásával fogják fogadni. Amíg az ENSZ kábítószer-ellenes ügynöksége, valamint Nyugat-Európa és az Egyesült Államok kábítószer-ellenes erői nem tudnak kézben tartani az új terjesztési útvonalakat, a drogkartell-bárók gyakorlatilag szabad kezet kapnak.

Frissítés 2009. április

Három évvel ezelőtt a mexikói hatóságok, az Egyesült Államok ösztönzésére, háborút hirdettek a kábítószer-kereskedők ellen. Emiatt Mexikó gyors hanyatlás és összeomlás előtt áll, hacsak az Egyesült Államok nem lép a porondra, és nem segít Mexikónak csapatokkal és megfelelő finanszírozással. Bár az új Obama-kormány külügyminisztere elismeri, hogy a Mexikóban dúló harc nagyon is valós veszélyt jelent, ha átterjed az Egyesült Államokra, nemrég a CBS Newsnak nyilatkozta, hogy lépéseket készül tenni Mexikó segítésére katonákkal és pénzzel. Annak ellenére, hogy köztudott, hogy a mexikói drogbárók borzalmas brutalitással terrorizálják Mexikót, nehezen érthető az Egyesült Államok eddigi vonakodása a segítségnyújtástól. Nem mintha Mexikó messze lenne az Egyesült Államoktól, vagy mintha ne lennének szoros kapcsolataink. Valójában diplomáciai szempontból közelebb állunk Mexikóhoz, mint Kanadához.

2009 januárjában mexikói kábítószer-terroristák 10 katonát raboltak el. Röviddel ezután golyókkal lyuggatott holttestüket egy forgalmas út szélére dobták. Egy másik esetben egy állítólagos rendőrségi informátort elrabolták, levágták a fejét, és a holttestét egy közúti híd szélére akasztották, az aluljárót használó több ezer autós szeme láttára.

2008-ban 6300 embert raboltak el és öltek meg a kábítószer-terroristák. Valójában Mexikóváros kiérdemelte azt a nem irigylésre méltó hírnevet, hogy a világ emberrablási fővárosa. A gazdagok és a szegények egyaránt áldozatul esnek. Nemrég 250 000 ember gyűlt össze Mexikóváros főterén, hogy tiltakozzon a kormány lassú reagálása ellen a drogbárókra. De az igazság az, hogy Mexikónak nincs sem a munkaereje, sem a pénze ahhoz, hogy a szükséges mértékben lépjen fel a drogbárók ellen. Ráadásul a kábítószer-terroristák jobban felfegyverkeztek, mint a mexikói rendőrség és a szövetségi kábítószer-ügynökök. A kábítószer-kereskedők teljesen automata puskákkal és kézigránátokkal rendelkeznek, és számos heves csatában rendszeresen felülmúlták a mexikói rendőrséget. Fejlettebb fegyvereiket készpénzért vásárolják meg kereskedőktől az Egyesült Államokban. Az amerikai kormány azt állítja, hogy nyomást gyakorol ezeknek a fegyvereladásoknak a leállítására. Egy nemrégiben készült ENSZ-felmérés Mexikóról arról számol be, hogy a kábítószer-kereskedelem értéke megdöbbentő 38 milliárd dollárra rúg évente, és minden hónapban egyre több kereskedő száll be az üzletbe. A mexikói kábítószer-ellenes erők körében elterjedt a korrupció, és bár a mexikói főügyész azt állítja, hogy új intézkedéseket vezetett be a kábítószer-kereskedelem visszaszorítására, minden jel a kábítószerrel kapcsolatos erőszakos bűncselekmények növekedésére utal. Van néhány fénypont a sötét képben:

2008-ban Mexikó 57 000 kábítószer-kereskedőt tartóztatott le, és nemrég derült ki, hogy az amerikai kormány további évi 56 millió dollárt szán Mexikó támogatására a kábítószer-bárók elleni küzdelemben. Ahogyan attól tartottak, a mexikói kábítószer-terror átterjedt 230 amerikai városra, és ma, 2009 április közepén, ez az első számú bűncselekmény Amerikában. Kötelességünk, hogy csatlakozzunk az Amerikát fenyegető kábítószer-kereskedelem veszélyes fenyegetése ellen jelenleg folyó küzdelemhez. Fel kell ismernünk, hogy háborúban állunk olyan könyörtelen emberekkel, akik elszántan alá akarják ásni és tönkretenni nagyszerű köztársaságunkat. Az Egyesült Államoknak követnie kell Betancourt kolumbiai elnök példáját. Nemzetünk teljes jövője forog kockán. Ez nem olyan háború, amelyből kiállhatunk. Ez egy halálos küzdelem. Meg kell nyernünk ezt a háborút. Ha nem tesszük, akkor a kapuinkon belüli ellenség hatalmas lépést tesz előre annak a rabszolgaságra és sötétségre irányuló programjának megvalósításában, amelyet az Egy Világkormány tervei előirányoznak mindannyiunk számára.

Egyéb címek

OMNIA VERITAS
OMNIA VERITAS LTD BEMUTATJA:
A KŐOLAJÉRT HARCOLUNK
Az amerikai olajháborúk története
JOHN COLEMAN
A kőolajipar története végigvezet minket a „diplomácia" kanyargós útjain.
A harc a minden nemzet által áhított erőforrás feletti monopóliumért

OMNIA VERITAS
OMNIA VERITAS LTD BEMUTATJA:
JOHN COLEMAN
A ÖSSZEESKÜVÉS MÖGÖTT
A láthatatlan világkormány leleplezése
John Coleman
Minden nagy történelmi eseményt titokban terveznek meg azok az emberek, akik teljes titoktartás mellett dolgoznak
A jól szervezett csoportok mindig előnyben vannak a polgárokkal szemben

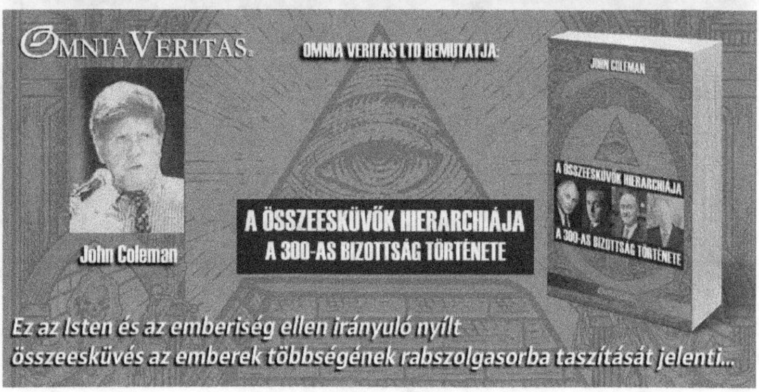
OMNIA VERITAS
OMNIA VERITAS LTD BEMUTATJA:
JOHN COLEMAN
John Coleman
A ÖSSZEESKÜVŐK HIERARCHIÁJA
A 300-AS BIZOTTSÁG TÖRTÉNETE
Ez az Isten és az emberiség ellen irányuló nyílt összeesküvés az emberek többségének rabszolgasorba taszítását jelenti...

OMNIA VERITAS
OMNIA VERITAS LTD BEMUTATJA:
A RÓMAI KLUB
AZ ÚJ VILÁGREND GONDOLKODÓCSOPORTJA
JOHN COLEMAN
A 20. század számos tragikus és drámai eseménye nem önmagától következett be, hanem egy bevált mintát követve került megtervezésre...
Kik voltak ezeknek a nagyszabású rendezvényeknek a szervezői és megalkotói?

OMNIA VERITAS
OMNIA VERITAS LTD BEMUTATJA:
A ROTHSCHILD-DINASZTIA
JOHN COLEMAN
A ROTHSCHILD DINASZTIA
John Coleman
A történelmi eseményeket gyakran egy „láthatatlan kéz" idézi elő...

OMNIA VERITAS
OMNIA VERITAS LTD BEMUTATJA:
JOHN COLEMAN
A SZABADKŐMŰVESSÉG A-tól Z-ig
A SZABADKŐMŰVESSÉG
A-tól Z-ig
John Coleman
A 21. században a szabadkőművesség már kevésbé titkos társaság, mint inkább egy „misztériumtársaság".
Ez a könyv elmagyarázza, mi is az a szabadkőművesség

OMNIA VERITAS
OMNIA VERITAS LTD BEMUTATJA:
A TAVISTOCK EMBERI KAPCSOLATOK INTÉZETE
Az erkölcsi, szellemi, kulturális, politikai és gazdasági hanyatlás az Amerikai Egyesült Államokban
John Coleman
Tavistock nélkül sem az első, sem a második világháború nem történt volna meg...
A Tavistock Emberi Kapcsolatok Intézetének titkai

OMNIA VERITAS
OMNIA VERITAS LTD BEMUTATJA:
JOHN COLEMAN
DIPLOMÁCIA MEGTÉVESZTÉSSEL
BESZÁMOLÓ A BRIT ÉS AZ AMERIKAI KORMÁNY ÁRULÓ MAGATARTÁSÁRÓL
Az Egyesült Nemzetek Szervezetének megalakulásának története a megtévesztésen alapuló diplomácia klasszikus példája

OMNIA VERITAS
OMNIA VERITAS LTD BEMUTATJA:
Egyetlen világrend SZOCIALISTA DIKTATÚRA
Mindezekben az években, miközben figyelmünket a moszkvai kommunizmus borzalmai kötötték le, a washingtoni szocialisták azzal voltak elfoglalva, hogy kifosszák Amerikát!
JOHN COLEMAN
„A washingtoni ellenség félelmetesebb, mint a moszkvai."

www.ingramcontent.com/pod-product-compliance
Lightning Source LLC
LaVergne TN
LVHW011010061026
849535LV00006B/1814
9781805404354